Dave M

9 VO
KLETTERERN
MACHEN DIE
GLEICHEN FEHLER

Dave MacLeod

9 VON 10 KLETTERERN MACHEN DIE GLEICHEN FEHLER

riva

Bibliografische Information der Deutschen Nationalbibliothek:
Die Deutsche Nationalbibliothek verzeichnet diese Publikation in der Deutschen Nationalbibliografie; detaillierte bibliografische Daten sind im Internet über http://d-nb.de abrufbar.

Sicherheit und Eigenverantwortung
Für die Umsetzung und die damit verbundenen Risiken der in diesem Buch gegebenen Empfehlungen ist allein der Leser verantwortlich. Klettern und Klettertraining sind von Natur aus potenziell gefährlich. Dieses Buch setzt Vorkenntnisse und eine gewisse Erfahrung in den grundlegenden Sicherungstechniken voraus sowie deren sichere Ausübung während des Sports und der Vorbereitung. Es ist für eine ergänzende Verwendung neben anderen, tiefergehenden Wissens- und Informationsquellen gedacht, die in jedem Kapitel angedeutet werden. Das vorliegende Buch ersetzt nicht die jeweilige Eigenverantwortung für die Risiken und Vorzüge des Kletterns und des Klettertrainings oder für einen sorgfältig geschulten Umgang mit den dafür benötigten Techniken.

Für Fragen und Anregungen:
info@rivaverlag.de

4. Auflage 2015
© 2012 by riva Verlag, ein Imprint der Münchner Verlagsgruppe GmbH
Nymphenburger Straße 86
D-80636 München
Tel.: 089 651285-0
Fax: 089 652096

Die englische Originalausgabe erschien 2010 bei Rare Breed Productions unter dem Titel *9 Out of 10 Climbers Make the Same Mistakes*. © 2010 by Dave MacLeod. All rights reserved. Alle Rechte, insbesondere das Recht der Vervielfältigung und Verbreitung sowie der Übersetzung, vorbehalten. Kein Teil des Werkes darf in irgendeiner Form (durch Fotokopie, Mikrofilm oder ein anderes Verfahren) ohne schriftliche Genehmigung des Verlages reproduziert oder unter Verwendung elektronischer Systeme gespeichert, verarbeitet, vervielfältigt oder verbreitet werden.

Übersetzung: Nicole Luzar, topoguide.de, Betzenstein
Redaktion: Brigitte Caspary, Egloffstein
Umschlaggestaltung: Maria Wittek
Umschlagabbildung: iStockphoto/Simon Oxley
Satz: HJR, Jürgen Echter, Landsberg am Lech
Druck: CPI books GmbH, Leck
Printed in Germany

ISBN Print 978-3-86883-217-4
ISBN E-Book (PDF) 978-3-86413-580-4
ISBN E-Book (E-PUB, Mobi) 978-3-86413-581-1

Weitere Informationen zum Verlag finden Sie unter

www.rivaverlag.de
Beachten Sie auch unsere weiteren Verlage unter
www.muenchner-verlagsgruppe.de

Für Claire

Dieses Buch richtet sich an alle, die bereit sind, ihre Klettergewohnheiten zu hinterfragen und zu verändern.

Inhaltsverzeichnis

Einführung	11
Auf dem Holzweg	12

Teil 1 Gewohnheitstiere

In den Grundlagen stecken geblieben	17
Die wichtigste Erkenntnis	20
Die wichtigste Veränderung	22
Scheitern, um Erfolg zu haben	25
Hätte ich bloß damals gewusst, was ich heute weiß	26
Ist das peinlich?!	27
Ist dieser Grad gut oder nicht?	30
Die erste Generation war die freieste	33
Ganz von vorn anfangen	35
Die Wahrheit über bekannte Klettergrößen	38
Kenne den Feind: deine Vorlieben	40
Nicht stecken bleiben	42
Gewohnheitstiere	44

Teil 2 Die großen vier: Bewegungstechnik, Fingerkraft, Ausdauer, Körpergewicht

Die wichtigste Lehre aus der Sportwissenschaft	49
Die Gesetze lassen sich nicht brechen	50
Technik lernen	53
Aufnehmen, abspielen, analysieren	55
Aber niemand macht doch Drills, oder?	56
Die Elemente der Klettertechnik	60
Die Notwendigkeit des dynamischen Kletterns	62
Die Varianten dynamischer Züge	64
Streitthema Körpergröße	69

Mehr als nur auf den Füßen stehen	70
Zwei gewöhnungsbedürftige Techniken	73
Je präziser, desto besser	75
Die Griffe größer machen	77
Kraft ist nicht alles	79
Bouldern ist die Nummer eins	80
Aber ich bouldere nicht gern!	82
Bouldern, um stark zu werden – oder anzugeben	83
Griffbrettfanatiker	84
Eine gute Bouldersession besteht aus ...	86
Regeln für das Griffbretttraining	87
Aufstellen oder nicht?	94
Die Phänomene Haston und Oddo verstehen	96
Die Körpertypen von Ondra und Sharma verstehen	99
Wie leicht muss ich sein?	102
Wie kann man ohne zu leiden abnehmen?	106
Die wichtigsten Schritte zur Gewichtskontrolle für Kletterer	109
Wer braucht Hanteltraining, um schwer zu klettern?	117
Für die Hageren	122
Für den Muskelprotz	123
Für die Großen	124
Für die kleinen Glückspilze	125
Die Schuhe müssen passen	126
Campusboarding tut fast jedem weh	128
Beim Klettern spielt das Herz-Kreislauf-System keine große Rolle	130
Wie sieht die Ausdauer beim Klettern aus?	131
Kraftausdauertraining für Kletterer	134

Ermüdungssymptome verstehen 138
Regeln für das Kraftausdauertraining 140

Teil 3 Sturzangst: für viele das Hauptproblem

Der einzige Weg 147
Die Sturztechnik 151
Sturztraining in der Halle 155
Sturztraining in Sportkletterrouten 157
Stürze regelmäßig ins Training einbauen 159
Sturztraining in selbst abzusichernden Routen 163
Wenn ein Sturz vermieden werden muss 165

Teil 4 Die anderen großen vier: Einstellung, Lebensstil, Umstände, Taktik

Ich bin noch klein, füttere mich! 176
Warum viele Jugendliche wieder von der
Bildfläche verschwinden 179
Der Irrglaube »Das kann ich nicht« 182
Zu alt zum Lernen? 185
Um Zeit zu finden, nutze die Zeit effizienter 189
Wie viel Leistungswillen hast du wirklich? 192
Taktik ist wichtiger als Training 194
Die Bedeutung des Aufwärmens 199
Die Aufmerksamkeit steuern 201
Die Psyche in den Griff kriegen 204
Wer will schon, dass es ganz leicht geht? 206
Immer genug Haut auf den Fingern 207
Wie wichtig ist Beweglichkeit wirklich? 211

Teil 5 Was nun? Den Fortschritt planen

Denke in Kurven statt in Geraden 217
Trau dich, und spring von dem Plateau 219

Das Trainingspensum: Wie viel ist machbar?	221
Zu viel oder zu wenig Regeneration?	223
Trainingspensum für Kinder und Jugendliche	225
Trainingspensum für Studenten	227
Klettern als Familien-/Karrieremensch	228
Der Möchtegern-Profi	233
Der desillusionierte Kletterer	234
Gleiche Routine, gleiche Ergebnisse	237
Gewohnheiten zu ändern, ist mühsam	238
Regeln für den Trainingstag	240
Regeln für die Trainingssaison	242
Jährliche Ruhe- und Erholungsphasen	244
Zusammenfassung	246
Danksagung	248
Über den Autor	249

Einführung

Wer schwerer klettern möchte, muss das Rad nicht neu erfinden. Er sollte vielmehr seine bereits vorhandenen Anlagen richtig nutzen. Jeder verfügt über das Potenzial, sein derzeitiges Leistungsniveau noch zu übertreffen, oft sogar in einem Ausmaß, von dem er kaum zu träumen wagt.

Jeder hat Zeit, seine Kletterfähigkeiten zu verbessern. Jeder hat auch Zugang zu gewissen Einrichtungen, um das Klettern zu trainieren, oder die Möglichkeit, die verfügbaren Einrichtungen (Kletter-/Boulderhallen, Naturfels oder andere Trainingseinrichtungen) effektiver zu nutzen, sodass er seine Kletterfähigkeiten steigern kann.

Grund dafür ist in erster Linie, dass sich Fortschritte beim Klettern schon mit relativ geringem Aufwand erreichen lassen, sobald einmal die richtigen Entscheidungen getroffen und eine positive Einstellung gewonnen wurden. Zweitens werden die wenigsten Kletterer durch mangelnde Mittel oder Möglichkeiten daran gehindert, besser zu werden. Sie halten sich vielmehr selbst davon ab, weil sie die verfügbaren Klettereinrichtungen und die für das Klettern zur Verfügung stehende Zeit und Energie nicht richtig zu nutzen wissen. Wirklich interessant dabei ist, dass nahezu alle Kletterer die gleichen Fehler machen.

In diesem Buch versuche ich, möglichst viele dieser Fehler vorzustellen und dir, lieber Leser, den Weg zu ungeahnten Verbesserungen aufzuzeigen.

9 von 10 Kletterern machen die gleichen Fehler

Auf dem Holzweg

Das Umschlagbild dieses Buches ist ein Sinnbild für die Frustration vieler Kletterer, die schon mehrfach versucht haben, besser zu klettern. Sie haben jahrein, jahraus viele Stunden lang trainiert. Sie haben sich tapfer durch monotone Einheiten der jeweils für nötig erachteten Trainingselemente gebissen. Einige haben immer mehr Muskelkraft aufgebaut, andere sich durch immer mehr Routen oder Wettkämpfe gekämpft, und andere wiederum haben eine längere Auszeit vom Alltag genommen, um angemessen trainieren zu können. Aber die Ergebnisse sind ausgeblieben! Nun denken sie: »Ich habe so viel Zeit und Schweiß investiert, und wo bleibt der Lohn für all die Mühe?«

Wenn ein solcher Kletterer mich als Coach nach einer Antwort fragt, ist es natürlich hart von mir, ihm ins Gesicht zu sagen, dass er auf dem Holzweg war. Denn ein paar dickere Muskelfasern bringen keinen großen Leistungssprung. Zusätzliche Trainingsstunden an dem immer gleichen Griffbrett liefern nur einen Bruchteil des Ertrags wie zu Beginn dieses Trainings. Andererseits nimmt meine Antwort vielen auch eine große Last von den Schultern. Ja, sie mögen bei Vorbereitung und Training Zeit und Mühe »verschwendet« haben, aber sie sind mit diesem Problem nicht allein. Niemand hat eine perfekte Vorbereitung, nicht einmal die Spitzenleute. Wenn jemand beim Klettern lange Zeit immer den gleichen Bereich trainiert hat und ein Coach ihm dann eine neue Möglichkeit des Trainings aufzeigt, kommt ihm das in diesem einen Bereich aufgebaute Können (zum Beispiel Fingerkraft für kleine Leisten oder Blockierkraft) insgesamt durchaus sehr zugute.

Wer die Gelegenheit bekommt zu erkennen, was er alles falsch gemacht hat, kann sich glücklich schätzen: Erstens, weil nicht jeder dieses Glück hat. Zweitens, weil er nun anfangen kann, an den tatsächlichen Schwächen zu arbeiten ... und dann endlich den verdienten Lohn erhalten wird.

Auf dem Holzweg

Das Bild des unzufriedenen Gorillas illustriert einen der häufigsten Blickwinkel, aus dem heraus Kletterer ihr Training betrachten: Kraftzuwachs. Wer einige Zeit (vielleicht sogar Jahre) sein Training an diesem Kraftaspekt ausgerichtet hat, ist für seine derzeitigen Projekte sicherlich stark genug. Aber es ist schwer, ihn davon zu überzeugen, nach neuen Möglichkeiten zu suchen. Meist wollen die Betroffenen nicht wahrhaben, dass ihre Leistungsstagnation nicht Ursache von »zu wenig Kraft« ist. Ich nehme in diesem Buch kein Blatt vor den Mund und hoffe, dass du mir dies verzeihst. Ich möchte, dass mein Buch dir wirklich dabei hilft, besser zu klettern, und das erfordert in der Regel, dass jahrelang festgefahrene Vorstellungen mit einem Vorschlaghammer bearbeitet werden müssen. Da hilft kein Kuschelkurs. Wenn ich jemanden persönlich am Fels coache, kann ich ihm genau zeigen, wie sich eine Bewegung unter verschiedenen technischen Aspekten, die nichts mit Kraft zu tun haben, verändert und plötzlich funktioniert. Um dich aber allein mit Worten dazu zu bringen, dass du all deine unterschiedlichen Möglichkeiten für eine Verbesserung im Klettern tatsächlich unter die Lupe nimmst, muss ich sehr deutlich werden.

Teil 1
Gewohnheitstiere

In den Grundlagen stecken geblieben

Mittlerweile 16 Jahre lange habe ich andere Kletterer aufmerksam beobachtet. Ich habe mir angeschaut, wie sie klettern, ihnen zugehört, was sie über das Klettern erzählen, und verfolgt, was sie probiert haben, um sich zu verbessern. Ich habe miterlebt, wie blutige Anfänger sich zu Weltklasseathleten entwickelten, aber auch, wie extrem talentierte Hoffnungsträger kläglich gescheitert sind und das Klettern aufgegeben haben.

Mit diesen Beobachtungen wollte ich aus ihren Fehlern lernen, um selbst besser zu klettern. Nebenbei habe ich durch meine Tätigkeit als Klettercoach mein Wissen auch an andere Kletterer – im persönlichen Gespräch oder über meinen Internetblog – weitergegeben. Indem ich während der letzten fünf Jahre Kletterer persönlich beraten habe, habe ich viel über die Hürden gelernt, die einem Fortschritt im Weg stehen. Allerdings konnte ich sie nun nicht mehr nur beobachten, sondern auch zu all ihren Erfahrungen, Einstellungen, Alltagsaktivitäten und allen anderen Dingen befragen, die bislang ihre Entwicklung als Kletterer geprägt hatten.

All diese Erfahrungen haben mir mit zunehmender Sicherheit eine Tatsache immer deutlicher vor Augen geführt, und das ist die zentrale Botschaft dieses Buches: Kletterer bleiben an den Grundlagen hängen und verlieren sich in Nebensächlichkeiten.

Unser Verständnis von Kletterleistung hat sich etwa wie folgt entwickelt: Anfangs gab es fast keine Informationen über das Klettern, und man hat sich begierig auf jeden nur denkbaren Wissensbrocken der damaligen Klettergrößen gestürzt. Die ersten Lehrbücher zum Klettern enthielten Fallbeispiele der besten Kletterer der damaligen Zeit, und die waren alle sehr unterschiedlich. Manche hatten erkannt, dass geringes Körpergewicht ein Vorteil war, und aßen kaum Fett. Andere hatten eingesehen, dass Kraft ein Vorteil war, und machten viel Krafttraining. Alles war ein Stochern im Dunkeln. Der beste Kletterer dieser Zeit,

9 von 10 Kletterern machen die gleichen Fehler

der Engländer Jerry Moffatt, fand heraus, dass systematisches Bouldern eine sehr effiziente Möglichkeit war, stark zu werden und schwerere Routen zu klettern, und so war er allen anderen eine Zeit lang voraus, bis auch sie das gleiche machten. Mit derart wenig untersuchten Variablen ließ sich unmöglich ein klares Bild von dem erhalten, worauf es ankam. Das ging erst im Nachhinein.

Heute ist das Problem komplett anders gelagert. Es gibt Tausende von Übungen, Vorgehensweisen und Trainingsplänen, wie man angeblich besser klettern kann. Die Frage dabei ist weniger, was man tun soll, als vielmehr, was man nicht tun soll. Jeder Mensch hat unterschiedliche Voraussetzungen, Erfahrungen und Lebensumstände, und es wird immer schwieriger, die Informationsflut sinnvoll zu verwerten.

Was passiert also? Die meisten Kletterer verlieren sich in Einzelheiten. Vielleicht hilft ihnen ja ein Campusboard oder Hanteltraining oder Unterarmkraft oder ein Eiweißpülverchen? Der Kletterer lässt sich auf Experimente ein, während der er irgendeinen nebensächlichen Faktor für eine viel zu kurze Zeit ausprobiert, als dass er Wirkung zeigen könnte. Am Ende ist der Kletterer über das ausbleibende Ergebnis frustriert und versucht etwas Neues. Sein Vertrauen in die Tauglichkeit von Ratschlägen ist gering, und er gibt ihnen zudem keine Chance, sich überhaupt zu bewähren.

Die Trainingsmethoden und -aktivitäten, die in Sportarten wie dem Klettern in Mode kommen, sind in der Tat oft fragwürdig. In bekannteren Sportarten, in denen mehr Geld fließt, sind sowohl die wissenschaftliche Forschung als auch die Ausbildung der Trainer deutlich fundierter. In Randsportarten hingegen besteht die jeweils anerkannte Lehrmeinung aus einer Mischung von überkommenen Überlieferungen dessen, was die Größen des Sports getan haben oder tun, und einigen aus anderen Sportarten angepassten Techniken. An diesem Punkt steht zurzeit der Klettersport. Neue Ideen, Methoden und Erkenntnisse hinsichtlich der Kletterabläufe entwickeln sich rasant, und es blieb bis-

Teil 1
Gewohnheitstiere

lang noch nicht genug Zeit, die Spreu vom Weizen zu trennen und die nützlichen Dinge in einen passenden und sinnvollen Zusammenhang zu stellen. Die beste Strategie für Kletterer, die keinen Coach haben, besteht also darin zu versuchen, die Elemente, die den Klettersport ausmachen, von der Pike auf zu lernen. Nur so können Kletterer später die richtigen Entscheidungen treffen und sich verbessern.

Indem sie aber in einem Meer von Einzelheiten, Tipps und Ratschlägen versinken, verlieren die meisten Kletterer die Grundlagen aus den Augen. Fast jeder bleibt in ein oder zwei wesentlichen Gedankenfallen stecken, die er sich im Laufe seiner Entwicklung durch schlechte Gewohnheiten selbst gestellt hat. Da ist meist ein guter Trainer nötig, um diese Fehler zu entlarven und den Kletterern einen verlässlichen Weg zu neuen Verbesserungen zu eröffnen. Dein Kletterpartner wird dir nie sagen, dass Sturzangst das Problem ist, das dich ausbremst – denn vielleicht hast du das Klettern ja sogar von ihm gelernt? Die Chancen zu erkennen, worin das eigentliche Problem besteht, stehen ohne einen unabhängigen Coach extrem schlecht, es sei denn, man startet einen Frontalangriff auf die eigenen lieb gewonnenen Ansichten.

Diese Hauptfehler, die einen von besserem Klettern abhalten, sind in keinem herkömmlichen Kletterlehrbuch zu finden. Solche Lehrbücher und Artikel sind einfach nicht darauf ausgelegt, diese Fehler auszumachen. Sie listen vielmehr alle Möglichkeiten auf, die der Leser dann ausprobieren kann.

Das vorliegende Buch wählt einen anderen Ansatz. Ich werde ständig auf die Fehler und Irrwege hinweisen, die einem Kletterer auf seinem Weg zur Perfektion begegnen und denen fast alle Kletterer auf den Leim gehen. Nutze dies als einen Spiegel – welche Fehler machst du? Ich vermute mal, dass du sie zwar siehst, aber nicht akzeptieren magst. Es ist verdammt schwer, eine Gewohnheit zu ändern – wie etwa das ständige Vermeiden eines Sturzes. Es fühlt sich am Anfang so falsch an. Statt das eigentliche Problem anzugehen, suchen sich die meisten lieber etwas anderes, das sie leichter ändern können. Das funktioniert aber nicht. Die einzige Alternative zur kurzfristigen Unannehmlichkeit, eine schlechte Gewohnheit abzustellen, besteht darin, auf Dauer keine Fortschritte zu machen. Wenn du deine Hauptfehler erkennst und den Mut hast, sie zu beseitigen, können sich die verschiedenen Aspekte des Klettersports plötzlich wie bei einem Puzzle zusammenfügen. Du hast die Wahl.

Die wichtigste Erkenntnis

… ist, dass jeder Aspekt deines Lebens auch ganz anders aussehen könnte. Klingt vielleicht erschreckend. In der Tat besteht eine der größten Schwierigkeiten beim Coaching von Kletterern, vor allem von denjenigen, die langfristig deutliche Verbesserungen erzielen wollen, darin, sie dazu zu bringen, dass sie es überhaupt in Betracht ziehen, Änderungen in ihrem Leben, egal welcher Art, tatsächlich vorzunehmen. Sie haben zu viel Angst davor. Der Mensch ist darauf getrimmt, sich gegen das Unbekannte zu wehren und es wann immer möglich zu vermeiden. Wenn jemand mit dem Klettern anfängt, fühlt sich alles schön und leicht an. Es gibt nichts zu verlieren. Zusammen mit Gleichgesinnten aus der Schule, dem Alpenverein oder einem Kletterkurs geht es am Wochenende in den nächsten Klettergarten, man sieht und lernt jedes Mal etwas Neues – ein neues Gebiet, eine neue Klettertechnik oder was auch immer. Man verbringt viel Zeit an Fels- und Plastikgriffen und lernt, bei dieser bestimmten Wandneigung oder -struktur zunehmend besser zu klettern. Der Lohn für diese konzentrierten Maßnahmen: ein gutes Gefühl. Aber irgendwann erreichen die Fortschritte an dieser Art von Wand/Felstyp/Neigung ein Plateau, und es wird langweilig.

Dann wird nach einer Möglichkeit gesucht, dieses Leistungsplateau zu überwinden. Aber natürlich lässt sich nicht alles sofort ändern – und erstmals geht es darum, etwas zu opfern. Wer etwas Neues versucht wie Bouldern oder stark überhängende Routen, ist darin zunächst ziemlich schlecht. Wie peinlich! Schlim-

Teil 1
Gewohnheitstiere

mer noch: Er riskiert, auch in den vertrauten Bereichen, in denen er sich so wohlfühlt und gut ist, womöglich schlechter zu werden.

Auf diese Weise tappen die meisten Kletterer in die Falle. Das ist natürlich und menschlich. Verlustangst, egal wie gering der Verlust sein könnte, wiegt für uns schwerer als die Verlockungen der Vorzüge, die sich bieten, wenn wir etwas Neues mit ungewisser Erfolgsquote probieren. Dabei geht es oft auch mit der Moral bergab. Die meisten Kletterer vertuschen sie allerdings gut, sagen, dass sie nun mal nicht dafür gemacht sind, schwer zu klettern, oder schieben die ausbleibenden Fortschritte auf einen Mangel an Zeit oder eine Verletzung. Andere machen aus reiner Gewohnheit einfach weiter wie bisher, bis sie wegen veränderter Umstände vorübergehend gar nicht mehr zum Klettern kommen und womöglich auch nie wieder den Weg zurück finden.

Diese Verlustangst ist die erste und größte Hürde, die es zu überwinden gilt, um ein besserer Kletterer zu werden. Je länger jemand klettert und je stärker seine Gewohnheiten verwurzelt sind, desto wirkungsvoller wird es für ihn sein, den alten Trott zu durchbrechen (Tipp: Worauf wartest du also noch?).

Meist kann die Angst vor einer Veränderung der aktuellen Umstände nur durch äußeren »Zwang« überwunden werden. Den Menschen werden von außen ständig selbst einschneidende Veränderungen ihres Lebens aufgezwungen: Krankheit, Arbeitslosigkeit, alles, was die bisherigen Ansichten und Zukunftsaussichten völlig über den Haufen wirft. Was passiert? Der Status quo hat sich geändert, und die Menschen gewöhnen sich an die neuen Spielregeln.

Beim Klettern suchen sich viele nur dann einen persönlichen Coach, wenn sie in einer Art Krise stecken. Aus Angst vor dem Verlust erreichter Leistungen oder ihres privaten oder öffentlichen Ansehens haben sie sich immer mehr in die fixe Idee verrannt, beim Klettern alles kontrollieren zu müssen, ohne etwas Neues zu probieren. Dabei haben sie unendlich viele Ausreden dafür, warum sie dies nicht können. Letztendlich merken sie, dass sich ihr Komfortbereich extrem verkleinert hat. Sie möchten zwar noch klettern, suchen aber erst dann Hilfe von außen, wenn sie die Angst vor Veränderung losgelassen haben. Haben sie einen guten Trainer gefunden, sind sie jedes Mal geradezu schockiert darüber, wie einfach es ist, zu einer neuen Einstellung zu finden und sich munter auf Dinge zu stürzen, die für sie vorher gar nicht zur Debatte standen.

Zumindest anfangs sind sie also offen für eine Verbesserung. Sie verstehen, dass es in ihrer Macht liegt zu ändern, wie, wann und was sie klettern, und dass diese Einstellung die Grundlage für neue Lernprozesse und Fortschritte ist. Später allerdings werden sie mit dem gleichen unangenehmen Angstgefühl konfrontiert, die neu gewonnenen Fortschritte erneut einzubüßen. Um offen für Verbesserungen und frei von Verlustängsten zu bleiben, ist ständige Wachsamkeit nötig. Nur die wenigsten schaffen dies während ihrer gesamten Kletterkarriere.

Die wichtigste Veränderung

... besteht darin, die Angst vor Veränderungen zu besiegen. Wer sich auf eine Veränderung einlässt, riskiert, dabei zu scheitern, und die Angst vor Misserfolg ist eine sehr grundlegende Angst. Mehr als die Hälfte der Kletterer, die ich gecoacht habe, waren für den Grad, in dem sie kletterten, (physisch) sehr stark und definitiv stark genug, um Routen in ihrem jeweils angestrebten höheren Grad zu klettern. Stattdessen waren sie völlig fixiert darauf, erst noch das letzte Quäntchen aus ihrem Kraftpotenzial herauszuholen. Mit dieser Einstellung waren sie auf dem Holzweg. Der eigentliche Grund, weshalb sie sich so auf die reine Kraft fokussierten, war der, dass sie in ihrem tiefsten Innern ihren echten Schwächen aus dem Weg gehen wollten: üblicherweise entweder der Sturzangst oder der Angst vor einem Misserfolg. Wie aber zeigt sich Versagensangst bei Kletterern?

Teil 1
Gewohnheitstiere

Nun, es gibt unterschiedliche Ausprägungen. Hier sind ein paar Beispiele.

Der Kletterer:

- fühlt sich unwohl, wenn andere ihm zuschauen oder einfach nur anwesend sind;

- verwendet gern gewisse Referenzrouten, um zu sehen, wie fit er gerade ist, übertreibt dies aber;

- will mit einem Versuch in seiner Wunschtour warten, bis er fitter ist, fühlt sich aber doch nie fit genug;

- wird regelmäßig frustriert und wütend über seine eigene Kletterleistung;

- mag es gar nicht, sich auf einen Zeitrahmen für seine Kletterziele festzulegen oder gar dazu zu äußern;

- denkt: »Ich steige jetzt lieber nicht ein, denn ich habe die Route letztens schon nicht geschafft, und jetzt schauen alle zu. Lieber mache ich die Nachbartour, die kann ich locker hochsteigen.«

Das Problem dabei ist, dass sich die meisten Kletterer ihrer Angst vor Misserfolg gar nicht bewusst sind. Aber wie können sie das ändern? Um ehrlich zu sein, ist das nicht leicht, wenn man niemanden hat, der einem ein objektives Feedback gibt – ohne Rücksicht darauf, die Gefühle zu verletzen. Wenn du also weit davon entfernt bist, locker und unverkrampft mit Misserfolgen umzugehen oder dir die anderen genannten Beispiele allzu bekannt vorkommen, solltest du die Warnzeichen erkennen und das Problem in Angriff nehmen.

Locker und unverkrampft mit Misserfolg umzugehen, bedeutet, ihn als absolut integralen und zentralen Bestandteil des Sports zu verstehen, ohne den keine neuen Leistungsebenen erreicht werden können. Misserfolg kann und sollte als ein psychologisches Motivationsmittel geschätzt werden, als eine gute und praktische Quelle des Feedbacks für all jene, die keinen Coach haben, und als eine Art Gewürz, das den Erfolg, wenn er schließlich kommt, umso süßer macht.

Meiner Meinung nach herrscht in der westlichen Gesellschaft ein ziemlich absurdes Verständnis von Misserfolg, das auch im Sport Einzug gehalten hat. Denn es hat sich immer mehr zum Standard entwickelt, ein Scheitern als schlecht, inakzeptabel und peinlich zu erachten. Wenn eine Regierung ihre angekündigten Ziele nicht erreicht, wird sie abgewählt. Wenn ein Fußballtrainer die Saisonziele des Vereins verfehlt, wird er rausgeschmissen. Wer einen Fehler im Job macht, kann sich bald einen neuen suchen. Und so weiter. Unter anderem in der amerikanischen Reality-Show *The Apprentice* (»Der Lehrling«) hört man doch ständig, wie smarte Personalchefs im Brustton der Überzeugung sagen, dass sie ein persönliches Versagen einfach nicht akzeptieren. Dabei wird ein ziemlich wichtiges Detail übersehen: Es ist natürlich in Ordnung, sich *langfristig* mit nichts geringerem als persönlichem Erfolg zufriedenzugeben. Aber zwischenzeitlicher Misserfolg ist nun mal ein wesentlicher Bestandteil von langfristigem Erfolg.

Wie bei allen Trainingsmaßnahmen besteht die einzige Möglichkeit darin, ein Problem direkt und ohne Umschweife anzugehen. Dazu ist zunächst ein klares Umdenken notwendig, was Misserfolg bedeutet, und dann muss aktiv damit begonnen werden, in Trainingssituationen zwar letztlich einen bestimmten Erfolg anzustreben, diesen aber erst als das krönende Ergebnis wiederholter Misserfolge zu akzeptieren.

Bei diesem Umdenken sollte im Mittelpunkt stehen, dass die Vorstellung, man müsse Misserfolge vermeiden, beim Klettern häufig der wesentliche Grund dafür ist, weshalb jemand sein Potenzial nicht voll ausreizen kann. In der Praxis ist es dann nötig, sich aktiv in solche Situationen zu bringen, die die eigenen peinlichen Schwachstellen sowohl für einen selbst als auch für

Teil 1
Gewohnheitstiere

andere offensichtlich werden lassen. Sprich mit anderen Menschen über deine Ziele. Sorg dafür, dass sie wissen, wann du vorhast, diese Ziele zu erreichen. Du wirst zwar vermutlich nicht alle schaffen und vielleicht auch gar keins. Dann solltest du aber auch öffentlich zugeben, dass du es nicht geschafft hast (zumindest vorläufig). Such dir eine Klettersituation aus, in der du es am wenigsten leiden kannst, wenn andere dir zuschauen, und klettere genau dort mit möglichst vielen Zuschauern. Wenn sie sogar Fotos machen oder ein Video drehen – umso besser. Mein eigener Favorit in Sachen Angst vor Misserfolg heißt klettern, wenn es heiß und schwül ist. Ich habe festgestellt, dass in solch einer Situation meine Leistung gegenüber der vieler anderer Kletterer drastisch abnimmt, und viele Leute, die sonst deutlich schlechter klettern als ich, lassen mich dann alt aussehen. Deshalb zwinge ich mich, zumindest alle zwei Monate einmal bei feuchtheißem Wetter an einen Fels zu fahren, wo die Locals die Routen lässig abspulen.

Scheitern, um Erfolg zu haben

Der psychologische Effekt dieser »Therapie« besteht darin, die Versagensangst zu verlieren. Im Gegenzug dazu erhält man das schöne Gefühl aus der Zeit als Anfänger zurück: eben nichts zu verlieren zu haben. Du bist nicht perfekt, du machst Fehler, schleifst deine Füße hinterher, bekommst die Nähmaschine, schreist panisch »Achtung!« und stürzt ins Seil. Dabei gerät leicht in Vergessenheit, dass jeder solche Fehler macht. Wer diese Misserfolge gut an sich abprallen lässt, kann sich schnell wieder auf die eigentliche Aufgabe konzentrieren: besser klettern zu lernen. Misserfolge geben einem immer wieder die Möglichkeit zu erkennen, welche Fehler man üblicherweise macht, bis man sie schließlich abstellt. Wer einen Misserfolg in der Öffentlichkeit erlebt, öffnet sich für wertvolle objektive Ratschläge von Freunden und lernt etwas über seine eigenen Fähigkeiten. Für all jene, die ohne Coach unterwegs sind, ist regelmäßiges Scheitern ein extrem wichtiges Hilfsmittel.

9 von 10 Kletterern machen die gleichen Fehler

Hätte ich bloß damals gewusst, was ich heute weiß

Jetzt folgt je eine Botschaft für junge und ältere Kletterer.

Es ist sehr aufschlussreich, die Dynamik der Versagensangst von erwachsenen und jugendlichen Kletteranfängern zu vergleichen. Jugendliche haben oft ein Problem, sich zu konzentrieren, abgesehen von ein paar Ausnahmen Frühreifer. Vermutlich haben die meisten jugendlichen Leser dieses Buch schon für zu kompliziert befunden und zur Seite gelegt. Wenn Kinder klettern, probieren sie hier ein bisschen, da ein bisschen, und wenn es länger als drei Sekunden dauert, den richtigen Tritt oder die beste Körperposition zu finden, verlieren sie die Geduld, springen zum nächsten Griff und fangen ihr geringes Körpergewicht dann mühelos ab. Erwachsene schauen dabei neidisch zu, wie die Kids mit so erbärmlicher Klettertechnik derart weit kommen. Doch es hat seinen Preis, derart stark auf ein vorübergehend geringes Körpergewicht zu bauen. Wenn sie mit zunehmendem Alter auch das Gewicht eines Erwachsenen annehmen, folgt die Strafe im wahrsten Wortsinn auf dem Fuße: Sie müssen mit der weit schwerfälligeren Lernfähigkeit eines Erwachsenen plötzlich gute Fußtechnik lernen.

Nach ein paar Jahren ist also meist derjenige Jugendliche der beste Kletterer, der schon früh gelernt hat, sich zu konzentrieren.

Erwachsene wiederum sind zwar meist diszipliniert und können sich sowohl auf ihre Nah- als auch Fernziele konzentrieren, aber sie büßen viel von diesem Vorteil wieder ein, weil sie Angst vor dem Scheitern haben. Sie werden ganz befangen, dass andere Kletterer, ihre Kollegen oder ihr Coach sehen könnten, wie sie am Fels zittern, zappeln und versagen. Ohne sich dessen bewusst zu sein, bewerten sie eine anvisierte Route vor allem danach, wie groß die Wahrscheinlichkeit ist, dass sie sich darin blamieren. Das Ergebnis? Der Komfortbereich wird immer enger und schwerer zu durchbrechen, je weniger Feedback aus den anderen Bereichen kommt.

Kinder lernen hingegen alles neu. Es gibt noch nichts, was sie wirklich gut können. Von daher ist es für sie völlig normal zu scheitern, wieder aufzustehen und es noch mal zu versuchen. Sobald ein Mensch aber einmal in einer Sache gut wird (sei es beim Fahrradfahren, im Beruf oder in einem bestimmten Wissensbereich), genießt er dieses Gefühl und macht es sich damit bequem. Leider wird es genau dadurch immer schwieriger, andere Dinge mit der bestmöglichen Erfolgsquote zu lernen.

Der beste (und glücklichste) erwachsene Kletterer ist in der Regel derjenige, der schon als Kind gelernt hat, sich zu konzentrieren, ohne zu vergessen, dass wiederholtes Scheitern etwas völlig Normales ist.

Ist das peinlich?!

Was kann also jemand tun, der vergessen hat, dass Scheitern normal ist und jeder einmal rumzittert und stürzt (und es daher völlig in Ordnung ist, es auch zu tun)? Sich so sehr zu schämen, dass sie in der Anwesenheit anderer nicht an ihrem Limit klettern können, ist für viele Kletterer ein Problem, behindert ihre Fortschritte und lässt sich nur schwer wieder abgewöhnen.

Es lässt sich allerdings mit den gleichen Techniken überwinden, die bei anderen »Suchtverhalten« angewendet werden. In diesem Fall ist eben das Schamgefühl eine Art Sucht danach, ohne Zuschauer zu klettern. In der Regel haben alle Kletterer mit der Anwesenheit bestimmter anderer kein Problem: weniger starker Kletterer oder ihrer gewohnten Kletterpartner. Wer damit umgehen kann, dass sie zuschauen, kann sich an alle anderen gewöhnen.

Es gibt zwei Möglichkeiten, das Problem anzugehen: den Frontalangriff und die Salamitaktik, je nach persönlichen Vorlieben. In beiden Fällen aber ist der richtige Zeitpunkt zum Handeln jetzt! Je länger sich die Gewohnheit, sich vor anderen Kletterern zu schämen, manifestiert hat, desto schwieriger wird es, sie abzulegen. Die Gegenmaßnahmen noch eine weitere Trainingseinheit hinauszuzögern, bedeutet in aller Regel, nie damit anzufangen.

Den Stier bei den Hörnern zu packen und ein Problem frontal anzugehen, ist üblicherweise die schnellste und effektivste Methode, aber sie funktioniert nicht für jeden (vor allem nicht für die schwersten Fälle). Die meisten Kletterer reden sich und anderen gern ein, dass die offensichtlich leichtere Salamitaktik für sie besser geeignet ist. Allerdings ist es insofern oft die schwerere Variante, weil sie über einen längeren Zeitraum viel Engagement und Durchhaltevermögen erfordert. Und sie kann, wenn die Bemühungen nachlassen und man in seine alten Muster zurückfällt, ganz schön frustrierend sein.

Für einen Frontalangriff ist es entscheidend, genau zu überlegen, wie das eigene Klettern auf andere Menschen wirkt und welche Folgen das für die eigene Erwartungshaltung hat. Oft haben Kletterer nämlich eine unrealistische Erwartung an ihre Fähigkeiten, zum Beispiel gehen sie davon aus, nach einer längeren Pause sofort wieder an die alten Glanzzeiten anknüpfen zu können. Diese unrealistische Erwartungshaltung führt zu der Besorgnis, dass andere merken könnten, wie schlecht man gerade in Form ist. Der erste Schritt lautet also, das eigene aktuelle Leistungsniveau wirklich offen zu hinterfragen und sich klarzumachen, ob und wie stark die eigenen Fähigkeiten auf eine bestimmte Wandneigung, Gesteinsart oder Art der Kletterei beschränkt sind. Es ist wichtig, zu akzeptieren, dass die eigene Leistung noch nicht den Erwartungen entspricht, und die Erwartungen dementsprechend herunterzuschrauben.

Der nächste Schritt besteht darin zu überlegen, wie man selbst das Klettern anderer Leute empfindet, um sich klarzumachen, wie wenig die eigene Leistung für die anderen bedeutet. Stell dir einen Kletterer vor, den du kennst und der jetzt weniger gut klettert als zu seinen besten Zeiten oder von dem du weißt, dass er

> **Teil 1**
> **Gewohnheitstiere**

sich ständig wegen seiner Kletterleistungen vor Publikum sorgt. Wie wichtig oder gleichgültig ist dir seine Kletterleistung, und wie viele Gedanken hast du dir darüber gemacht? Die meisten Kletterer nehmen zwar wahr, in welchem Schwierigkeitsgrad die anderen Anwesenden klettern, aber welcher Grad das ist, kümmert sie nur wenig. Wichtig ist für sie nur, wie sie im Vergleich zu den anderen dastehen. Während die anderen also zwar zur Kenntnis nehmen, wie schwer und gut (oder auch nicht) du kletterst, machen sie sich darüber doch kaum Gedanken. Wenn du gut kletterst, sind sie beeindruckt und vielleicht etwas neidisch. Wenn du schlecht kletterst, nehmen sie das womöglich gar nicht wahr.

Eine nützliche Einstellung ist übrigens die des »Underdogs«. In der Außenseiterposition zu sein, ist immer mit weniger psychischem Druck verbunden, als vor dem eigenen Ego einen guten Ruf verteidigen zu müssen. Selbst wenn jemand es gewohnt ist, gut zu klettern (oder glaubt, es sei gut), lässt sich doch eine Zitterpartie in der Öffentlichkeit auch zum eigenen Vorteil nutzen. Er kann sich vorstellen, dass die Zuschauer erkennen, dass er auch nur ein Mensch ist, der Fehler macht, sogar große Fehler. Er kann sich vorstellen, wie sie daraufhin ihre Erwartungen an seine Leistung herunterschrauben und das Gleiche mit den eigenen Ansprüchen tun. Das kann sehr befreiend sein und die Aufmerksamkeit von der Sorge, Fehler zu machen, lösen und stattdessen auf die Aufgabe lenken, alles zu geben, auch wenn das die Gefahr birgt, ins Zittern zu kommen und zu stürzen.

Wer bereit ist, sich diese lockerere Einstellung gegenüber der eigenen Kletterleistung und deren Wahrnehmung durch andere zu eigen zu machen, gewinnt oft schlagartig Vertrauen. Sich eine furchteinflößende oder beunruhigende Klettersituation zu suchen und sich ihr auszusetzen, kann durchaus dazu führen, dass man von einem Moment auf den anderen von der alten Befangenheit befreit und offen für einen Neuanfang ist.

Doch auch wenn diese Methode für manche funktioniert, wirkt sie auf die schwersten Fälle oft zu abschreckend, und eine schrittweise Annäherung an die angstauslösende Situation ist die einzig praktikable Möglichkeit. Das ist insofern die schwerere Herangehensweise, weil der Erfolg nicht linear eintritt und die Motivation sinkt und man nach einer längeren Pause immer wieder von null anfängt. Andererseits hat diese Methode den Vorteil, dass man jeweils nur kleinere Schritte macht, die nicht von vornherein so abschreckend sind.

Diese Schritte können bedeuten, mal mit einem anderen Seilpartner zu klettern, bei Hochbetrieb in die Kletterhalle zu gehen oder eine leichtere Route im Vorstieg zu versuchen, wenn man sonst immer Toprope klettert. Dabei nimmt man sich jeweils nur eine dieser Möglichkeiten vor und bleibt ein paar Tage oder Wochen lang dabei, bis die nächste an der Reihe ist.

Ganz wichtig ist es, nicht zu leugnen, dass die Angst davor, mit Zuschauern zu klettern oder sich zu blamieren, die Macht hat, die eigene Entwicklung beim Klettern komplett auszubremsen und einem den Spaß zu nehmen, bis der ein oder andere sogar ganz damit aufhört. Diese Angst ist menschlich, aber es ist sowohl möglich, sie zu überwinden, als auch unerlässlich, es zu tun, wenn man sich weiterentwickeln will.

Ist dieser Grad gut oder nicht?

Fragt man zehn Kletterer, die seit vielen Jahren diesen Sport betreiben, wie es war, als sie ihre besten Leistungen erbracht haben, sagen sie alle mit hoher Wahrscheinlichkeit zu allererst etwas wie: »Wir waren immer mit so vielen Leuten unterwegs.« Sportliche Leistung lässt sich nämlich nicht unabhängig von der Tatsache betrachten, dass wir soziale Wesen sind und andere Menschen uns sehr oft wie eine regelrechte Triebfeder zu höheren Leistungen anspornen.

Für die ambitioniertesten Athleten allerdings, die unter bestimmten Umständen in relativer Abgeschiedenheit ihre besten

Teil 1
Gewohnheitstiere

Leistungen bringen, trifft das nicht immer zu. Die große Mehrheit der Kletterer klettert in der Regel aber besser, wenn gute Vorbilder und Freunde anwesend sind. Individualistisch motivierte Leser können diese Gedanken zur sozialen Natur des Menschen getrost überblättern.

Es ist ganz erstaunlich, wie stark wir von den Menschen um uns herum und von den vorherrschenden sozialen Normen beeinflusst werden. Das gilt für alle Bereiche unseres Lebens, und das Klettern macht da keine Ausnahme. Hast du schon mal neue Kletterpartner am Fels kennengelernt und dann deren Gewohnheiten oder Verhaltensweisen kopiert? Einer meiner Kletterkumpel hat im positiven Sinn einen sehr aggressiven und technischen Kletterstil. Ich klettere eher schnell, aber vorsichtig. Wenn wir einen Tag zusammen klettern waren, habe ich mich meist mehr an seinen Stil angepasst. Wir alle sind durch unsere jeweiligen Grenzen und Gewohnheiten unglaublich in unseren Möglichkeiten limitiert und merken es nicht einmal. Wenn wir in einem Sportinstitut wissenschaftliche Untersuchungen machen, überrascht es mich immer wieder, wie schnell und stark die Probanden ihre Kraftreserven mobilisieren können, weil ich sie lautstark anfeuere. Und dieser Effekt ist wissenschaftlich gut belegt. Im Grunde heißt ein »Los geht's!« nichts anderes als »Lass einfach alle Hemmungen fallen und gib alles.«

In Großbritannien beispielsweise hat der Durchschnittskletterer einen sehr niedrigen Leistungslevel: VS/HVS würde ich tippen[1]. Hätte ein VS-Kletterer aber auch bei diesem Grad sein Leistungsplateau, wenn 90 Prozent aller Kletterer stattdessen E4 klettern würden? Aus der kulturellen Norm auszubrechen, erfordert gewissen Mut – eine eigene Meinung und die Bereitschaft aufzufallen.

---

1 *Very severe* bzw. *hard very severe* (sehr ernst bzw. besonders ernst), was sich, anders als das in Deutschland gebräuchliche UIAA-System oder die französische Skala, auf die Ernsthaftigkeit einer Route bezieht und weniger auf deren klettertechnische Schwierigkeit; die nächsthöheren Grade sind E1, E2, etc. (Anm. d. Übers.)

9 von 10 Kletterern machen die gleichen Fehler

Je mehr wir uns mit Menschen, Gewohnheiten und Dingen umgeben, die hohe Ansprüche an Qualität, Leistung, Einsatzbereitschaft etc. stellen, desto stärker übernehmen wir diese Normen in unser eigenes Wertesystem. Ob du es glaubst oder nicht, wenn du immer mit guten Kletterern unterwegs bist (wobei »gut« sich nicht unbedingt auf den Schwierigkeitsgrad bezieht, sondern beispielsweise auf ihre Motivation und ihren Willen), färben deren Fähigkeiten auf dich ab, ohne dass du es merkst. Das kann ein fantastisches Gefühl sein. Angenommen, keiner deiner Kletterkumpel trainiert – machst du dann allein Griffbrettübungen, wenn die anderen in die Kneipe gehen? Wenn du hingegen in Spanien leben würdest, wo selbst viele Frauen heutzutage ein Niveau von 8c haben, würdest du dich da dauerhaft mit VS zufriedengeben? Natürlich gilt es, einen Mittelweg zu finden zwischen den eigenen Kletterzielen und den Menschen und Bedingungen, mit denen man sich umgibt, aber bei den meisten Kletterern besteht durchaus Spielraum für Verbesserungen. Wir haben alle nur ein Leben, und es gibt viele verschiedene Wege, die wir nehmen können; warum also nicht einen guten Weg wählen? Häufig reicht es schon aus, mal mit neuen Kletterpartnern unterwegs zu sein und sich deren (positiven oder negativen) Einfluss bewusst zu machen, um selbst eine bessere Einstellung zu übernehmen und einen guten Mittelweg zwischen dem Spaß daran, besser zu klettern, und diversen anderen Arten von Spaß (im Privatleben, Beruf etc.) zu finden.

Im Allgemeinen üben jene Kletterer den größten Einfluss aus, die erfahrener, stärker, kühner sind als man selbst und dabei auch noch aufmunternd, unterstützend und nett. Deren angenehme Gesellschaft motiviert einen an jenen Tagen, an denen die eher langweiligen Elemente des Klettertrainings sinn- und zwecklos zu sein scheinen. Sich mit Leuten zu umgeben, die gar zu deutlich über den eigenen Fähigkeiten stehen, ist allerdings nicht immer hilfreich. Wer beispielsweise von Natur aus eher gemütlich und spontan ans Klettern bzw. ans Leben herangeht, wird auf Dauer mit einem extrem motivierten und zielstrebigen Kletterpartner mehr Probleme als Freude haben.

Teil 1
Gewohnheitstiere

Ein wohlmeinender Wettbewerb ist ebenfalls ein sehr wichtiger und erfreulicher Aspekt beim Klettern. Mit guten Kletterern unterwegs zu sein, kann daher sehr bereichernd und unterhaltsam sein und einen leichter zu besseren Leistungen anspornen.

Das mag für viele offensichtlich sein. Ich möchte auch nur betonen, dass die Wirkung dieses Faktors nicht unterschätzt werden sollte. Wem es nicht leichtfällt, sich zu schwereren Klettertouren und dem entsprechenden Training zu motivieren, sollte nicht ewig warten, bis er seine Partner um Hilfe bittet. Sie sollten stattdessen eine der ersten Anlaufstellen sein.

Die erste Generation war die freieste

Werfen wir mal einen Blick in die Geschichte des Klettersports. Die erste Generation der Sportkletterer, die gezielt dafür trainiert haben – wie Wolfgang Güllich, Jerry Moffatt, Ben Moon, Malcolm Smith und ihre Zeitgenossen –, haben die Messlatte so hoch gelegt, dass die gesamte nächste Generation ihr Niveau nicht übertroffen hat. Meilensteine wie *Action Directe* (9a) und *Hubble* (8c+, übrigens nach traditioneller Bewertung) lassen auch 20 Jahre nach ihrer Erstbegehung viele Topkletterer der Welt abblitzen. Wie kann das sein?

Das liegt an den Bedingungen, unter denen die Großmeister damals kletterten. Es gab noch keine Normen, die sie hätten einschränken können, noch nichts, womit sie sich begnügen mussten. Sie wussten nur, dass sie gut werden und neue Maßstäbe setzen wollten, und weil sie die Ersten waren, die von den enormen Vorteilen gezielten Klettertrainings profitierten, wussten sie auch, dass sie dazu in der Lage waren. Aber wie hoch konnten sie die Messlatte legen? Sie trainierten nicht regelmäßig mit einer großen Gruppe Gleichgesinnter, von daher hatten sie also keine andere Möglichkeit, ihren Einsatz und ihre Leistung einzuschätzen als ihre eigene Wahrnehmung, wie sehr sie sich anstrengten.

9 von 10 Kletterern machen die gleichen Fehler

Ohne umfangreiche äußere Rückmeldung zum eigenen Fortschritt gibt man sich nicht so leicht mit weniger Einsatz zufrieden. Man sieht vor seinem geistigen Auge, wie die anderen härter trainieren als man selbst, und diese Vorstellung treibt einen an.

Heutzutage ist dies nicht mehr möglich. Jeder Kletterer hat Zugang zu einer Kletterhalle, kann sich ein Griffbrett oder eine Boulderecke bauen, sich an einen Türrahmen hängen und sich Unmengen an Trainingstipps besorgen. Die gibt es an jeder Ecke. Wenn also die Kletterkumpel anstatt zu trainieren lieber ein Bier trinken gehen, kann man leicht annehmen, dass auch alle anderen es so machen. Und wer eine schwere Route geschafft hat, an der sein Kletterpartner kläglich gescheitert ist, wird versucht sein, sich zurückzulehnen und im Erfolg zu sonnen. Was tun?

Es gibt zwei Möglichkeiten: Eine Lösung wäre, sich klar dafür zu entscheiden, auf die Normen der anderen Kletterer in der eigenen Umgebung zu pfeifen und selbst deutlich höheren Ansprüchen genügen zu wollen. Auf diese Weise gibt man sich nicht so einfach mit weniger als dem Optimum zufrieden und folgt seiner eigenen Einschätzung, wie sehr man sich anstrengen will. Die zweite Lösung besteht darin, die (direkte oder indirekte) Gesellschaft von Leuten zu suchen, die sehr hart an sich arbeiten. Das kann jemand aus der Kletterhalle sein, ein Coach oder das Video eines bekannten Kletterers. Ruf dir immer wieder deren Einsatzbereitschaft in Erinnerung, indem du entweder regelmäßig mit ihnen klettern gehst, dir das Video ansiehst oder ihnen am Fels zuschaust. Nutze sie als deinen Maßstab.

Junge Klettertalente spüren dieses Problem besonders stark. Sie werden schnell die Besten in ihrer Gruppe oder an ihrem Hausfels und glauben daher, sie würden hart trainieren. Die Ernüchterung folgt in der Regel, wenn sie zum ersten Mal in ein neues Klettergebiet fahren oder an einem größeren Wettkampf teilnehmen – sie hatten gedacht, sie wüssten, was es heißt, alles zu geben, und werden dann auf den Boden der Tatsachen geholt. Dieser Schock ist oft so groß, dass manche mit dem Klettern aufhören. Hätten sie sich aber schon früher nach besseren Vorbildern umgeschaut, hätten sie deren Leistung womöglich schon selbst erreicht.

Ganz von vorn anfangen

Du hast also beschlossen, wieder ganz von vorn anzufangen und mit frischem Schwung dein Leistungsplateau zu verlassen. Die Motivation lässt sich nicht so leicht halten, stimmt's? Die meisten älteren Kletterer, die ich gecoacht habe – damit meine ich die, die schon seit zehn Jahren oder länger klettern, aber trotzdem noch Jugendliche sein können –, hatten eine eher lasche Einstellung dazu, mit einem ganz neuen »Maßnahmenplan« wieder von vorn anzufangen, um ihre Form endlich in Leistung umzumünzen. Das Problem dabei ist nämlich, dass sie schon so oft von vorn angefangen haben, etwa jedes Jahr im November, wenn sie sich wieder an die Plastikgriffe der Kletterhalle gewöhnen, oder im April, wenn sie sich genau die gleichen Routen hochzittern wie im vorigen Frühjahr und in den fünf Jahren davor.

Immer wieder von vorn anzufangen in einem Kreislauf von frischem Schwung, gelegentlichen Erfolgen, Rückschlägen und einem Rückfall in alte Verhaltensweisen, ist ganz schön frustrierend, nicht wahr?

Ich will damit nicht sagen, dass es ein Allheilmittel gibt, um all die Unterbrechungen von Sport und Training zu vermeiden, deren Ursachen »einmalige« Überstunden in der Arbeit, Reparaturen in Haus und Garten oder die tausend anderen Dinge sind, die – zu Recht oder Unrecht – auf der Dringlichkeitsliste ganz oben stehen. Aber hart erarbeitete Fitness zu verlieren, lässt sich vermeiden, und zwar, indem wir uns einfach die Art und Weise zunutze machen, in der unser Körper auf Trainingsreize reagiert.

Ich meine damit das Phänomen des »Erhalts der Umkehrbarkeit«. Damit ist die Tatsache gemeint, dass sich ein gewisses Fitnessniveau mit weit geringerem Aufwand halten als aufbauen

9 von 10 Kletterern machen die gleichen Fehler

lässt. Wie hoch der Trainingsaufwand dabei tatsächlich ist, hängt selbstverständlich vom jeweiligen Leistungsniveau ab, aber für die meisten von uns ist hier von etwa einer Einheit pro Woche die Rede. Dabei kommt es vor allem darauf an, seine Vorstellung von Training zu überarbeiten und um folgenden Gedanken zu erweitern: Nicht jede Form des Trainings zielt auf unmittelbare Fortschritte ab. Manchmal geht es einfach nur darum, für einen späteren Zeitpunkt sein Niveau zu halten. Langfristige Trainingsplanung heißt das Zauberwort. Bei Profisportlern ist das gang und gäbe, aber im Amateurbereich wird es noch viel zu oft unterschätzt oder glatt ignoriert.

In besonders stressigen Phasen – bei einem Jobwechsel, Umzug, Heirat oder einer Flut von Geburtstags- und anderen Feiern, die ein Wochenende nach dem anderen in Beschlag nehmen – geben wir oft nach und hören so lange mit dem Klettern auf, bis sich die Situation beruhigt hat. Die Überlegung dahinter ist folgende: »Ich werde ja doch nur frustriert, wenn ich versuche, in diesem Chaos auch noch klettern zu gehen, also lasse ich es lieber eine Weile lang bleiben.« Ich verstehe diesen Gedankengang sehr gut, aber er hilft nur kurzfristig. Natürlich ist es weniger stressig, komplett mit dem Klettern aufzuhören, bis man wieder die nötige Zeit dazu hat, aber wer nach sechs Monaten Kletterpause wieder an den Fels kommt, fühlt sich schwach und unfit und ist dadurch erst recht demoralisiert: »Es lohnt sich ja doch nicht, wieder ganz von vorne anzufangen.«

Viele haben deshalb schon das Klettern komplett aufgegeben. Und das wäre gar nicht nötig gewesen. Es ist gut, wenn jemand sich selbst gegenüber so offen und ehrlich ist zu erkennen, dass für ihn drei Klettereinheiten pro Woche einfach nicht machbar sind. Aber anstatt deshalb gar nicht mehr zu trainieren, sollte er sich überlegen, wie viel Zeit er pro Woche erübrigen kann. Wie viel das genau ist, spielt keine Rolle, solange es das derzeit maximal mögliche und realistische Zeitfenster ist.

Während dieser paar Minuten oder Stunden pro Woche ist es dann allerdings notwendig, nicht zu sagen: »Ich trainiere, um

Teil 1
Gewohnheitstiere

besser zu werden«, sondern: »Ich versuche, mein derzeitiges Niveau zu halten.« Dieses simple Umdenken macht es schon viel leichter, die Disziplin zu bewahren und während der Wochen und Monate der Zeitknappheit durchzuhalten.

Das Ergebnis ist, dass man schließlich, wenn die Lage sich beruhigt hat, von dem gleichen Level aus, bei dem man aufgehört hat, weitermachen und mit frischer Motivation und einem erholten Körper daran arbeiten kann, den nächsten Schwierigkeitsgrad zu erreichen, anstatt einen unfitten Körper zu zwingen, im Eilverfahren wieder in Form zu kommen (was oft zu Verletzungen führt, von Frustration ganz zu schweigen).

Selbstverständlich reicht es nicht aus zu beschließen, eine Zeit lang nur für den Formerhalt zu trainieren. Die nächste Hürde ist die Umsetzbarkeit. Manche können einmal pro Woche kurz in eine Kletterhalle gehen. Prima! Wer das nicht schafft, muss eben zu Hause trainieren. Für jemanden, der nicht viel Zeit hat, ist diese Option gar nicht so schlecht, wie sie scheint – immerhin braucht man nirgendwohin zu fahren.

Um zu Hause trainieren zu können, braucht man ein Griffbrett oder zumindest eine fingerbreite Holzleiste wie zum Beispiel einen Türrahmen. Viele Kletterer sträuben sich gegen die Vorstellung, sich zu Hause eine Trainingsmöglichkeit einzurichten, entweder aus Kostengründen, weil sie es nicht dürfen oder weil sie befürchten, davon auf Dauer gelangweilt zu sein. All diese Argumente lassen sich recht gut entkräften. Zu Hause an einem eigenen Griffbrett zu trainieren, hat den Vorteil, dass sich oft eine kleine Einheit einlegen lässt, während die Nudeln kochen oder im Fernsehen eine Werbepause ist. Mit kurzen, häufigen Einheiten bleiben die Finger ausreichend stark, um in der nächsten Saison mit mehr Zeit wieder auf »normalem« Niveau weiterzuklettern. Dazu schreibe ich später noch mehr.

Jeder Mensch hat Phasen, in denen er viel zu tun und wenig Zeit für Sport hat. Aber es ist deswegen nicht nötig, jedes Mal wieder als Anfänger zu enden. Halte dich mit einer Einheit pro Woche

9 von 10 Kletterern machen die gleichen Fehler

über Wasser und mach später da weiter, wo du aufgehört hast, statt immer wieder komplett neu anzufangen.

Die Wahrheit über bekannte Klettergrößen

Bekannte Kletterer sind in Wahrheit gar nicht so sehr viel besser als du, auch wenn sie mit ihren Schwierigkeitsgraden oder Wettkampfergebnissen in einer ganz anderen Liga spielen.

Wer in einem Videoclip sieht, wie ein Weltklassekletterer die beste Leistung seines Lebens in einer Route, die er jahrelang minutiös ausgecheckt und immer wieder probiert hat, abspult, wirkt alles perfekt und leicht. Das ergibt allerdings ein verzerrtes Bild von diesem Kletterer. Denn das Video zeigt nur eine Momentaufnahme, die Krönung so vieler mühsam erarbeiteter Faktoren, die im erfolgreichen Durchstieg endlich zusammenpassten (und nicht all die schlechten Tage, an denen ein Fuß weggerutscht ist oder ein Griff feucht war).

Wer eine wirkliche Inspiration sucht, sollte gute Kletterer über einen längeren Zeitraum beobachten. Manche haben womöglich eine irre Fingerkraft, aber dafür keine gute Fußtechnik. Andere sind vielleicht in technischen Routen sehr gut, sehen in einer maximalkräftigen Dachpassage aber alt aus. Das ist nicht etwa inspirierend, weil die bekannten Kletterer echte Helden wären, sondern weil sie es eben nicht sind! Sie sind vielmehr wie du und ich, auch wenn sie scheinbar Unmögliches schaffen.

Was ist da los?

Im Prinzip läuft es auf Folgendes hinaus:

Mit vier Prozent weniger Einsatz ist das Ergebnis nicht bloß vier Prozent schlechter.

> Teil 1
> Gewohnheitstiere

Oft ist das Ergebnis bei vier Prozent weniger Einsatz ganze 90 Prozent schlechter!

Der Ertrag, den man für diesen relativ geringen Zusatzaufwand erhält, steht allerdings in keinem Verhältnis zu der dafür notwendigen Arbeit. Da dies für jeden einzelnen Aspekt des Kletterns zutrifft, ergibt ein Leistungsunterschied von vier Prozent in jedem Bereich einen gigantischen Ergebnissprung, der einen geradezu in neue Leistungssphären katapultiert.

Und in der Praxis?

Ein Spitzenkletterer versucht sein Boulderproblem nicht wie du nur 25-mal, sondern 26-mal und schafft es in diesem letzten Anlauf.

Ein Spitzenkletterer hält sich bei jedem Versuch in einer Route 20 Sekunden länger fest als du. (Multipliziere einmal diese 20 Sekunden mit den zusätzlichen Versuchen und Klettertagen pro Jahr oder gar Jahrzehnt, um eine Vorstellung davon zu bekommen, wie viel höher der Trainingsreiz dadurch wird.)

Während du schon »Mach zu!« schreist, sucht ein Spitzenkletterer fünf Sekunden länger nach einer Lösung, um zur nächsten Ruheposition und dann zur Umlenkung zu kommen.

Es gibt unzählige Beispiele dafür, wie sich das in der Praxis auswirkt. Jedes für sich genommen scheint trivial, aber in der Gesamtheit erklärt dies, warum die Besten das schaffen, was sie tun, und du nicht.

Ist es also so einfach? Bloß ein bisschen öfter probieren, sich länger halten, ein paar Touren mehr klettern, den nächsten Griff aggressiver anpeilen, und dann klappt's? Ja, aber das ist nicht etwas, das wie eine Diät oder ein paar Ausdauerzirkel in wenigen Monaten messbare Erfolge bringt. Der Lohn ist riesig, wird aber nur häppchenweise ausgezahlt, wobei im Laufe mehrerer Jahre ein Schritt auf dem anderen aufbauen muss, bevor du endlich alle Zutaten in einem ausreichenden Maß für ein köstliches Festmahl beisammen hast.

Kenne den Feind: deine Vorlieben

Es ist absolut menschlich, nach Bequemlichkeit zu streben. Es ist absolut menschlich, unsere Aktivitäten entsprechend unseren Stärken auszuwählen. Aber bei sportlichem Erfolg geht es darum zu wissen, wie man seine Stärken in einem bestimmten Augenblick bestmöglich einsetzt, ohne es deswegen jedoch zu übertreiben und an anderer Stelle große Schwächen zu entwickeln.

»An den eigenen Schwächen arbeiten« ist ein oft gebrauchter Trainingsspruch, der leichter gesagt als getan ist. Das gilt vor allem in langfristiger Sicht, wenn allerlei Gewohnheiten und Routineabläufe sich in den eigenen Kletterstil einschleichen. Der beste Kletterer ist wahrscheinlich jemand, dessen Gewohnheiten und Routineabläufe regelmäßig durchbrochen werden, indem er in neue Gebiete fährt oder oft mit unterschiedlichen Kletterpartnern unterwegs ist. Diese Glücklichen lernen die Tatsache zu schätzen, dass diese Vorgehensweise viel Abwechslung bereithält und ihnen letzten Endes nützt. Sie haben gar nicht die Möglichkeit, in irgendeinem Bereich des Kletterns ausgeprägte Vorlieben zu entwickeln und sich darauf zu spezialisieren (wie eine bestimmte Wandneigung, Felsart, Griffstruktur, Routendynamik, Tagesablauf und vieles mehr).

Wir alle neigen dazu, je nach unserem Kletterpartner, der zur Verfügung stehenden Zeit und dem jeweiligen Klettergebiet eine gewisse Routine zu entwickeln. Wenn das der Fall ist, wird es wirklich schwer, sich nicht einfach auf seine Stärken zu konzentrieren, sondern gezielt das Gegenteil zu tun.

Es erfordert eine bewusste Anstrengung, die Wandneigung, Art der Kletterei und alle anderen Lieblingselemente als das zu er-

Teil 1
Gewohnheitstiere

kennen, was sie wirklich sind: Sie machen uns zu Schwächlingen in anderen Bereichen des Kletterns. Selbstverständlich soll jeder die Art von Routen genießen und regelmäßig klettern dürfen, die ihm am besten liegen. Aber anstatt gedankenlos und ausschließlich solche »Lieblingsrouten« zu klettern, sollte man sie eher als ein gelegentliches Genussmittel sehen, das man sich zwar ab und zu gönnt, aber nicht ständig zu sich nimmt.

Spiel im Geiste ein Spiel, in dem du die Leistungsbereiche, von denen du weißt, dass sie zu deinen Schwächen gehören, als eine Belohnung ansiehst, denn jedes Mal, wenn du dich in solche Situationen begibst, wirst du schnell einen größeren Nutzen davontragen als durch irgendein anderes Training. Auf diese Weise wird es leichter, sich dem magischen Sog der Vorlieben und Gewohnheiten zu entziehen.

Ich nehme an, dass schon jeder einmal davon gehört hat, an seinen Schwächen arbeiten zu müssen. Aber nur sehr wenige Kletterer handeln konsequent über einen langen Zeitraum danach. Stattdessen verfallen sie in bequeme Gewohnheiten. Dabei ist der Gedanke, an den eigenen Schwächen zu arbeiten, ebenso simpel wie effizient für all jene, die in einer so vielseitigen Sportart wie dem Klettern besser werden wollen. Warum machen es dann aber so wenige auf Dauer?

Zum Teil, weil unser Verlangen nach Bequemlichkeit, unsere Angst vor dem Unbekannten und die Angst vor einem potenziellen Verlust sehr mächtig sind, wenn wir etwas Neues versuchen. Ich habe allerdings auch den Eindruck, dass wir die Folgen davon, dass wir in Gewohnheiten verharren und nicht an unseren Schwächen arbeiten, nicht richtig verstehen. Die meisten stellen sich eine Schwäche als ein statisches Etwas vor, das irgendwo im Hintergrund herumlungert. Solange wir sie ignorieren, nimmt ihr (wenn auch negativer) Einfluss auf unsere Kletterleistung weder zu noch ab. Und so ignorieren wir sie einerseits aus Angst vor den offenkundigen »Schmerzen«, die auftreten, wenn wir sie in Angriff nehmen, und andererseits, weil wir der Meinung sind, selbst innerhalb unseres Komfortbereichs durch-

9 von 10 Kletterern machen die gleichen Fehler

aus noch Fortschritte erzielen zu können (indem wir also unsere Stärken stärken). Wir haben also das Gefühl, dass »zumindest die Schwächen nicht stärker werden«, wenn wir sie einfach nicht beachten.

Leider sind die Stärken und Schwächen aber nicht statisch und unabhängig. Je mehr Zeit wir im Komfortbereich unserer Stärken verbringen oder uns auf sie verlassen – egal, ob es Fingeraufstellen, kühne Runouts oder heikle Platten sind –, entstehen an anderer Stelle Schwächen. Und wenn sie ignoriert werden, wachsen diese Schwächen schneller, als sich die Stärken ausbauen lassen.

Einfach bei dem zu bleiben, was angenehm ist, ist nicht etwa eine langsame, stetige Art des Fortschritts – es ist vielmehr ein schlüpfriger Abhang, der ganz unmerklich und seicht beginnt, aber erbarmungslos in den Abgrund führt.

Nicht stecken bleiben

Um Fortschritte beim Klettern zu erzielen, gibt es keine Abkürzung. Man muss hart an sich arbeiten und sich im Laufe der Zeit viel Wissen über Körperbeherrschung, Taktik und Trainingsplanung aneignen.

Dabei ist der Weg vom blutigen Anfänger hin zum Profi in jeder einzelnen Fertigkeit verdammt steinig. Wenn man beginnt, eine neue Fertigkeit zu lernen, bringt zunächst jede beliebige Strategie unmittelbaren Fortschritt, quasi während jeder Trainingseinheit. Versuch und Irrtum, das Nachahmen anderer Kletterer und ein paar angelesene Grundlagenkenntnisse führen zu einem zufriedenstellenden Erfolg. Bis die Durststrecke kommt – eine riesige Kluft zwischen den schnellen Verbesserungen des Anfängers und dem Stadium der Beherrschung. Um sich in komplexen Dingen wie einer Sportart oder dem Spielen eines Musikinstruments vom Anfänger auf Weltklasseniveau hochzu-

Teil 1
Gewohnheitstiere

arbeiten, scheinen winzige Fortschritte – sobald man die ersten Grundlagen einmal erlernt hat – eine Ewigkeit auf sich warten zu lassen. Und auch dann stellen sich die Verbesserungen nur sporadisch ein, und es kann eine Weile dauern, bis sie in Summe eine neue persönliche Bestleistung ergeben.

Wer diese Phase durchmacht, zweifelt verständlicherweise oft daran, auf dem richtigen Weg zu sein. Er zweifelt an seinen Trainingsmethoden und denkt darüber nach, alles hinzuschmeißen und sich etwas Neues zu suchen. Das Vergnügen der raschen Fortschritte ist schon fast vergessen, das berauschende Gefühl der Beherrschung scheint noch lange nicht in Sicht, und das Einzige, was er spürt, sind die (unmittelbaren) Symptome seiner Mühen.

Es ist sinnvoll, sich darüber Gedanken zu machen. Für manche mag es das Beste sein aufzuhören und sich eine neue Tätigkeit zu suchen. Wenn das Klettern (oder was auch immer) nicht das Richtige für einen ist, dann reichen kein Zeit- und Arbeitsaufwand der Welt für den Durchbruch zu wahrer Meisterschaft.

Wer versucht, Hingabe, Hartnäckigkeit und Mut von Kletterpartnern zu lernen, die ständig missmutig, unzuverlässig und unmotiviert sind, ist ein aussichtsloses Unterfangen eingegangen. Genauso wenig bringt es einen weiter, aus Angst vor Stürzen immer nur statisch zu klettern. Das zermürbt, und ein Fehlschlag ist vorprogrammiert. Je eher man also damit aufhört und sich eine neue Herangehensweise sucht, desto besser. Für die meisten Menschen ist die Vorstellung, etwas zu verändern oder eine vertraute Gewohnheit aufzugeben, so unangenehm, dass sie einfach weitermachen wie bisher und nicht mehr vorankommen.

Das Problem damit ist, dass es sich, auch wenn man auf dem richtigen Weg ist und eine notwendige Durststrecke durchlebt, oft so anfühlt, als stecke man fest, etwa auf dem Weg zu einem höheren Schwierigkeitsgrad. Jahr für Jahr vergeht, ohne dass es klappt. Du stellst dir die Frage, ob dieses Ziel vielleicht wegen der äußeren Einschränkungen wie Beruf, Familie, Wohnort und

9 von 10 Kletterern machen die gleichen Fehler

Trainingsmöglichkeiten für dich unerreichbar ist. Von den ermüdenden Symptomen anhaltender Anstrengungen lassen sich viele Leute unterkriegen und nehmen die kleinen Fortschritte gar nicht wahr.

Manche Kletterer erreichen deshalb keine großen Ziele, weil sie in einer Phase feststecken, die sie eigentlich durchbrechen müssten, zum Beispiel in ständigem Training am Campusboard, einem rein statischen Kletterstil oder im Versuch, mit ungeeigneten Kletterschuhen eine gute Fußtechnik zu lernen. Oder sie geben ihre Versuche, etwas zu verändern, auf halber Strecke auf und erreichen so die angestrebten Ziele auch nicht. Sie brechen unter der Belastung der Ermüdung, Ungeduld oder ihrer kurzfristigen Sichtweise innerlich zusammen. Die vielleicht größte Herausforderung ist daher, ständig nach Bereichen Ausschau zu halten, in denen Verbesserungsbedarf besteht, und diese unverzüglich und unnachgiebig Tag für Tag in Angriff zu nehmen. Das erfordert echtes Engagement und das Vermögen, sich als den Kletterer vorzustellen, in den man sich Schritt für Schritt im Laufe der Zeit verwandelt. Im weiteren Verlauf dieses Buches geht es um die diversen Durststrecken eines Kletterlebens und darum, wie man am besten mit ihnen umgeht.

Gewohnheitstiere

Jede Klettertechnik, Taktik und Routine, die ein Kletterer entwickelt hat, ist nichts als eine Gewohnheit. Unsere Klettertätigkeit ist eine Mischung aus all unseren Gewohnheiten. Der beste Kletterer ist derjenige mit den meisten leistungsfördernden Gewohnheiten. Jedes Mal, wenn wir eine dieser Gewohnheiten praktizieren – wie wir antreten oder was wir während des Kletterns denken –, wird diese Gewohnheit verstärkt. Ihr Einfluss wird beständiger und schwieriger zu durchbrechen (was aber zum Glück nicht unmöglich ist). Tief verwurzelte schlechte Gewohnheiten sind die Ursache dafür, dass die Erfahrungen, die ein Kletterer sammelt, zu etwa gleichen Teilen vorteilhaft und

Teil 1
Gewohnheitstiere

unvorteilhaft für ihn sind. Die meisten Kletterer erkennen ihre schlimmsten Angewohnheiten zwar in der Regel selbst, fühlen sich aber außer Stande, sie zu ändern: »Ich kann einfach keine Überhänge klettern.«

Es ist schwer, dem Sog der Gewohnheit und dem Gefühl der Unabänderlichkeit zu entkommen. Indem man jedoch erkennt, dass die Alternative – nämlich Stagnation – auf Dauer noch schwerer zu ertragen ist, wird es leichter, sich zu Veränderungen durchzuringen. Aber es ist nicht nur schwer, die Bereitschaft aufzubringen, etwas zu ändern (das ist vielmehr so, als würde ein Damm brechen: Ist der Anfang geschafft, geht alles Weitere erst einmal ganz schnell); für viele Kletterer besteht die Schwierigkeit vor allem in der Antwort auf die Frage, *wie* sie ihre schlechten Gewohnheiten konkret ändern sollen. Um eine Gewohnheit zu durchbrechen, sind folgende drei Voraussetzungen nötig:

▶ Der Wille, etwas zu ändern.

▶ Das Wissen, was genau geändert werden soll.

▶ Die Fähigkeiten, die Änderungen vorzunehmen.

Wer neue Verhaltensmuster, wie beispielsweise eine bestimmte Bewegungstechnik, lernen will, braucht hierfür neue Kenntnisse und Fertigkeiten, für deren Erlangung er von außen unterstützt werden muss, zum Beispiel durch das Lesen dieses Buches, das Beobachten anderer Kletterer oder einen Trainer. Andere Verhaltensmuster lassen sich intuitiv lernen, indem man sie »einfach macht«. Oft reicht es aus, das Verhalten von Leuten, die etwas gut können, zu imitieren, damit sich im Laufe der Zeit der gewünschte Erfolg einstellt. Wer immer sagt: »Ich kann keine Überhänge klettern«, hat sich selbst davon überzeugt, dass er das nicht schafft, und versucht es auch nur selten, zumindest aber nie ausdauernd genug, als dass sich ein Fortschritt zeigen könnte. Diejenigen, die gut Überhänge klettern können, klettern auch oft überhängende Routen. Dieser Zusammenhang ist simpel, wird aber oft nicht zur Kenntnis genommen. Wer lange genug möglichst viele Überhänge klettert, wird fast automatisch besser darin. Die meisten Kletterer aber verzweifeln an der Übergangsphase und suchen sich lieber eine andere Spielwiese, üblicherweise eine innerhalb ihres Komfortbereichs.

Die nächste Hürde besteht darin, weitere schlechte Angewohnheiten zu entlarven, die es zu ersetzen gilt. Klettern ist eigentlich schon schwierig genug: Seine Bewegungs- und Verhaltensmuster zu analysieren und aus einem Meer von Möglichkeiten die richtige Wahl zu treffen, stellt aber ganz andere Anforderungen. In diesem Buch zeige ich viele der wichtigsten und besonders weit verbreiteten Gewohnheiten auf, die zu ändern den meisten Kletterern nutzen dürfte.

Für viele ist es extrem schwer, eine Gewohnheit, die ihnen in Fleisch und Blut übergegangen ist, zu ändern. Und es ist umso schwieriger, je länger sie eine Gewohnheit praktiziert haben und je älter sie sind. Es gilt also, keine Zeit zu vertrödeln, sondern jetzt sofort anzufangen! Allerdings gleichen ältere Menschen die Macht einer vertrauten Gewohnheit oft durch einen stärkeren Willen aus, etwas zu verändern, weil sie die Dringlichkeit erkennen, dass sie keine Zeit verlieren dürfen, und weil sie schon länger unter der Stagnation ihrer Leistung leiden. Dieses Gefühl gilt es zu nutzen!

Teil 2
Die großen vier: Bewegungstechnik, Fingerkraft, Ausdauer, Körpergewicht

Teil 2
Die großen vier

Die wichtigste Lehre aus der Sportwissenschaft

... ist die richtige Perspektive einnehmen zu müssen. Diejenigen, die die größten Fortschritte erzielen, verlieren das Gesamtbild dessen, was alles ihre Leistung beeinflusst, nicht aus den Augen, und sie behalten im Blick, wie viel Zeit und Energie sie in jedem Bereich investieren müssen.

Nur wenige Kletterer schätzen richtig ein, welchen Effekt das breite Spektrum der einzelnen Faktoren auf die Gesamtkletterleistung hat. Vielmehr nehmen sie nur einen Bruchteil der Faktoren wahr. Schlimmer noch: Sie haben häufig eine verzerrte Vorstellung von deren relativer Bedeutung, je nach ihren eigenen begrenzten Erfahrungen, Vorlieben und äußeren Einflüssen.

Die vier großen Faktoren beim (Fels)Klettern sind Bewegungstechnik, Fingerkraft, Ausdauer der Finger- und Unterarmmuskeln sowie die Körpermasse bzw. das Körpergewicht. Obwohl es noch viele weitere Faktoren gibt, sind dies die mit Abstand wichtigsten. Von diesen vier wiederum wird derzeit die Bedeutung der Fingerkraft deutlich überbewertet. Sie ist natürlich wichtig – und ein Kletterer kann nie zu viel Fingerkraft haben. Aber die anderen Aspekte werden meist nicht genug beachtet.

Das Ganze ist aber dennoch nur ein Teil des Gesamtbildes.

Beim erfolgreichen Klettern geht es darum, bestimmte Routen erfolgreich zu durchsteigen. Und dafür sind deutlich mehr Fertigkeiten nötig, als sich am Fels nach oben bewegen zu können. Vielmehr kommen für einen erfolgreichen Durchstieg weitere – und häufig vernachlässigte – taktische und mentale Fertigkeiten ins Spiel (vor allem die Sturzangst kommt einem oft in die Quere). Es ist eine Sache zu sagen, dass man die »großen vier« trainieren will und wie man das am besten macht; oft scheitert es dann aber an einem ausreichenden Trainingsumfang in diesen

Bereichen, weil die Umstände nicht richtig gewählt werden. Damit meine ich zum Beispiel die Wahl der geeigneten Trainingseinrichtungen, gute Routineabläufe, um die verfügbare Zeit bestmöglich zu nutzen, einen gesunden und möglichst stressarmen Lebensstil, bei dem man nicht so übermüdet oder schlecht ernährt ist, dass ein nennenswertes Training schier unmöglich wird. Außerdem ist es nötig, im Leben auch Platz zu lassen für unvermeidbare Rückschläge wie Verletzungen, zeitaufwendige Ereignisse wie Jobwechsel oder Umzug, Motivationsmangel und Probleme, das Gleichgewicht zwischen Sport und den restlichen Lebensbelangen zu finden, um glücklich, motiviert und fokussiert zu bleiben.

Junge, fitte und ehrgeizige Kletterer wollen von all dem aber gar nichts hören! Sie interessieren sich nur für das beste Griffbretttraining. Sie wissen noch nicht, dass »all diese Dinge« sie später davon abhalten können, ihre Traumrouten zu schaffen.

Der beste Kletterer ist also derjenige, der alle vier Hauptelemente der Kletterleistung (und eben nicht nur die Fingerkraft!) in den Mittelpunkt seiner Klettervorbereitung stellt, aber gleichzeitig auch all die anderen Aspekte betrachtet und umsetzt. Und zwar heute und nicht erst, wenn es zu spät ist. Die »großen vier« sind groß, aber sie sind nicht alles.

Die Gesetze lassen sich nicht brechen

Es gibt sportwissenschaftliche Untersuchungen darüber, wie der Mensch bei dem Versuch, eine Sportart zu erlernen und zu beherrschen, sich anstrengt, dazulernt, erfolgreich ist bzw. scheitert. Dabei wurde zunächst durch sorgfältige Beobachtung und später durch systematische Forschung herausgefunden, wie Körper und Geist charakteristischerweise reagieren. In der Folge wurden einige Kernprinzipien erkannt, die die sportliche Leistungsentwicklung maßgeblich beeinflussen, und auch, wie sie das tun. Auf dieser Grundlage kann jeder stets die beste Wahl

Teil 2
Die großen vier

treffen, auf welche Faktoren er sich konzentrieren will. Abgesehen davon, dass er auf die Botschaften des eigenen Körpers hören muss, und dem Bewusstsein, welche Techniken er noch lernen muss, sind diese Kernprinzipien alles, was ein Kletterer kennen muss, um seine Fortschritte optimal zu planen. Obwohl sie allgemein bekannt sind und von Trainern mit sportwissenschaftlicher Erfahrung häufig erwähnt werden, sind sich die meisten Kletterer über deren Bedeutung für ihre sportliche Weiterentwicklung kaum bewusst.

Es tut nichts zur Sache, dass die Begriffe für all jene, die sie jetzt zum ersten Mal hören, etwas nichtssagend klingen mögen. Ich hoffe, mit einer knappen Erklärung wird schnell klar, was sie bedeuten:

Spezifität: Man wird zu dem, was man ständig macht. Deine Leistung ist das Ergebnis deiner täglichen Gewohnheiten.

Reizsteigerung: Um dich zu verbessern, musst du mehr tun als bisher, um deinen Körper zu stimulieren. Allerdings kann dieses »mehr« auf verschiedene Weisen erreicht werden.

Reversibilität: Eine Fertigkeit, die nie genutzt wird, geht verloren. Schon ein geringer Aufwand reicht allerdings aus, um ein einmal erreichtes Fitness- oder Fertigkeitsniveau zu erhalten.

Variabilität: Unser Körper braucht regelmäßig neue Reize, um darauf reagieren zu können. Die erforderliche Abwechslung kann dabei feiner abgestuft sein, als du gedacht hättest.

Individualität: Das, was bei einer Person funktioniert, wirkt bei einer anderen oft nicht. Schließlich hat jeder seine eigenen Schwächen und Vorlieben.

Wie bei jedem unveränderlichen Grundprinzip der menschlichen Natur oder unserer Umgebung können wir diese Gesetze nicht ändern. Wir rennen uns bei dem Versuch nur den Kopf ein. Und genau das tun die meisten Kletterer auch.

9 von 10 Kletterern machen die gleichen Fehler

Der Grund dafür ist, dass die verschiedenen Aspekte unseres Charakters und unserer Persönlichkeit oder äußere Einflüsse uns ständig von den oben genannten Leitprinzipien abbringen. Dazu gehören Ungeduld, Angst, Befangenheit, Ego, Zögerlichkeit, Unwissen oder schlechte Gewohnheiten. Die Bedeutung der sozialen Einflüsse auf sportliche Leistung lässt sich gar nicht überschätzen. Selbst diejenigen, die sehr charakterstark sind und entschlossen versuchen, alle notwendigen Fertigkeiten und Prinzipien zu erlernen, unterliegen dem äußeren Druck, sich an die Normen innerhalb der betreffenden Sportart anzupassen.

Schau dich nur einmal in anderen Sportarten um: In manchen Fällen gilt es unter den Teilnehmern als normal zu betrügen, wenn es nicht auffliegt (EPO-Missbrauch im Radsport), oder ein starkes Ego gilt als positiver Wesenszug (Boxen). Aus der Sicht eines neutralen Beobachters lässt sich leicht erkennen, dass diese sozialen Standards die Entwicklung des betreffenden Sports insgesamt bremsen. Es überrascht daher nicht, dass einige erfolgreiche Sportler sagen, Erfahrungen aus anderen Lebensbereichen oder einer anderen Sportart seien das »Geheimnis«, dem sie es verdanken, ihre rein auf diese Sportart fixierten Gegner geschlagen zu haben.

Nehmen wir den sozial am stärksten belasteten Begriff aus der Aufzählung als Beispiel: Unwissen. Geh an einen beliebigen Fels in einem beliebigen Land, und die meisten Kletterer dort werden sagen, dass zehn Routen eine gute Tagesleistung seien. Wie sind sie zu dieser Zahl gekommen? Sie haben nicht etwa viel experimentiert und versucht, mehr zu klettern sowie andere Faktoren wie die Regeneration zu verändern, und dann jeweils die mittel- und langfristigen Auswirkungen auf den Körper dokumentiert. Sie kennen diese Zahl einfach. Sie wurde ihnen von anderen Kletterern als »gute Tagesleistung« überliefert. Wenn sie also bei einem Auslandstrip eine Gruppe von Kletterern sehen, die erst mal zehn Aufwärmrouten klettern, bevor sie ihre Projekte angehen, und anschließend noch eine Runde laufen, sind sie wie vom Donner gerührt. So also sieht die Wirklichkeit aus!

Teil 2
Die großen vier

Gibt es solch eklatante Unterschiede tatsächlich? Ja, aber die Ursachen dafür sind in mehr als nur einem Faktor zu suchen. Die Wissensbildung innerhalb einer Gruppe von Sportlern setzt sich aus vielen Fertigkeiten und Kenntnissen zusammen, die sie miteinander teilen. Die üblicherweise angewandte Technik, Taktik und Strategie der Vorbereitung und Erholung spielen alle eine Rolle bei der jeweiligen sportlichen Tätigkeit und den erzielten Ergebnissen.

Zum Glück ist es heutzutage einfacher als je zuvor, die hart erarbeiteten Fertigkeiten und Erkenntnisse einer Gruppe von Kletterern mit anderen zu teilen. Die Herausforderung besteht also heute vor allem darin, die Trainingsprinzipien zu befolgen, die negativen Einflüsse auszublenden, die der Kletterentwicklung im Weg stehen, und dabei so viele positive Einflüsse wie möglich umzusetzen und zu guter Letzt auch noch auf den eigenen Körper zu hören.

Technik lernen

Die meisten Kletterer heutzutage wissen, dass sie besser klettern und mehr aus ihrer aktuellen Kraft und Fitness herausholen könnten, wenn sie lernen würden, sich besser und effizienter am Fels zu bewegen. In den vergangenen Jahren hat sich im Klettersport allmählich die Erkenntnis durchgesetzt, dass man sich ein Beispiel an guten Vorbildern nehmen und sich eine gute Bewegungstechnik aneignen sollte. Solche Vorbilder können ein Coach oder andere Kletterer sein, die man entweder persönlich oder in einem Video beobachtet.

Das Problem besteht nun darin zu wissen, was ein Kletterer in der Praxis konkret tun muss, um eine bessere Technik zu lernen. Oft heißt es: »Ich mache jetzt diese schwere Tour und achte dann gezielt auf eine gute Technik.« Aber das funktioniert nicht! Und es ist sogar ziemlich frustrierend. Denn das bewusste Achten auf die Technik macht jede Bewegung langsamer, sodass die

9 von 10 Kletterern machen die gleichen Fehler

Arme schneller gepumpt werden. Wenn das Bewusstsein nach Versuch und Irrtum eine Lösung sucht, macht es viele dumme Fehler, und du fliegst erst recht. Obwohl du dich also extra stark konzentriert hast, hat es sich schlechter angefühlt und nicht besser!

Das liegt daran, dass gute Technik zwangsläufig automatisch abläuft und die meisten unserer technischen Entscheidungen während des Kletterns unbewusst getroffen werden. Es gibt einfach in Sekundenbruchteilen viel zu viele Entscheidungen zu treffen, um die komplexen Bewegungen und Richtungsänderungen des Körpers zu steuern. Sobald wir uns mit unserem langsamen, behäbigen bewussten Verarbeitungsprozess einmischen, geht in schweren Routen die Koordination verloren. Das Bewusstsein kann immer nur eine begrenzte Anzahl an Bewegungsinformationen gleichzeitig verarbeiten.

Was tun? Um bewusst an der Bewegungstechnik zu arbeiten, sollte man dies weit unterhalb des eigenen Leistungslimits in Routen tun, in denen einem mehr Spielraum zum Nachdenken bleibt und zur Verarbeitung der Rückmeldungen des Körpers auf die jeweiligen Bewegungsversuche. Gute Beispiele für solche Gelegenheiten sind Aufwärmrouten, leichtere Touren und Boulder. Routen, die man bereits kennt, eignen sich ebenfalls, um bestimmte Techniken zu verfeinern, können aber bei zu häufiger Wiederholung insofern problematisch sein, als der Körper dann schon im Voraus weiß, was ihn erwartet, und sich entsprechend daran gewöhnt.

Schwere Routen sind jedoch auch wichtig, und zwar, weil in ihnen alle Einzelteile des Leistungspuzzles genau zusammenpassen müssen. Wie gehen wir also mit der Zwickmühle um, dass wir in einer schweren Tour voll beschäftigt sind, am Fels zu bleiben, und keinen Platz mehr für bewusste Entscheidungen haben? Die Antwort: Wir müssen beides getrennt behandeln.

Teil 2
Die großen vier

Aufnehmen, abspielen, analysieren

Für alle, die das Anfängerstadium hinter sich gelassen haben, ist die Fähigkeit, im Geist detailliert zu speichern, was und wie man eine Route geklettert hat, um es anschließend zu analysieren, von großer Bedeutung. Diese Fertigkeit lässt sich erlernen, und es dauert Jahre, bis man sie richtig beherrscht. Mit etwas Einsatz kannst du aber schon bald lernen, eine gekletterte Route vor deinem geistigen Auge ablaufen zu lassen und auch im Nachhinein noch zu spüren, wie sich dein Körper dabei angefühlt hat. Sobald du das einmal verinnerlicht hast, läuft dieser Vorgang übrigens fast unbemerkt und automatisch im Hintergrund ab, sodass du es gar nicht mehr bewusst zu machen brauchst.

Die Bewegungen, die man kurz zuvor in einer Route gemacht hat, noch einmal zu betrachten und zu analysieren, vergrößert im Laufe der Zeit auch entscheidend die Menge an Bewegungsinformationen, die dem Geist zur Verfügung steht (und damit die Lernmöglichkeiten). Beim Felsklettern verbringt man nicht allzu viel Zeit mit der eigentlichen Tätigkeit – vor allem beim Sportklettern und Bouldern. Während einer dreistündigen Bouldersession kann der tatsächliche Felskontakt sich auf gerade einmal 30 Minuten beschränken; die restliche Zeit sitzt man herum und ruht sich aus (oder spottet über seine Kumpel).

Wer in den Ruhepausen über Gott und die Welt nachdenkt, sich gar langweilt, bis er den nächsten Versuch starten kann oder bis der Kletterpartner endlich den Umlenker erreicht, lernt viel langsamer etwas dazu – und womöglich gar nichts.

Wer die Pausen hingegen dazu nutzt, sich die eigenen Bewegungen noch einmal vor Augen zu führen, und dabei überlegt, welche Bewegung sich gut oder weniger gut angefühlt hat und mit welchen Griffen er nicht gut zurechtgekommen ist, um anschließend einen Plan zu machen, wie er es beim nächsten Mal ein kleines bisschen anders versuchen will, der wird viel schneller Fortschritte machen. Nicht nur das eigentliche Klettern, son-

9 von 10 Kletterern machen die gleichen Fehler

dern auch die geistige Rekapitulation und taktische Analyse in den Pausen sind extrem wichtige Lernfaktoren. So lässt sich verglichen mit den »passiven Pausierern« die Bewegungsverarbeitung deutlich beschleunigen, und nach zwei, drei Jährchen verfügt man über ein deutlich breiteres und fundierteres Bewegungsrepertoire.

Wenn du das nächste Mal beim Bouldern bist und siehst, wie zwei gute Kletterer an demselben Problem arbeiten, hör zu, was sie zwischen den jeweiligen Versuchen miteinander sprechen. Sie unterhalten sich ständig über die Details jeder einzelnen Bewegung, fassen in Worte, was sie bei ihrem letzten Versuch empfunden haben, und kommentieren die Körperposition und Bewegungen des Partners. Schau dir an, wie sie die Geheimnisse ihres Problems dadurch lösen, dass sie systematisch experimentieren und die Vorteile und Eigenheiten jedes einzelnen Bewegungselements miteinander diskutieren. So sieht Techniktraining aus.

Aber niemand macht doch Drills, oder?

In anderen Sportarten sind Drills, also gezielte Übungen, völlig normal. Für Kletterer nicht. Warum tun sie das nicht, und ist es denn ein Problem? Hier ist die Antwort:

In anderen Sportarten gibt es oft eine klare Trennung zwischen Training und Wettkampf. Zum Beispiel beim Tennis. Tennisspieler verbringen neben den eigentlichen Matches viel Zeit damit, sich gegenseitig Bälle zuzuspielen. Sie gewinnen also in beiden Bereichen viel Übung. Entscheidend ist dabei die Einstellung zur »Übung«. Während der Übungseinheiten geht es nicht darum, Punkte zu erzielen. Es ist völlig egal, ob sie Fehler machen. Vielmehr ist es sogar gut, wenn sie Fehler machen, um dann daraus zu lernen und ihre Technik zu verbessern, denn nur das ist das Ziel.

Teil 2
Die großen vier

Übungseinheiten sind außerdem sehr systematisch – erst üben sie eine Stunde lang Aufschläge, immer wieder nur Aufschläge, dann eine Stunde lang Rückhandreturns, dann Lobs und so weiter. Indem sie sich immer nur auf ein Element des Technikrepertoires konzentrieren, ohne sich dabei um den Wettkampf kümmern zu müssen, erzielen sie echte Fortschritte.

Kletterer machen so etwas nicht. Dafür ist die Sportart nicht ausgelegt. Wir trennen nicht zwischen Übung und Wettkampf. Wir gehen schlicht klettern. Selbst, wenn wir eine Einheit als Training bezeichnen, denken wir dennoch stets daran, Leistung zu bringen. Das führt dazu, dass wir viel langsamer lernen, als es möglich wäre. Wir wollen immer alle Aspekte zu 100 Prozent richtig machen und lernen stattdessen nichts wirklich gut. Das Ganze wird dann noch schlimmer, wenn wir anfangen, Training und Leistung derart zu vermischen, dass wir vor Trainingstagen extra Ruhetage einlegen aus Angst vor einer »schlechten Leistung« in einer Route, von der wir meinen, dass wir sie in jeder Einheit schaffen »sollten«. Auf diese Weise machen wir immer weniger Bewegungen aus dem klassischen Übungsgedanken und schenken der Bewegung selbst kaum Aufmerksamkeit, weil wir uns viel zu sehr den Kopf über das Ergebnis der Bewegungen zerbrechen.

Wenn man Kletterern vorschlägt, Drills zu machen, trifft das meist auf Verwirrung oder Gleichgültigkeit. Mir ist auch klar, warum das so ist. Sie denken so etwas wie: »Was genau soll das bringen? Und wann sollte ich die eigentlich machen? Ich habe ja noch nie gehört, dass irgendein anderer Kletterer so etwas macht ...«

Dabei steht einem erfolgreichen Training Folgendes im Weg: Der Kletterer muss verstehen, wie eine Technikübung überhaupt aussehen könnte und wie sie sich dann in den Kletterablauf integrieren ließe. Weil ihm dies nicht auf Anhieb gelingt, ist er verwirrt und hakt das Thema ab. Erschwerend kommt hinzu, dass die Kletterbewegungen viel variabler und undefinierter sind als beispielsweise ein Golfschlag, bei dem es einen idealen Ablauf gibt, der sich perfektionieren lässt, oder beim Tennis, wo eine Reihe unterschiedlicher Schläge dem Training eine klare Struktur geben. Beim Klettern sind die Bewegungen viel komplexer – was aber nicht bedeutet, dass wir nicht dennoch einige Schlüsselelemente definieren könnten, wie zum Beispiel seitliches Eindrehen, Ägyptern oder hohes Antreten.

Wie können wir also Technikübungen systematisch in den Kletteralltag einbauen, ohne dass es zu wissenschaftlich oder generalstabsmäßig geplant wird? Der einfachste und offensichtlichste Ansatz ist: während der bereits erwähnten Aufwärmrouten. Wir klettern unterhalb unserer Leistungsgrenze, sodass uns genug mentale Energie zur Verfügung steht, um auf die Qualität der Bewegungen zu achten. Konzentriere dich dabei immer nur auf einen einzigen Aspekt: beim Höhertreten den Arm länger gestreckt lassen, präzises Antreten, Bewegungen schnell und flüssig ausführen. Anfangs wirst du vermutlich bewusst darauf achten müssen, bis du die Gewohnheit, passiv und gedankenlos drauflos zu klettern, abgelegt hast. Gute Kletterer haben einzelne, spezifische Aspekte so oft wiederholt, dass sie ihnen schließlich in Fleisch und Blut übergegangen sind, ohne dass es ihnen noch bewusst wäre.

Eine andere Situation, die gute Kletterer üblicherweise für Technikübungen nutzen, ist das Bouldern oder Auschecken der Schlüsselstelle eines Projekts. Dabei wiederholen sie kurze Passagen, einzelne Züge oder auch nur einzelne Bewegungselemente (wie eine andere Fußposition) immer wieder und versuchen, sie zu perfektionieren, bis sie die Bewegungen schließlich aneinanderreihen können. Viele Kletterer machen allerdings den Fehler, eine Stelle schlicht ein ums andere Mal zu wiederholen, indem sie versuchen, einen Griff lediglich fester zuzuschrauben und den nächsten Griff so schnell und präzise wie möglich zu erwischen. Aber volle Konzentration auf die physische Ausführung einer Bewegung sollte bei einem Rotpunktversuch immer nur der letzte Schritt sein und nicht der erste! Gute Kletterer haben sich daher angewöhnt, in erster Linie auf die Rückmeldung

Teil 2
Die großen vier

ihres Körpers auf die diversen Bewegungsansätze zu achten, wobei sie herauszufinden versuchen, welche Elemente noch nicht passen und sich »falsch« anfühlen. Sie stellen sich alle nur denkbaren Möglichkeiten vor, eine Stelle zu klettern, und testen dann Zug um Zug eine Variante nach der anderen, wobei sie genau auf die Reaktionen ihres Körpers achten. Auf diese Weise erkennen sie Muster, bei welcher Art von Griff- oder Felsstruktur sich etwas »richtig« oder »falsch« anfühlt. Das hat zweierlei zur Folge: Erstens erkennen sie so die beste Möglichkeit, indem sie die weniger guten durch praktisches Ausprobieren ausschließen. Zweitens (und das ist deutlich wichtiger) haben ihr Körper und Geist viele verschiedene Einzelinformationen erhalten über das, was in einer bestimmten Situation gut bzw. weniger gut funktioniert hat. Und all das haben sie in einer einzigen Boulder- oder Schlüsselstelle gelernt! So addieren sich die zahllosen Versuche an einzelnen Zügen während eines Klettertages (und erst recht eines ganzen Jahres) zu einer riesigen Summe von Technikdrills und einer fantastischen Bewegungsschulung.

Es geht also um das, was du während des Kletterns denkst, darum, nicht ständig Leistung bringen zu wollen, sondern bei mehr Gelegenheiten deine ganz normalen Klettereinheiten in Technikeinheiten zu verwandeln.

Wenn zwei gleich starke Kletterer eine identische Trainingseinheit ausführen (Aufwärmen und anschließendes Bouldern oder Routenklettern), kann es durchaus sein, dass nur einer von ihnen die Technikübungen so nutzt, dass er dadurch wirklich seine Technik verbessert. Kletterer A denkt beispielsweise während der Aufwärmrouten daran, was es abends zu essen gibt, und während des Auscheckens seiner Touren versucht er ständig, mit mehr Kraft an den Griffen zu ziehen. Kletterer B hingegen wählt einen bestimmten Technikaspekt aus, auf den er sich während jeder Aufwärmroute konzentriert (beispielsweise Fußwechsel). In den schweren Routen rekapituliert er im Geist jeden seiner Versuche, um herauszufinden, welche Bewegungen sich noch falsch anfühlen und warum (vielleicht, weil der linke

Fuß zu tief steht). Erst, wenn er das Problem fast gelöst hat, hört er auf, bewusst darüber nachzudenken, und bringt 100-prozentigen körperlichen Einsatz, um den Durchstieg zu schaffen. Und falls das nicht reicht, geht er zurück in den Feedback-Modus, um den Zug, bei dem er gescheitert ist, weiter zu optimieren. Im Verlauf der nächsten drei Jahre entwickelt sich Kletterer B zu einem viel besseren Kletterer als Kollege A, obwohl sie nach dem exakt gleichen Programm trainiert haben.

Die Moral von der Geschicht': Leistung allein bringt es nicht! Versuche lieber, beim Klettern etwas zu lernen.

Die Elemente der Klettertechnik

Indem die Kletterer im Laufe der Jahrzehnte versuchten, immer besser zu verstehen, was eine gute Bewegungstechnik ausmacht, haben sie selbstverständlich auch Begriffe für das geprägt, was sie als gute Klettertechnik empfinden. Die beiden wichtigsten dieser Begriffe sind »Gleichgewicht« und »Kontrolle«.

Diese Begriffe fallen ständig, wenn Kletterer sich über eine Route unterhalten, und es sind auch ganz sicher zwei grundlegende Elemente für eine effiziente Fortbewegung am Fels. Obwohl simple Schlüsselwörter wie diese helfen können, uns auf die wichtigsten Dinge beim Klettern zu konzentrieren, stehen sie andererseits einer Weiterentwicklung unseres Verständnisses der Kletterbewegung im Weg.

»Kontrolle« lässt uns an langsame, besonnene Bewegungen denken, bei denen Hände und Füße sehr sorgfältig platziert werden. »Gleichgewicht« bedeutet für viele ein ähnliches Gefühl, nämlich statisch weiterzugreifen, während der Körper im Gleichgewicht ist – quasi unbeweglich, um den nächsten Griff oder Tritt anzupeilen. Das Problem dieser Schlagwörter besteht darin, dass jeder Kletterer sie anders interpretieren kann, was unter Umständen zu einer verzerrten Vorstellung von den wich-

Teil 2
Die großen vier

tigsten Aspekten des Kletterns führt. So glauben manche Kletterer heute noch immer, statisch zu klettern sei das Nonplusultra.

Beide Schlagwörter sind also durchaus nützlich, um als Anfänger ein grundlegendes Verständnis dafür zu entwickeln, wie man es schafft, sich am Fels zu halten. Aber für Fortgeschrittene geht es nicht mehr nur darum, von Henkel zu Henkel zu greifen; sie müssen mit kleineren, weiter entfernten Griffen und ungünstigeren Griffformen fertig werden, und dann reichen Gleichgewicht und Kontrolle nicht mehr aus. Je schwieriger die Routen werden, desto öfter gilt es, einen guten Kompromiss zwischen einer schnellen und einer kontrollierten Bewegungsausführung zu finden. Beides kann uns sehr effizient die zur Verfügung stehende Kraft nutzen lassen, aber wenn ein Aspekt zu stark betont wird, geht das zulasten des anderen.

Schnelligkeit ist nicht nur insofern von Vorteil, als ein Kletterer dadurch weniger lang in einer Route unterwegs ist (und damit insgesamt weniger Haltekraft benötigt) – sie ist auch entscheidend bei weiten Zügen, um Griffe zu erreichen, die bei einem statischen Kletterstil (also im Gleichgewicht) außer Reichweite liegen. Wenn man von Gleichgewicht spricht, beschränkt sich die Vorstellung meist auf ein statisches Gleichgewicht. Beim Klettern würde das bedeuten, eine Körperposition zu finden, die es einem erlaubt, eine Hand oder einen Fuß vom Fels zu lösen und langsam auf den nächsten Griff bzw. Tritt zu setzen, ohne das Gleichgewicht zu verlieren. Manche Züge, vor allem an nah beieinanderliegenden Griffen, lassen sich gut mit statischem Kletterstil ausführen.

Wenn die Griffe jedoch schlecht zu greifen oder weit voneinander entfernt sind, müssen wir unseren Körperschwerpunkt so verschieben, dass er nicht mehr genau in Falllinie über unserer »Auflagefläche« (dem Bereich über den Füßen oder dem Fuß, auf dem das Gewicht ruht) ist, um den nächsten Griff zu erreichen. In diesem Fall wird eine dynamische Ausführung nötig. Wir sind dabei immer noch im Gleichgewicht – aber in einem dynamischen, und das ist etwas ganz anderes als ein statisches

Gleichgewicht. Beim dynamischen Gleichgewicht wird ein Bewegungsablauf dann durch die Beschleunigung des Körpers möglich, der erst bei Erreichen des nächsten Griffs wieder zur Ruhe kommt.

Die Bewegung wird eingeleitet durch eine Beschleunigung des Körpers (oder eines Körperteils) in Richtung des nächsten Griffs, wobei der Zug zwar im Gleichgewicht ausgeführt wird, aber möglichst schnell. Weite Züge langsam (sprich: statisch) auszuführen, wenn der Körperschwerpunkt nicht genau über dem belasteten Fuß liegt, kostet enorm viel Kraft. Sinnvoller ist es, statt mit roher Muskelkraft mit Schwung zu arbeiten.

Die Notwendigkeit des dynamischen Kletterns

Wer gern sehr statisch klettert, mag vielleicht zustimmen, dass bei richtig weiten Zügen eine dynamische Ausführung nötig ist, aber doch nicht bei leicht erreichbaren, oder? Die Anordnung der Griffe ist jedoch nicht die einzige Variable, die eine Bewegung beeinflusst. Auch wie groß und gut ein Griff ist, spielt eine wichtige Rolle. Je kleiner und »schlechter« die Griffe werden, sodass es schon schwierig genug ist, sich mit beiden Händen am Fels zu halten, desto unmöglicher wird es, auch noch eine Hand zu lösen, um langsam den nächsten Griff zu erreichen. Wenn wir stattdessen schnell weitergreifen, besteht die Chance, dass wir uns gerade lange genug am Fels halten können, bevor unser Körper der Schwerkraft nach unten folgt.

Wie wäre es denn, wenn wir nach oben beschleunigen würden, bevor wir versuchen, weiterzugreifen? Dadurch würde es unnötig, sich mit einer Hand extrem festzuhalten, um ohne die zweite Hand den Felskontakt halten und weitergreifen zu können. Indem man vor dem eigentlichen Zug Schwung holt, lässt sich die Schwerkraft für den Bruchteil einer Sekunde überlisten, sodass einem gerade die nötige Zeit zur Verfügung steht, um den

Teil 2
Die großen vier

nächsten Griff zu packen, bevor es nach unten geht. Aber dynamisches Klettern hat noch mehr Vorteile als den einer verminderten Arm- und Haltekraft: Der viel entscheidendere Vorteil ist, dass mehr Kraft aus Beinen und Rumpf kommt, was die Arme entlastet. Es ist offensichtlich, dass der menschliche Körper für eine Fortbewegungsart mithilfe der kräftigen und muskulösen unteren Gliedmaßen »konzipiert« wurde – aber beim Klettern erwarten wir, uns mit der viel schwächeren Muskulatur des Oberkörpers am Fels halten zu können. Und das erfordert vor allem in den höheren Schwierigkeitsgraden eine extreme Fingerkraft. Je mehr Kraft wir aus Beinen und Rumpf auf den Fels übertragen können, desto besser – das gilt auch in überhängendem Gelände. Mit Schwung zu klettern erlaubt uns, bei der Vorbereitung des Zuges den Körper abzusenken, während die Füße noch das volle Gewicht tragen, um den für die Beschleunigung nötigen »Anlauf« zu bekommen. In dieser Position sind die Beine gebeugt, um die Bewegung kraftvoll einzuleiten.

Am deutlichsten wird die Notwendigkeit, dynamisch zu klettern, an besonders kleinen Griffen, denn es gibt keine andere Möglichkeit, den nächsten Zug einzuleiten. Der gleiche Schwung und die damit verbundene dynamische Bewegungsweise sollte jedoch auch bei größeren Griffen angewendet werden, bei denen ein statisches Weitergreifen möglich wäre. Dynamik bringt nämlich Effizienz: Man braucht weniger Fingerkraft, weil durch den Schwung der Unterkörper die Fortbewegung unterstützt, sodass die Kraft der Arme länger geschont wird. Deshalb sollte man nahezu jeden einzelnen Zug dynamisch ausführen.

Die einzige Ausnahme bildet eine Situation, in der man von einem Henkel an einen winzigen Griff ziehen will, von dem man nur dann weitergreifen kann, wenn man ihn optimal erwischt; dann ist es nötig, ihn langsam zu greifen, um die Finger präzise einsortieren zu können. Eine weitere Ausnahme ist natürlich, wenn man nicht genau einschätzen kann, ob das, was man für einen Griff hält, wirklich einer ist, und ein Sturz ernste Folgen hätte. Allerdings wird es durch frühzeitiges »Lesen« des Felsens auch in spärlich gesicherten bzw. selbst abzusichernden Routen möglich, die meisten Züge dynamisch auszuführen, nur vielleicht etwas vorsichtiger als in gut gebohrten Sportkletterrouten.

Die Varianten dynamischer Züge

Obwohl ein dynamischer Kletterstil derart effizient ist, haben die meisten Kletterer seine Bedeutung nicht annähernd erkannt. Fragt man eine beliebige Gruppe von Kletterern, was sie unter dynamischem Klettern verstehen, erhält man recht unterschiedliche Antworten, wobei oft die Vorstellung genannt wird, es ginge um eine besonders schnelle, kontinuierliche Vorwärtsbewegung ohne Unterbrechungen, etwa wie bei einem Speedkletter-Wettbewerb.

In Wirklichkeit wird der dynamische Impuls in unterschiedliche Richtungen angewendet: gegen den Fels, seitlich und mit verschiedenen Körperteilen und nicht so sehr in einer einzigen flüssigen Bewegungsfolge vom Einstieg bis zum Umlenker. Zwar wäre es ideal, den Schwung von einem Zug zum nächsten mitzunehmen, aber das können nur wenige Kletterer umsetzen, weil bei einer schnelleren Bewegungsausführung die Präzision zu stark leidet.

Wie lässt sich das Prinzip des dynamischen Kletterns also verstehen? Auch wenn es schier unzählige Feinheiten gibt, lassen sich dynamische Kletterzüge doch in gewisse Kategorien einteilen, die das allgemeine Verständnis erleichtern. Und auf der Grundlage dieser Elemente ergeben sich mit zunehmender Erfahrung auch komplexere Abfolgen. Hast du dir diese grundlegenden Techniken einmal bewusst gemacht und dich an sie gewöhnt, kann das dein Kletterniveau dramatisch verbessern, falls du vorher immer statisch geklettert bist. Beginne zunächst damit, die Übungen an einer steilen, gut griffigen Wand zu lernen:

Teil 2
Die großen vier

Beinstreckung

Dies ist die einfachste dynamische Bewegung beim Klettern. Der Zug wird vorbereitet, indem man an gestreckten Armen die Füße so hoch setzt, dass die Knie völlig angewinkelt sind. Eingeleitet wird die Bewegung dann, indem man den Körper tief in die komplett gestreckten Armen hineinsacken lässt (Schultern locker lassen!), um den für die Beschleunigung nötigen Anlauf zu nehmen. Dann werden beide Beine schnell durchgedrückt, und man greift so weit wie möglich. Um eine optimale Wirkung zu spüren, übe das Ganze an guten Griffen und führe die Bewegung so weit aus, dass am Ende des Zuges die Hand, die den Felskontakt gehalten hat, auf gleicher Höhe wie deine Oberschenkel ist. Versuche den Zug nach einigen dynamischen Wiederholungen noch einmal statisch – dann merkst du, wie viel mehr Kraftaufwand dafür nötig ist.

Hüftschwung

Such dir aus der gleichen Ausgangsposition einen Zielgriff, der relativ weit weg und seitlich versetzt ist. Leite den Zug ein, indem du die Hüfte seitlich hin- und herschiebst wie ein Pendel. Setze diese Pendelbewegung mit einem ordentlichen dynamischen Impuls zum Zielgriff fort. Am Anfang dauert es eine Weile, bis man die richtige »Flugbahn« für diesen Schwung gefunden hat und weiß, wie sich abwechselndes Ziehen/Drücken mit den Händen bzw. Füßen auf den Schwung auswirkt.

Hüftimpuls

In steilem und überhängendem Gelände wird oft das Strecken der Beine eingesetzt, wenn der Rumpf seitlich zum Fels ausgerichtet ist (zum Beispiel an einer Hangelschuppe oder auch beim Piazen), in einer eher frontalen Kletterstellung fühlt es sich hingegen weniger vertraut an. In diesem Fall lässt man aus einer tiefen Hängeposition mit gebeugten Beinen am gestreckten oder fast gestreckten Arm die Hüfte nach hinten gehen (hängt also seinen Allerwertesten in die Luft). Anschließend wird die Hüfte einwärts zum Fels gedrückt. Durch diese Bewegung entsteht einerseits ein Impuls nach innen, andererseits wird auch der Körper gestreckt, um den Griff erreichen zu können. Häufig wird dies mit einer leichten Drehung des Oberkörpers auf der Seite der greifenden Hand verbunden, um die Reichweite noch zu vergrößern.

Kopfimpuls

Die Art des Impulses wird meist in senkrechten Routen verwendet, wenn die Griffe extrem klein sind, sodass man den Körper möglichst nah an der Wand lassen muss. Wollte man den Hintern zurückschwingen wie bei der Hüftstreckung, könnte man sich unmöglich halten. Daher bleiben nur der Kopf und die Schultern übrig, um Schwung zu holen. Halte dazu die Hüfte ganz nah am Fels, lehne den Oberkörper leicht zurück, sodass Kopf und Schultern ein wenig (aber nicht zu weit) nach hinten geneigt sind, und dann gib mit dem Kopf einen sanften Impuls (natürlich nicht zu heftig), um Kopf und Schultern wieder zum Fels zu bringen. Diese nach innen bzw. vorn gerichtete Bewegung erlaubt für einen kurzen Moment, den nächsten Griff zu fassen. Auf einem noch höheren Level, wenn auch der Zielgriff sehr klein ist, stellst du vermutlich fest, dass du diesen Griff zwar noch kontrolliert packen, ihn aber nicht mehr festhalten kannst. Dann probier mal, Kopf und Schultern wieder nach außen zu neigen, diesmal allerdings langsamer; das kann dir gerade die nötige Zeit verschaffen, um genug Druck auf den Griff zu bringen.

Rumpfdrehung

Diese Drehung kommt häufig im Zusammenhang mit Über- bzw. Unterkreuzgriffen zum Einsatz. Dabei wird der Rumpf um seine vertikale Achse gedreht, um so die Schulterreichweite zu erhöhen und an den nächsten Griff zu kommen. Diesen Drehimpuls mit den Beinen auszulösen, ist recht schwer, sodass die

Hand, mit der man weitergreifen will, kurz und scharf anzieht, um diese Körperseite näher zum Fels zu drehen.

Diskusschwung

Unmittelbar nach einem weiten Zug ist die untere Hand nun sehr tief am Fels und kann in dieser unpraktischen Position nicht viel zur nächsten Bewegung beitragen. Diese Situation kommt vor allem beim Kantenklettern oder in Überhängen mit großen, weit auseinanderliegenden Griffen vor. Manchmal ist es das Beste, die untere Hand einfach vom Fels zu lösen und locker hängen zu lassen, sobald die Füße in der Position für den nächsten Zug sind. Dann zieh die Hand am gestreckten Arm hinter den Rücken, als wolltest du einen Diskuswurf vorbereiten. Schwing anschließend Schulter und Arm in einer scharfen Bewegung in Richtung des nächsten Griffs. Diese Art Schwung funktioniert auch mit gestreckten Beinen, um einen Tritt zu erreichen, der sehr weit seitlich versetzt ist.

Erläuterung

Schon der einfache Vorgang, diesen Abschnitt über die verschiedenen Impulstechniken zu lesen und sich in Gedanken damit zu beschäftigen, ist ein wertvolles Techniktraining. Um die Bewegungsabläufe beim Klettern wirklich zu lernen, spielt die Vorstellungskraft – oft auch Visualisierung genannt – eine enorme Rolle. Dieser Begriff trifft den Kern der Sache meiner Meinung nach aber nicht gut, denn der visuelle Aspekt ist nur ein Stückchen dessen, worum es geht. Sich einen Zug »vorzustellen« bedeutet für mich, ihn mit allen Sinnen zu »fühlen«. Wenn ich dich bitten würde, dir vorzustellen, wie du dieses Buch an die Wand wirfst, könntest du vermutlich das »Gefühl« spüren, wie dein Arm weit ausholt und wie deine Muskeln sich anspannen, um die Bewegung schwungvoll auszuführen. Du würdest dir auch visuell vorstellen, wie das abläuft, aber dies ist mit Sicherheit der unwichtigere Anteil. Indem man sich daran gewöhnt, in Gedanken Worte und Bewegungen miteinander zu verbinden, wird die nüchterne Wortbeschreibung einer Bewegung mit Leben gefüllt und in den Kletterablauf integriert. Vorstellungskraft ist eine der wichtigsten Fertigkeiten, um Worte, bildliche Eindrücke und Bewegungsdemonstrationen guter Technikabläufe zu verstehen und zu verinnerlichen. Ach ja, die praktische Übung ist auch ganz entscheidend.

Schau dir Videos von guten Kletterern an, und achte darauf, wie sie all die genannten dynamischen Bewegungselemente umsetzen. Dabei wirst du schnell feststellen, dass nicht nur fast jeder Zug dynamisch ausgeführt wird, sondern dass es auch unzählige Variationen und Kombinationen gibt. Wenn du bislang meist statisch kletterst und dich erst noch an einen dynamischen Stil gewöhnen musst, empfiehlt es sich, die Übungen eine nach der anderen in deine Aufwärmrouten und leichteren Boulder einzubauen, bis du sie fest in deinem Technikrepertoire verankert hast. Selbst viele fortgeschrittene Kletterer verwenden nur selten wirklich alle der genannten dynamischen Techniken. Und diese ein, zwei vernachlässigten Techniken sollten auch sie regelmäßig trainieren, um sie automatisiert zu verwenden. Der knifflige Teil dabei ist, zu erkennen, welche Techniken fehlen. Vielleicht lässt sich durch einfaches Visualisieren oder im Gespräch mit den Kletterpartnern herausfinden, woran es hapert. Aber für eine verlässlichere Rückmeldung lass dich einmal beim Klettern filmen, oder zieh einen Klettercoach zurate.

Dynamik ist in der Tat ein zentrales Element der Klettertechnik. Ohne sie kommt der Fingerkraft beim statischen Klettern eine unnötig große Bedeutung zu. Mit anderen Worten: Statische Bewegungen lassen sich nicht wirklich durch größeren Kraftzuwachs kompensieren. Kraft ist nämlich nur dann nützlich, wenn sie voll eingesetzt werden kann. Und durch das dynamische Klettern kommt die Kraft erst richtig zur Geltung – sie wird quasi gehebelt, und mit dem gleichen Kraftlevel lässt sich viel mehr erreichen. Deshalb ist Dynamik eine wichtige Grundlage, die nicht einfach umgangen oder vermieden werden kann, ohne die Wirksamkeit der Trainingsbemühungen in den anderen Bereichen des Kletterns – und somit das gesamte Klettervermögen – drastisch zu beschränken. Ein mehrjähriges, optimales Krafttraining wäre nötig, um die gleichen Verbesserungen zu erzielen, die ein Kletterer mit statischem Kletterstil innerhalb weniger Trainingseinheiten durch mehr Dynamik bei gleichem Kraftlevel erreichen kann. Am besten ist es also, Kraft aufzubauen und dann zu lernen, diese dynamisch einzusetzen.

Streitthema Körpergröße

Die Körpergröße ist unter Kletterern schon immer ein heiß diskutiertes Thema, und es geht dabei nicht nur um die Frage, welche Größe am vorteilhaftesten ist, sondern sie dient auch als bequeme Ausrede, wenn jemand ein bestimmtes Problem nicht lösen kann. Eine schlechte Ausrede. Obwohl es keine systematischen Untersuchungen zur idealen Körpergröße oder zu den charakteristischen Vorteilen der jeweiligen Größen gibt, weisen in der Praxis doch viele Beispiele darauf hin, dass weder sehr große noch sehr kleine Kletterer wirklich glücklich mit ihrem Extrem sind. Wer groß ist, hat den offensichtlichen Vorteil einer größeren Reichweite und kann weit entfernte Griffe erreichen, auch ohne sich zu überstrecken, und dabei tiefer gelegene Tritte in einer kraftsparenderen Position nutzen. Das scheint allerdings (in den meisten Fällen) durch das entsprechend höhere Körpergewicht mehr als ausgeglichen zu werden. Ein größerer Kletterer ist also durch sein höheres Gewicht gegenüber einem kleineren »im Nachteil«. Die Auswirkungen, die sich aus dem Verhältnis von Körpergröße zu Gewicht auf die Schwierigkeiten der Kletterzüge ergeben, sind zum Teil abhängig von den jeweiligen Zügen selbst (Griffposition, Form, Struktur, Größe, etc.), aber im Großen und Ganzen ist es kein Vorteil, sehr groß oder sehr klein zu sein. Allenfalls ist – wenn alle anderen Voraussetzungen identisch sind – eine geringfügig kleinere Körpergröße leicht minimal von Vorteil, aber niemand kann diese Frage derzeit klar beantworten.

9 von 10 Kletterern machen die gleichen Fehler

Was bedeutet das also für sehr große oder sehr kleine Kletterer? Zunächst einmal, dass sie keine Ausrede mehr haben. Und das ist gut so. Außerdem wird dadurch die Bedeutung eines dynamischen Kletterstils weiter betont. Kleine Kletterer können die Griffe nicht so leicht erreichen und sind daher häufiger gezwungen, weite, dynamische Züge zu machen. Wer nicht Unmengen roher Kraft aufwenden will, dem bleibt Dynamik als einzige Alternative. Sehr große Kletterer hingegen können weit entfernte Griffe zwar gut erreichen, entwickeln aber oft einen sehr langsamen, statischen Kletterstil. Während sie nur selten ein Problem mit der Reichweite haben, besteht für sie die Schwierigkeit eher darin, sich an sehr kleinen Griffen zu halten, um mit der anderen Hand weiterzugreifen. Ihr behäbiger Kletterstil dauert zu lange und ist ein großer Nachteil. Wer große Kletterer trainiert, muss sie oft erst davon überzeugen, dass sich durch einen dynamischeren Kletterstil das Gewicht ihres Körpers als Vorteil erweisen kann.

Weder eine sehr große noch eine sehr geringe Körpergröße scheint beim Klettern viel auszumachen. Die Frage ist vielmehr, ob und wie man mithilfe der Dynamik das Beste aus den eigenen Voraussetzungen herausholt.

Mehr als nur auf den Füßen stehen

Das Hauptpotenzial der meisten Kletterer besteht darin, ihre Bewegungstechnik so zu verbessern, dass sie ihre Füße vielseitiger einsetzen, um den Rest des Körpers optimal zu unterstützen. Das kann einerseits beim dynamischen Klettern passieren, indem die Füße oder Beine den Schwung einleiten, andererseits auch durch ein besseres Verständnis der verschiedenen Kräfte, die beim Klettern in unterschiedliche Richtungen wirken. Denn nicht immer wirkt die Kraft von Händen und Füßen senkrecht nach unten oder parallel zum Neigungswinkel der Wand. Während unterschiedlicher Phasen eines Zuges müssen Kräfte in ganz verschiedene Richtungen gleichzeitig aufgewendet werden.

Teil 2
Die großen vier

Zum Beispiel zieht man an den Griffen nicht nur nach unten: In Untergriffen beispielsweise wird nach oben gezogen und bei Seitgriffen entsprechend zur Seite. Außerdem drückt die Hand beim Aufstützen, Mantlen oder Ausgleichen einer »offenen Tür« gelegentlich frontal gegen den Fels. Was die Fußtechnik angeht, denken die meisten Kletterer sogar ausschließlich daran, auf einem Tritt zu stehen, allenfalls noch an seitliches Ausspreizen wie in einer Verschneidung. Sobald wir erkennen, dass die Füße den Körper auch an die Wand heranziehen können, offenbart sich uns ein enormes Potenzial – und je steiler die Wand wird, desto wichtiger ist es, sich auf den Tritten zum Fels zu ziehen.

In überhängendem Gelände müssen die Füße dafür sorgen, dass die Hüfte nah am Fels bleibt und nicht zu weit nach außen hängt. Um genau zu sein, müssen sich die Füße in fast allen richtig steilen Routen gleichzeitig auf einem Tritt nach oben drücken (damit man den nächsten Griff erreicht) und an dem Tritt ziehen (um den Körper nah am Fels zu halten und Druck auf den Tritt zu bringen). Wer sich nicht recht vorstellen kann, was ich meine, sollte mal an einem einzelnen Zug in einer steilen Boulderhalle oder an einer Dachkante probieren, in welche Richtungen die verschiedenen Kräfte wirken.

Die Füße müssen den Körper außerdem zum Fels ziehen, wenn sie eine seitliche Bewegung einleiten, zum Beispiel einen Zug nach links, bei dem zuerst der linke Fuß auf einen Tritt weit links jenseits des Körperschwerpunkts gesetzt wird, während beide Hände noch weiter rechts sind. Damit man mit der linken Hand nach links greifen kann, muss der linke Fuß den gesamten Körper zu sich heranziehen, um der rechten Schulter die Herkulesarbeit zu ersparen, das gleiche Ergebnis mit der deutlich schwächeren Oberkörpermuskulatur zu erzielen.

Das lässt sich am besten lernen, indem man jedes Mal, wenn etwas Gehirnkapazität frei ist – also in der Regel in Aufwärmrouten oder Routen deutlich unter dem persönlichen Limit – darauf achtet, dass eigentlich bei jedem einzelnen Zug die Füße auch an den Tritten ziehen (sollten). Und je mehr gute Kletterer man dabei beobachtet, wie sie dies machen, desto leichter lässt sich diese Technik ins eigene Repertoire übernehmen.

Manche Kletterer tun sich so schwer damit, an Tritten zu ziehen und somit letztlich Überhänge zu klettern, weil sie in einem falschen Winkel antreten. Anfänger, die in Kletterschuhen mit einer steifen (oder auch besonders weichen) Sohle das Klettern lernen, bekommen kein gutes Gefühl für den Fels und neigen dazu, die Fußgelenke in einem neutralen Winkel zu halten: Oft zeigen die Zehenspitzen dabei nach oben und haben keinerlei Felskontakt. Der Kletterer steht vielmehr auf dem Fußballen, und wenn er in einem Loch antritt, steht er nur auf dessen äußerem Rand. Nur eine sehr kleine Fläche des Schuhs hat also Kontakt mit dem Fels, und wenn derjenige anfangen wollte, den Tritt nach außen zu belasten (also an ihm zu ziehen), würde er glatt davon abrutschen. Auf diese Weise lernen viele unterbewusst, dass man auf einem Tritt bestenfalls stehen kann – und denken auch später nicht mehr darüber nach, selbst wenn sie dann nicht mehr nur auf dem Fußballen stehen.

Um einen Tritt zu »greifen« und genug Reibung und Druck aufzubauen, damit man die Hüfte nah an den Fels ziehen und so den Zug unterstützen kann, spielt die Fußposition auf dem Tritt eine entscheidende Rolle. Dabei reicht es nicht, wenn der Fuß auf dem größtmöglichen Teil des Tritts steht; die Zehen müssen zudem etwas nach unten gerichtet sein, vor allem in Löchern. Die Zehen versuchen dann innerhalb des Kletterschuhs, aktiv dafür zu sorgen, dass die Sohle sich hinter oder um den Tritt legt, indem sie genau wie die Finger an einem Griff versuchen, sich daran »festzukrallen« (ohne natürlich zu verkrampfen). Wenn der Tritt ein eher offenes Loch, eine Dulle oder auch ein großer Knubbel an einer Kletterhallenwand ist, sollten die Zehen zwar ebenfalls den Tritt zu umgreifen versuchen, aber dabei nicht nach unten zeigen, sondern sich der Felsoberfläche anpassen: In diesem Fall ist die Ferse etwas tiefer, und man steht flacher auf dem Tritt. Nichtsdestotrotz sollten die Zehen stets (genau wie die Finger) die Unebenheiten der Felsstrukturen bestmöglich nutzen.

Teil 2
Die großen vier

In steilen Routen oder bei einem sparsamen Trittangebot müssen die Füße also weit mehr machen, als nur auf den Tritten zu stehen. Sie müssen auch daran ziehen – und zwar kräftig.

Zwei gewöhnungsbedürftige Techniken

Ein Großteil der Klettertechnik lässt sich einfach durch praktische Anwendung lernen, ohne dass man groß darüber nachdenken müsste. Zwei Aspekte allerdings bilden eine gewisse Ausnahme und erfordern eine bewusste Übung: den größtmöglichen Druck auf Tritte zu bringen und in überhängendem Gelände die richtige Körperspannung zu entwickeln.

Die größtmögliche Kraft auf die Füße zu bringen, ist ein merkwürdiges und ziemlich kletterspezifisches Problem, denn schließlich ist der Mensch dafür geschaffen, seine untere Körperhälfte kraftvoll einzusetzen. Das ist in vielen Sportarten und Berufen nötig; wir sollten also daran gewöhnt sein. Beim Klettern indes begrenzen sich viele selbst, indem sie mit dem Unterkörper zu passiv sind und nur mit dem Oberkörper versuchen, »alles zu geben«. Entsprechend oft hört man jemanden sagen, er habe mit aller Kraft einen Griff zugeschraubt, um weiterzuziehen, aber nur selten (von wirklichen Spitzenkletterern abgesehen) sagt mal jemand, er habe sich voll darauf konzentriert, Kraft auf die Tritte zu bringen. Und doch macht genau das so oft den Unterschied zwischen Erfolg und Niederlage aus.

Ich vermute, dass es für viele eine echte Herausforderung ist, mit einem oder beiden Füßen maximale Kraft auszuüben, während sie den nächsten Griff anpeilen und diesen millimetergenau erwischen müssen – aber dort wiederum erst dann Kraft einsetzen können, wenn die Finger die richtige Stelle gefunden haben. Die Schwierigkeit besteht also darin, sich an einem »Ende« des Körpers auf Präzision und am anderen auf maximale Kraft zu konzentrieren. Schlagzeugspieler haben genau das gleiche Problem, wenn sie lernen müssen, mit Händen und Füßen ganz unterschiedliche Dinge zu tun. Indem wir beim Klettern mehr Kraft über die Beinarbeit einsetzen, können wir einen Zug oft ein wenig langsamer ausführen, weil die haltende Hand entlastet wird. Und dadurch erhalten wir ein bisschen mehr Zeit für ein präzises Weitergreifen. Diese Technik läuft jedoch der Intuition zuwider und muss bewusst gelernt, einstudiert und so lange wiederholt werden, bis sie automatisiert abgerufen wird. Der bewusste, mühsame und oft unbeholfen wirkende Lernprozess lässt sich nicht abkürzen. Während der ersten Versuche, bei denen man bei einem dynamischen Zug bewusst kräftig mit den Füßen zieht und sich nach oben drückt, erfordert die Koordination womöglich so viel mentale Energie, dass die Präzision beim Greifen darunter leidet. Im Laufe der Zeit funktioniert der kraftvolle Einsatz des Unterkörpers jedoch immer automatischer und erfordert nicht mehr so viel »Arbeitsspeicher«.

Eine andere Technik, die bewusst eingeübt werden muss, bis der Körper sich schließlich an sie gewöhnt, ist das Aufbauen und Halten von Körperspannung, vor allem (aber nicht nur) in überhängenden Routen. In diesem Fall gilt es, dem intuitiven Bedürfnis des Körpers entgegenzuwirken, eine aufrechte, vertikale Haltung einzunehmen. Wir sind einfach daran gewöhnt, in aufrechter Haltung zu stehen und uns zu bewegen, und es »fühlt sich falsch an«, in Überhängen den Oberkörper nach hinten zu lehnen. Dennoch ist es sowohl beim seitlichen Ausspreizen als auch in überhängendem Gelände nötig, eine etwas »schrägere« Haltung einzunehmen, um mit den Füßen den Felskontakt zu halten und zu verhindern, dass die Hüfte zu weit vom Fels weggeht, weil dadurch die Arme viel stärker belastet würden. Körperspannung aufzubringen ist nicht gar so schwer, solange man eine statische Position hält oder allenfalls die Füße umsetzt. Das Problem zeigt sich erst mit voller Wucht bei weiten, anstrengenden Zügen.

Sobald die Hand den nächsten Griff erreicht, richtet das Gehirn alle Aufmerksamkeit darauf, ihn erst möglichst präzise zu packen und dann so kräftig wie möglich daran zu ziehen. All das passiert während Bruchteilen einer Sekunde und erfordert einige mentale Energie. Der Rest des Körpers gerät währenddessen in die Fänge des Unterbewusstseins, das sein Programm aus angeborenen Instinkten und eingeübten Trainingsgewohnheiten abspielt. Intuitiv wollen wir eine vertikale Haltung einnehmen und lassen dazu Hüfte und Oberkörper vom Fels wegpendeln. So fühlen wir uns besser »im Gleichgewicht« – aber wenn dann die Füße von den Tritten rutschen, hängt das gesamte Gewicht in den Armen. Selbst wenn wir bei diesem Zug noch nicht loslassen, geht uns durch diese Kraftverschwendung meist wenig später der Saft aus.

Um im steilen Fels eine kraftsparende Technik anwenden zu können, müssen wir diese Instinkte überlisten. Dazu muss das Unterbewusstsein umtrainiert und davon überzeugt werden, dass beim Klettern eine schräge oder gar horizontale Körperlage nicht nur okay, sondern gelegentlich absolut notwendig ist. Viele Kletterer wissen zwar, dass Körperspannung wichtig ist, und versuchen, sie zu trainieren. Sie begehen aber oft den Fehler, nur die entsprechende Körperkraft zu entwickeln, ohne die nötige Technik dazu anzuwenden. Bevor zusätzliche Kraft jedoch irgendeinen Nutzen haben kann, muss der Körper zunächst unterbewusst gelernt haben, dass es während harter Züge nötig ist, Körperspannung aufzubauen.

Je präziser, desto besser

Der letzte Abschnitt hat deutlich gemacht, dass es möglich und auch nötig ist, den Hauptteil des Kraftaufwands aus den großen Muskelgruppen des Unterkörpers zu generieren, um sich am Fels zu halten und fortzubewegen. Diese Muskulatur ist nämlich für kraftvolles Arbeiten ideal geeignet, und sobald die zunächst ungewohnten Bewegungen einmal automatisiert wurden, fühlt es sich einfach fantastisch an, auf diese Weise die Fingerkraft für die letzten Meter aufzusparen. Doch so groß die Muskeln an Beinen und Rumpf verglichen mit der Oberkörpermuskulatur auch sein mögen, so winzig ist der Kontaktpunkt, an dem ihre Kraft auf den Fels übertragen wird: Die Spitze der Kletterschuhe auf einem kleinen Tritt ergibt eine kleinere Kontaktfläche, als wenn die Finger die gleiche Stelle festhalten würden.

Präzision ist also äußerst wichtig. Die Form und Struktur der Kletterhallengriffe hilft uns dabei nur wenig, präzises Antreten zu lernen. Es sind mehr oder weniger große Knubbel, die von der Wand nach außen abstehen und dem Schuh überall guten Halt geben, egal wo er antritt. Auf diese Weise neigen wir dazu, nicht lange und aufmerksam genug nach der optimalen Fußposition zu schauen. Häufig ist dies nicht mal ein Nachteil, weil wir so Zeit sparen und die Route entsprechend schneller (und damit kraftsparender) durchsteigen können. Bei einigen Zügen allerdings ist Präzision der entscheidende Faktor, wenngleich das bei Hallenrouten eher selten zutrifft. Das ist bei Weitem nicht so gut, wie es vielleicht klingt, denn so wird nur bei einem oder zwei Zügen pro Route eine erhöhte Anforderung an die Fußtechnik gestellt, die eine potenzielle Schwäche entlarven können. Beim Klettern am Naturfels ist diese Problematik viel größer, denn dort sind die meisten Tritte deutlich kleiner und/oder unregelmäßiger geformt. Sie bieten daher oft nur an einer winzigen Stelle gute Reibung. Dies erklärt also, weshalb Kletterer, die sehr viel in Hallen trainieren, am Fels so oft frustriert und demotiviert werden, obwohl sie körperlich stark und fit sind.

Um dieses Problem zu vermeiden, gibt es drei Möglichkeiten. Je mehr und je effizienter man diese umsetzen kann, desto besser. Erstens: möglichst viel im Freien klettern, damit der Körper lernt, die besten Trittstellen schnell zu erkennen. Zweitens: bei häufigem Klettern in der Halle (und sei es auch nur vorübergehend im Winter) gezielt die großen Trittknubbel vermeiden und nach kleineren Alternativen suchen. Dazu empfiehlt es sich auch, gelegentlich nur auf der Wandstruktur anzutreten oder sich Boulder mit kleinen, schwierig zu nehmenden Tritten zu definieren. So gewöhnt man sich daran, schneller und präziser die beste Trittposition zu erkennen. Drittens: wenn eine Route nicht klappt, die Schuld nicht zuerst bei mangelnder Fingerkraft suchen, sondern zuletzt. Vermutlich hat die Kraft nur deshalb nicht ausgereicht, weil die Füße schlecht platziert waren.

Die Griffe größer machen

An den Griffen der Schlüsselstelle einer Tour denken viele: »Oh nein! Den kleinen Sch...griff soll ich halten?« Vor allem – aber nicht nur – beim Onsight-Klettern lohnt es sich, genauer hinzuschauen, um entweder einen größeren Griff zu finden oder den »schlechten« Griff an einer besseren Stelle zu fassen. Das gilt ganz besonders beim Klettern an Naturfelsen mit komplex geformten Griffen oder Strukturen wie Sintern. Es ist menschlich, zu zögern und lieber noch etwas zu warten, um sich möglichst lange vor diesem miserablen Zug zu drücken. Aber wer dies übertreibt, bereut es oft zu einem späteren Zeitpunkt.

Wer ständig zu lange zögert und versucht, einen Zug auf Biegen und Brechen zu optimieren, gewöhnt sich nämlich daran, unangenehme, aber notwendige Entscheidungen zu vertrödeln, und zwar genau an der wichtigsten Stelle einer Route. Das gilt insbesondere, wenn man glaubt, ein Griff sei zu klein und man würde scheitern. Offensichtlich passiert dies am wahrscheinlichsten dann, wenn man an die Schlüsselstelle kommt. Manchmal findet sich tatsächlich eine leichtere Lösung, indem man einen Griff auf Zange nehmen oder die Finger besser einsortieren kann – aber in den meisten Fällen verliert man einfach nur kostbare Zeit. Während man an den kleinsten Griffen der ganzen Tour hängt, geht mit jeder Sekunde des Zögerns Kraft verloren. So steht letztlich also weniger Kraft zur Verfügung, wenn man sich endlich entschließt, den Zug zu versuchen, und die Wahrscheinlichkeit zu scheitern ist viel höher.

Kraftverlust ist aber nicht das einzige Problem, denn auch der Kletterfluss geht dabei verloren. Im Idealfall kommt ein Kletterer an die Schlüsselstelle und hat nichts anderes im Sinn, als mit höchster Präzision maximale Kraft auszuüben, um den Zug zu schaffen. Stattdessen halten viele in genau dem Moment inne, in dem es nötig wäre, entschlossen und zügig zu klettern, und setzen den mühsamen Prozess des bewussten Nachdenkens in Gang, um den Fels zu lesen und den Zug zu planen. Schlimmer noch: Je öfter sich dies wiederholt, desto mehr schleift sich das Verhalten ein und wird zur Gewohnheit, bis man in jeder Route immer öfter anhält und herumtastet, auch wenn es ganz offensichtlich keine Alternativen gibt.

Das Ganze ist eine Gratwanderung zwischen der effizientesten Nutzung der Felsstruktur und der effizientesten Nutzung der Kraftreserven. Dabei ist auf lange Sicht die Verzögerung des Kletterstils das größte Problem. Erfahrung, den Fels möglichst schnell zu lesen, ist zwar hilfreich, aber noch wichtiger ist ein Schlagwort, mit dem man sich in Erinnerung ruft, nur kurz die sinnvollsten Griffmöglichkeiten zu testen und dann schnell zu handeln, bevor es zu spät ist.

Jeder Mensch ist das Ergebnis seines persönlichen Hintergrundes und seiner Erfahrungen, und die gilt es gezielt gemäß den eigenen Wünschen und Bedürfnissen zu gestalten. Was die Gewohnheit des Innehaltens und Rumsuchens angeht, sind die schwierigsten Fälle meist solche Kletterer, die oft alpine bzw. selbst abzusichernde Routen klettern und anschließend zum Sportklettern oder Bouldern gehen. Sie waren bislang häufig in geneigtem Gelände unterwegs, wo Zeit und Klettertempo weit weniger wichtig waren als präzise Bewegungen.

Wer hingegen aus der Boulderhalle kommt und an stark überhängende Kletterei mit maximalkräftigen Blockierzügen gewohnt ist, hat das genau entgegengesetzte Problem. Er hat seinen Körper im Verlauf von Tausenden Boulderzügen unterbewusst darauf trainiert, dass beim Nachfassen Körperspannung verloren geht und es besser ist, die Füße schnellstmöglich irgendwohin zu stellen und an den nächsten Griff zu springen.

Teil 2
Die großen vier

Der beste Kletterer ist derjenige, der beide Methoden ausprobiert hat und weiß, dass in den meisten Fällen der goldene Mittelweg die beste Lösung ist.

Kraft ist nicht alles

Als es noch keine Kletterhallen gab, waren die Kletterer deutlich schwächer. Und dennoch sah es schon damals fantastisch aus, wenn sie in den überhängenden Ausdauerrouten der französischen Topgebiete geradezu den Fels hinaufschwebten. Sprich: Sie konnten einfach gut klettern, weil ihre einzige Waffe eine perfekte Bewegungstechnik war. Heutzutage sind Kletterer sehr viel muskulöser und fitter. In jeder größeren Stadt der Welt, in der es eine Kletterhalle gibt, lassen sich zwei oder drei Teenager finden, die stärker und fitter als die Superstars aus den späten Achtzigerjahren sind. Aber sie sind meist nur fitter, nicht jedoch bessere Kletterer.

Der Mensch neigt dazu, das zu beurteilen, was er sieht. Kletterhallen bieten eine hervorragende Möglichkeit, um stark zu werden, aber in vielerlei Hinsicht sind sie ziemlich ungeeignet dafür, besser zu klettern. Vor der Verbreitung von Kletterhallen mussten sich die Kletterer ganz anders arrangieren: Wenn es dort, wo sie wohnten, keine guten Kletterfelsen gab, zogen sie eben da hin, wo sie klettern konnten, und zwar an möglichst schweren Routen. Dort wiederum trafen und sahen sie ständig die besten Kletterer der damaligen Zeit, und dieses Umfeld war bestens geeignet, um eine gute Technik zu lernen. Indem sie den Besten beim Klettern der gleichen Routen zuschauten, die auch sie probieren wollten, sahen sie, wie diese die Züge ausführten, und ahmten ihre Technik nach. Und wenn ihnen nicht klar war, wie genau sie einen Zug machten, konnten sie einfach nachfragen. Wertvolles Techniktraining erfolgte damals ganz einfach durch Informationsaustausch zwischen den Kletterern.

Kletterhallen hingegen sind voll von Kletterern mit einer schlechten Technik, und viele, die dort die schweren Routen klettern, hatten das Glück, von Natur aus stark zu sein und schnell noch stärker zu werden. Es gibt nur wenige Vorbilder, von denen man gute Bewegungstechnik lernen könnte, aber viele Beispiele für kraftbetontes Klettern. Wer also in einer Kletterhalle mit dem Sport beginnt und zunächst nichts anderes kennt, lernt von Anfang an, Kraft und Fitness überzubewerten. Wie weit man hingegen mit einer guten Technik kommt, sieht er gar nicht erst und kann sich somit auch nicht vorstellen, dass es sich lohnen würde, genau diesen Kletterstil anzustreben.

Lediglich zu hören, dass Technik und Kraft gleichermaßen wichtig sind, ist leider nicht annähernd so wirkungsvoll, wie es zu sehen. Das Gefühl, jemanden zu beobachten, der zwar viel schwächer ist als man selbst, aber leicht und locker eine Route hinaufspaziert, in der man selbst heftig kämpfen musste und letztlich gescheitert ist, ist unvergleichlich. Und es ist eine unbezahlbare Erfahrung, vor allem für junge und muskulöse Kletterer, die ihnen guttut.

Bouldern ist die Nummer eins

Die effizienteste Möglichkeit, ein starker Kletterer zu werden, ist das Bouldern. Der muskelbepackte junge Bursche, der quasi mit seinem Campusboard verheiratet ist, behauptet zwar etwas anderes, aber er irrt sich. Er glaubt, am Campusboard, Griffbrett oder mit Hanteln zu trainieren, sei intensiver und strukturierter und würde somit zu schnellerem Kraftzuwachs führen. Das stimmt aber nur bedingt. Damit wird man zwar schneller besser ... aber nur in der jeweiligen Tätigkeit selbst: Am Campusboard trainiert man also Campusboarding. Die dort gewonnene Kraft hilft einem nur dann, schwerer zu klettern, wenn sie in Verbindung mit echten Kletterbewegungen angewendet wird.

Und hier liegt der Denkfehler von Campusboard-Fans: Sie haben zunächst in der Kletterhalle immer wieder die gleichen Probleme gebouldert, an den selben Griffen, bei der gleichen Brett-

Teil 2
Die großen vier

neigung, mit den gleichen Freunden. Die Züge waren immer wieder ähnlich, und der Körper hat sich daran gewöhnt. Irgendwann hörte das Ganze auf, noch Training zu sein. Der Fortschritt erreichte also schneller ein Plateau, als wenn sie mal eine neue Kletter- bzw. Boulderhalle probiert hätten, an einen Naturfels gefahren wären oder andere Kletterer gebeten hätten, ihnen ein, zwei neue Probleme zu definieren. Enttäuscht darüber, dass sich kein weiterer Kraftzuwachs mehr einstellen will, suchen sie die Lösung am Campusboard (oder bei anderem Kraft- und Hanteltraining). Die neue Bewegung, in Verbindung mit der Intensität des Reizes, reicht aus, um sich wieder ein bisschen zu verbessern. Sie schaffen dann also etwas schwerere Boulderprobleme mit der gleichen beschränkten Technik wie vorher.

Wenn man sie nach einer vernünftigen Erklärung für dieses kraftorientierte Training fragt, sagen sie üblicherweise, dass auch die besten Kletterer weltweit ihre Topleistungen mithilfe von grundlegendem Krafttraining wie dem Campusboard erreicht haben. Allerdings gehen diese Spitzenkletterer oft und viel an echtem Fels klettern und nutzen das Aufbautraining nur ergänzend. Sie verbringen also die mit Abstand meiste Zeit mit ganz normalen Kletterbewegungen und nicht am Campusboard. Sie haben also eine ausreichend gute Technik, um die zusätzliche Kraft gewinnbringend umzusetzen.

Die meisten Kletterer machen es anders: Ihr Trainingspensum am Fels bleibt gleich oder wird sogar reduziert, während das Krafttraining dazukommt und gelegentlich sogar eine Klettereinheit ersetzt. Auf diese Weise wird der Kraftzuwachs jedoch dadurch, dass die Bewegungstechnik nachlässt und sie sich womöglich noch eine Verletzung zuziehen, mehr als ausgeglichen – im negativen Sinne, versteht sich. Allgemeines Krafttraining mag wie eine neue Trainingsmöglichkeit wirken, aber wenn es das eigentliche Klettern verdrängt, ist es eine Sackgasse.

9 von 10 Kletterern machen die gleichen Fehler

Aber ich bouldere nicht gern!

Einige Kletterer finden einfach keinen Gefallen am Bouldern. In der Regel haben sie nie gelernt, wie man es am besten macht, aber andererseits gefällt auch nicht jedem alles. Und doch sehen auch sie die Notwendigkeit, dass sie Kraft für die Schlüsselzüge ihrer Routen brauchen. Bouldern scheint also ein notwendiges Übel zu sein, um Kraft aufzubauen. Wer aber keinen Spaß an einer Sache hat, wird niemals lange genug dabeibleiben, um im Laufe mehrerer Jahre gute Erfolge zu erzielen. Was tun?

Es ist in der Tat nicht leicht, Fingerkraft ohne die wiederholten, maximalkräftigen Züge während einer Bouldersession aufzubauen. Die Alternative besteht also darin, die einzige Gelegenheit, die sich entsprechend beim Routenklettern ergibt, bestmöglich zu nutzen: das Auschecken einer Schlüsselstelle für einen Rotpunktversuch. Beim Ausbouldern einer schweren Stelle, vor allem in kurzen, intensiven Routen, lässt sich die notwendige Zeit für das Fingerkrafttraining zusammenbringen.

Einige Sportkletterer sind dem Onsight-Gedanken derart verfallen, dass sie selbst diese Lösung nicht so leicht verdaulich finden. Haben sie es aber erst einmal versucht, empfinden sie es oft als Bereicherung ihres Kletterstils. Schließlich müssen sie ja nicht gleich ihre gesamte Art zu klettern umstellen. Ihre Abneigung beruht daher auch üblicherweise auf ihrer generellen Einstellung und liegt nicht so sehr daran, dass sie es versucht, aber keinen Spaß dabei empfunden hätten. Onsight-Puristen, die nur Onsights als lohnende Form des Kletterns erachten, müssen das Ausbouldern dann eben rein als Training ansehen (und weder sich noch anderen gegenüber zugeben, dass es Spaß macht) oder sich ihre Kraft am Griffbrett oder Campusboard holen.

Teil 2
Die großen vier

Bouldern, um stark zu werden – oder anzugeben

Die sozialen und psychischen Faktoren, die in einer Kletterhalle oder einem Klettergarten eine Rolle spielen, wirken sich in ganz unterschiedliche Richtungen aus. Manche empfinden es als peinlich, vor Publikum zu klettern, für andere ist es Angeberei. Sich als Herr seiner eigenen Welt zu fühlen, ist sehr befriedigend, egal wie dumm das klingen mag. Das Gefühl, eine Sportart zu beherrschen, ist eines der lohnendsten Ziele im Sport überhaupt, auch wenn sich das eigene Reich auf wenige Quadratmeter Plastikgriffe in einer dunklen Ecke einer Kletterhalle beschränkt.

Das Problem wird dann besonders markant, wenn Kletterer, die quasi süchtig nach diesem Gefühl sind und gewaltsam daran festhalten, sich auf einen immer engeren Bereich spezialisieren, um sich oder andere Kletterer zu beeindrucken – und so eine gewisse Fachidiotie entwickeln. Es scheint für sie zu schmerzhaft, sich weiterzuentwickeln und dazu etwas Neues zu probieren, das sie weit weniger gut beherrschen. Da ist es leichter, es sich bequem zu machen und immer wieder die eigenen Bestleistungen zu wiederholen.

Das hat natürlich den kurzfristigen »Vorteil«, dass man seine Freunde mit seiner Erfahrung verblüfft (oder nervt), damit wie gut man an einem bestimmten Board oder Griff oder Felstyp zurechtkommt. Es raubt einem aber jede Möglichkeit, seine Kletterfähigkeiten zu verbessern. Dafür ist ein entgegengesetzter Ansatz nötig, der auf psychischer und physischer Ebene gleich abläuft: im Gegenzug für kurzfristiges Unwohlsein erhält man langfristigen Erfolg. Es geht darum, diejenigen Züge, Griffe, Wandneigungen zu finden, mit denen man am schlechtesten zurechtkommt, und für jede Trainingseinheit, die man mit seiner Lieblingskletterei verbringt, zwei oder drei Einheiten in dieser »ungeliebten« Art zu trainieren.

9 von 10 Kletterern machen die gleichen Fehler

Boulderer, die in diesem Stadium feststecken, sind oft der Meinung, sie seien bereit und willens, ihre Schwächen herauszufinden und an ihnen zu arbeiten. Für einen neutralen Beobachter indes ist es offensichtlich, dass sie lediglich einen schwächeren Bereich innerhalb ihrer Stärken auswählen. Die wirklichen Schwächen werden nicht einmal in Betracht gezogen. Selbst wenn Kletterer dies erkennen und versuchen, es in Angriff zu nehmen, empfinden sie es als unangenehm, Zeit für einen Bereich aufzuwenden, in dem sie sich sehr schwer tun. Das kann eine sehr technische Kletterei mit anspruchsvoller Fußtechnik sein oder aber Überhänge, offene Griffe oder Ausdauerrouten. Die entschlossensten Kletterer halten die Mühsal eine Weile aus, aber da die Verlockungen des eigenen Komfortbereichs ständig in greifbarer Nähe sind, ist es schwer, dauerhaft konsequent zu bleiben.

Für ein derart konsequentes Engagement ist es nötig, das Training aus einer anderen Perspektive zu sehen. Wer es einmal geschafft hat, empfindet seine echten Schwächen nicht länger als Übel, mit dem er sich notwendigerweise eine Weile herumschlagen muss. Er empfindet sie vielmehr als tröstlich. Und als Chance. An diesen Punkt zu kommen, ist allerdings nicht leicht. Dazu ist es nötig, sich mehr auf die Fortschritte zu konzentrieren und weniger auf den Grad der Beherrschung, also das Ergebnis. Es ist zwar ganz angenehm, sich auf seine Erfolge zu konzentrieren, aber wer dies übertreibt, nimmt sich die Fähigkeit, gute Ergebnisse zu erzielen. Wenn sich beides die Waage hält, sind Freude und Fortschritt am größten.

Griffbrettfanatiker

Ein Griffbrett oder eine steile Boulderwand sind für viele Städter, die in den höchsten Graden klettern wollen, das A und O. Im besten Fall kann eine Boulderecke die Grundlage für große Kletterfortschritte bieten, aber im schlechtesten Fall ist sie eine Sackgasse, die das Ende einer vergebenen Chance besiegelt, sich im Klettern zu verbessern und den Sport zu genießen. Den Unter-

Teil 2
Die großen vier

schied zwischen diesen beiden Möglichkeiten machen nur geringfügig voneinander abweichende Entscheidungen hinsichtlich der Nutzung aus: wie das Griffbrett (oder die Boulderwand) genutzt wird, wie es nicht genutzt wird und – ganz allgemein – welche Einstellung man dazu hat.

Der Wert steiler Griff- oder Boulderbretter liegt in der Intensität, die das Training an ihnen bietet. Dem entgegen steht ihre Monotonie. Nirgendwo sonst kann man so viele harte Züge an kleinen Griffen machen, ohne sich gleich die Haut zu ruinieren. Es ist also in Ordnung, einige Zeit damit zu verbringen, aber Abwechslung muss sein. So sollten immer auch andere Kletterer die Probleme oder Zugfolgen vorgeben. Auf diese Weise lernt man neue Bewegungsabläufe. Es ist nicht das Ziel, die schwerstmöglichen Züge zu schaffen, sondern jeden einzelnen Zug oder jedes Boulderproblem mit einer gewissen Qualität auszuführen. Denk daran, dass es »nur« Training ist – lass dich also nicht durch das Scheitern bei einem bestimmten Problem oder Zug verrückt machen. Es sei denn, es ist eine echte Schwäche, dann beschäftige dich intensiver damit. Ändere immer wieder die Anordnung der Bouldergriffe. Das ist nicht ständig nötig, wenn viele Griffe zur Auswahl stehen, die Wandfläche groß genug ist oder mehrere Leute die Probleme kreativ definieren. Aber früher oder später, wenn du stärker geworden bist, kletterst du nur noch an den kleinsten Griffen, nur noch bestimmte Züge, immer an dem gleichen Board – und hast das weite Feld des Kletterns aus den Augen verloren.

Wer die Trainingszeit an einer bestimmten Boulderwand erhöht, sollte auch den Umfang der anderen Kletteraktivitäten entsprechend erhöhen, um nicht die Technik zu verlieren, die nötig ist, um den Kraftzuwachs sinnvoll einzusetzen. Einzige Ausnahme bilden diejenigen Kletterer, die zu Hause ein eigenes Griffbrett oder eine Boulderecke haben, weil ihnen keine andere Möglichkeit zum Klettern zur Verfügung steht, mit der sie für Abwechslung sorgen könnten. Für sie ist es ganz besonders wichtig, die Monotonie des Trainings mit entsprechenden Trainingsmethoden zu durchbrechen.

Beim Boardtraining oder Bouldern sollte man es mit selbst auferlegten Regeln nicht übertreiben (wie auf Heelhooks zu verzichten, Griffe und Tritte nicht doppelt zu verwenden etc.), sondern stattdessen lieber lernen, kreativere Probleme zu definieren. Es dauert nämlich gar nicht lange, bis die Klettertechniken, auf die du beim Bouldern verzichtest, sich auch aus deinem Repertoire beim Felsklettern verabschieden. Sie werden einfach unterbewusst nicht mehr abgerufen. Wer verstärkt grundlegende Systemübungen macht, wie frontales Klettern ohne seitliches Eindrehen oder Ägyptern, sollte andererseits diese Art von Bewegungen separat trainieren, damit der Körper sie nicht einfach aus seinem Gedächtnis streicht.

Insgesamt ist es wichtig, sich der Tatsache bewusst zu sein, dass die potenziellen Vorteile des wiederholungsintensiven, harten Trainings an steilen Boulder- oder Systemwänden häufig durch Nachteile zunichtegemacht werden, die sie in anderen Bereichen der Kletterroutine auslösen, sofern dem nicht gezielt entgegengewirkt wird. Sparsam verwendet, können sie ein fantastisches Hilfsmittel sein.

Eine gute Bouldersession besteht aus ...

- ebenso viel Neuem wie Bekanntem. Nach einigen vertrauten Projekten oder Griffkombinationen sollten einige unbekannte folgen.

- verzögerter Befriedigung. Für jeden Boulder, den man an einem Grifftyp macht, der einem besonders gut liegt (und den man nur als gelegentliche Belohnung genießen sollte), klettert man zwei oder drei Probleme an Griffen, mit denen man nicht gut zurechtkommt.

- einem rechtzeitigen Ende, um sich für den nächsten Tag nicht platt zu machen. Zwei zweistündige Bouldersessions an zwei aufeinanderfolgenden Tagen sind besser als eine dreistündi-

Teil 2
Die großen vier

ge Einheit, nach der man einen Ruhetag braucht. Viele können sich nicht rechtzeitig bremsen und sind erst im Nachhinein klüger.

Regeln für das Griffbretttraining

Griffbretter sind eine gute Option für zusätzliches Fingerkrafttraining. Die erste Regel lautet dementsprechend, dass sie nur eine ergänzende Trainingsmöglichkeit sind. Sobald Griffbretttraining echtes Klettern ersetzt, ersetzt es auch das Bewegungsrepertoire. In den beiden folgenden Fällen ist es besonders nützlich:

▶ für all jene, die nur wenige Male pro Woche Zeit haben, richtig klettern zu gehen, aber mehrmals pro Woche eine halbe Stunde aufbringen können.

▶ für jene, die viel klettern können und dies schon seit etlichen Jahren tun. Ihre Technik weist in der Regel weniger Schwächen auf, während sie eher dadurch begrenzt sind, dass dem Körper keine ausreichend starken Reize für eine Leistungssteigerung geboten werden.

Für das Training ist kein hässliches Brett aus Kunstharz nötig. Ein 2 cm breites Holzbrett, das einen zwar positiven, aber fingerfreundlich abgerundeten und glatt geschmirgelten Griff bietet, erfüllt den gleichen Zweck. In der Tat könnte es bei deinen Mitbewohnern, die das Ding jeden Tag über dem Türrahmen sehen müssen, auf mehr Zustimmung stoßen.

Die zweite Regel beim Griffbretttraining lautet, das Brett nicht an einer Stelle zu montieren, an der man einsam ist und sich zu Tode langweilt. Eine Einheit am Griffbrett dauert zwar nicht lange, muss aber regelmäßig gemacht werden und ist eine monotone Angelegenheit. Die meisten hören daher auch aus Langeweile wieder damit auf. Das lässt sich umgehen, indem man das Brett an einem Ort aufhängt, an dem es genug Unterhaltung gibt: über der Tür zum Wohnzimmer oder zur Küche, wo man fernsehen, Musik hören oder sich mit Freunden und Familienmitgliedern unterhalten kann. Wenn das Brett in einem kalten, dunklen Kellerraum hängt, fühlt sich das Training wie eine Strafe an, die niemand lange aushält. Falls es gar keine Alternative gibt, lässt sich zumindest mit Musik oder einem Laptop und einigen Kletter-DVDs das Gefühl des Gefangenenlagers etwas mindern.

An der richtigen Stelle angebracht, kann ein Griffbrett eine äußerst produktive Ergänzung zu diversen anderen Tätigkeiten sein, die wir ohnehin machen, wie fernsehen, uns unterhalten oder warten, während das Essen auf dem Herd kocht. Die Trainingszeit tut uns also nicht weh. Wer langfristig bei der Sache bleibt und das Griffbrett sinnvoll nutzt, kann auf Dauer sein Kletterniveau dadurch sehr wohl steigern. Aber es dauert eine Weile! Viele Kletterer machen den großen Fehler, nach den anfänglichen Erfolgen der ersten paar Einheiten die Geduld zu verlieren und enttäuscht die Flinte ins Korn zu werfen. Unsere Unterarme sind aber einfach nicht für schnelle, große Kraftgewinne gemacht – sie müssen vielmehr im Laufe vieler Jahre sanft und beharrlich trainiert werden. Wer es schafft, ein paar Sekunden länger oder mit etwas mehr Zusatzgewicht an den Griffen zu hängen als vor einem Jahr (nicht vor einer Woche!), der ist auf dem richtigen Weg. Wenn man die Fortschritte ausschließlich beim Griffbretttraining selbst misst, scheinen sie winzig klein und nur im Schneckentempo zu erfolgen. Das ist jedoch kein Grund zur Beunruhigung: Der Erfolg beim Klettern lässt zwar auch eine Weile auf sich warten, wird aber letztlich viel größer sein.

Allerdings kommt es sehr darauf an, was genau wir am Griffbrett machen. Es wird garantiert nicht funktionieren, wenn wir:

- ▸ beim Klettern ständig die Finger aufstellen und das auch noch am Griffbrett tun. Das hat der Körper schließlich schon gelernt. Er braucht stattdessen einen neuen Reiz!

- uns verletzen. Eine gute Grifftechnik ist ebenso wichtig, wie auf die Trainingsbereitschaft des Körpers zu hören.

- uns nicht genug anstrengen. Beim Griffbretttraining geht es um die Maximalkraft und darum, den Fingern wirklich vollen Einsatz abzuverlangen.

Um die richtige Belastungsintensität zu finden, sind ein paar Hilfsmittel nötig, mit denen wir unser Gewicht »justieren« können. Für die meisten Kletterer ist es nämlich zu leicht (und entspricht nicht 100%iger Belastung), bloß mit ihrem Körpergewicht an beiden Armen zu hängen, aber nur mit einer Hand wäre es viel zu schwer. Ein mit Büchern gefüllter Rucksack oder – besser – ein Klettergurt mit Hantelscheiben daran hilft also, die Gewichtsbelastung zu erhöhen. Eine andere Möglichkeit ist, mit nur einer Hand zu hängen und den Körper mit einer Fußbank, einem Stuhl oder einer Treppenstufe zu unterstützen oder sich mit der freien Hand an einem kleinen Zusatzgriff zu halten. Kreativität ist Trumpf!

Gutes Griffbretttraining

Wer nur eine einzige Griffleiste zur Verfügung hat, beginnt am besten mit einigen Wiederholungen an beiden Händen. Dabei ist am Griffbrett immer ein Hängen mit angewinkelten Armen Pflicht. Häufiges Griffbretttraining mit gestreckten Armen führt oft zu allerlei Ellenbogenproblemen. Anschließend macht man einige Sätze Klimmzüge, dann etwas anstrengendere Halteübungen mit 90 Grad angewinkelten Armen (»Deadhang«), bis Finger und Arme gut aufgewärmt sind. Wie lang das Aufwärmen dauert, ist individuell verschieden und hängt von der Art der Übungen ab. Manche können schon nach fünf bis zehn Minuten voll loslegen, andere brauchen mehr Zeit.

Der Ablauf der Trainingseinheit wird von den Grifftypen vorgegeben, an denen man trainieren will. Wir unterteilen sie in Aufsteller (am Griffbrett oft in einer etwas gelenkschonenderen Ausführung) und offene Griffe für vier und für drei Finger.

An offenen Dreifingergriffen zu trainieren, eignet sich gut für Ein- und Zweifingerlöcher am Fels. Wer gezielt auf eine harte Lochtour hintrainiert, kann die Griffe auch – vorsichtig! – mit nur einem oder zwei Fingern nehmen. Vor allem am Griffbrett ist es allerdings sehr belastend für die Gelenke, an weniger als drei Fingern zu hängen. Bei mehreren Fingern wird die Belastung besser verteilt und die seitliche Stabilität ist höher. Ein- oder Zweifingertraining am Griffbrett ist eine zuverlässige Art, sich eine Gelenkentzündung einzuhandeln oder die Ringbänder zu überreizen, wenn die Griffhaltung nicht stimmt und man nicht rechtzeitig aufhört.

In jeder Einheit werden an jedem Grifftyp, den wir trainieren wollen, mit jeder Hand einige Sätze gehalten. Welche Griffe das sind, hängt von den eigenen Schwächen ab. Um zu testen, welche das sind, beginnen wir mit je einem Haltesatz mit angewinkelten Armen. Die Anordnung sollte der Maximalbelastung möglichst nahe kommen, sodass wir jeweils fünf bis acht Sekunden hängen können, bevor die Arme nachgeben. Für viele bedeutet das einarmiges Hängen mit leichter Unterstützung durch die zweite Hand, beispielsweise an einem Türrahmen oder in einer Hilfsschlinge. Dann werden die Zeiten verglichen, die wir an den unterschiedlichen Grifftypen hängen konnten. Umgekehrt proportional zur Haltedauer wird dann entsprechend an den Griffen trainiert. Das machen wir so lange, bis an allen Grifftypen die Maximalkraft gleich gut ist und wir dann alle gleich trainieren können. Bis dahin vergehen allerdings viele Monate oder gar Jahre.

Eine andere Möglichkeit wäre, mithilfe eines Griffbretts eine besonders stark ausgeprägte Schwäche abzustellen, zum Beispiel offene, abschüssige Griffe zu halten. Die meisten Kletterer stellen nämlich viel zu oft die Finger auf und lassen es nicht eher sein, als bis eine schier unvermeidliche Ringbandverletzung sie dazu zwingt. An abschüssigen Griffen fühlen sie sich aber derart unwohl oder unsicher, dass es für sie verdammt schwer ist, die Gewohnheit abzulegen – oder sie können sich gar nicht erst vor-

Teil 2
Die großen vier

stellen, solch ein abschüssiges Teil überhaupt zu halten. Für diese Kletterer wäre es eine gute Idee, am Griffbrett ausschließlich mit den offenen Griffen zu arbeiten. Isoliert und ohne die Komplexität eines Kletterzuges einen solchen Grifftyp zu trainieren, steigert das Vertrauen und man gewöhnt sich leichter daran. Irgendwann überträgt sich die Erkenntnis, dass man abschüssige Griffe durchaus halten kann, auch auf den normalen Kletterablauf.

Das Hängen sollte ausreichend schwer sein, sodass es volle Kraft und Konzentration erfordert, sich mit angewinkelten Armen so lange wie möglich zu halten, bis die Arme nicht länger blockieren können. Dann ist es besser, die Füße zur Entlastung auf den Boden zu stellen, statt zu warten, bis die Finger aufgehen und schmerzhaft vom Griff rutschen. Bei einer Hängezeit von nur zwei oder drei Sekunden war das Gewicht etwas zu hoch gewählt und die Dauer für einen ordentlichen Reiz zu kurz. Bei etwa zehn Sekunden hingegen war es etwas zu leicht. Durch ein geringfügig höheres Zusatzgewicht sollte sich die Haltezeit um zwei bis fünf Sekunden verkürzen. Es gilt also, die Bedingungen ständig zu überprüfen und gegebenenfalls neu anzupassen. Flexibilität ist aber auch gefragt, weil selbst winzige Unterschiede bei der Regeneration, dem Zustand der Haut auf den Fingern oder der Lufttemperatur und -feuchtigkeit dazu führen können, dass eine Übung, die beim letzten Mal noch locker geklappt hat, beim nächsten Mal schier unmöglich ist. Reg dich darüber nicht auf, sondern pass einfach das Gewicht entsprechend an und trainier weiter. Als Pause zwischen den Sätzen (mit derselben Hand) sollte eine Minute ausreichen. Wenn du beständig mit einer kürzeren Pause auskommst, ohne dass die Haltedauer abnimmt, strengst du dich vermutlich nicht genug an. Die Zahl der Sätze pro Grifftyp richtet sich ausschließlich danach, wie gut der Körper generell in Form ist und wie er die letzten Klettereinheiten verkraftet und sich davon erholt hat. Lass deinen Körper entscheiden. Wenn es schwerfällt, während einer Einheit das Kraftniveau zu halten und sich jeder Satz schwerer anfühlt als der vorige, hättest du schon lange aufhören sollen. Probier am besten eine bestimmte Übungsfolge, die du ein, zwei Wochen hältst, und versuch dann, den Umfang ein bisschen zu erhöhen, bis du den Punkt erreichst, an dem eine Steigerung die Müdigkeit derart erhöht, dass der Regenerationsbedarf zu groß wird. Senk dann die Belastung wieder ein wenig, bleib ein paar Wochen dabei und versuch dann noch einmal, den Umfang zu erhöhen.

Da die Finger wiederholt einer Maximalbelastung ausgesetzt sind, ist eine perfekte Griffhaltung absolut entscheidend, wenn man sich nicht verletzen will. Bei optimaler Ausführung ist die Übung sehr kontrolliert und fühlt sich für die Finger oft sicherer an als normales Klettern. Steh zunächst zentral unter dem Griffbrett, bevor du anziehst, um ein Hin- und Herschwingen des Körpers zu vermeiden. Wenn du dennoch unruhig hängst, brich den Satz ab und fang noch mal an. Die Fingerkuppen sollten vor jedem Satz gut gechalkt sein, denn feuchte Finger rutschen leichter und verursachen womöglich eine Verletzung. Viele Anfänger machen den Fehler, mit einem kleinen Hüpfer vom Boden abzuheben, um sich zumindest den Anfang etwas zu erleichtern. Das mag sich zwar intuitiv richtig anfühlen, führt aber zu einer sehr plötzlichen Belastung der Finger, was wiederum verletzungsträchtig ist. Stattdessen wird der Körper in einer flüssigen Bewegung nur aus den Armen heraus in die Hängeposition gezogen.

Wer zwei oder drei Mal pro Woche auf einem ordentlichen Level klettern geht, sollte gefahrlos ein bis drei jeweils 30- bis 40-minütige Einheiten (inkl. Aufwärmzeit) am Griffbrett machen können. So lässt sich auch an den Tagen, an denen man keine Zeit zum Klettern hat, gewinnbringend trainieren. Besonders viel beschäftigte oder motivierte Kletterer können eine Griffbretteinheit auch vor der Arbeit oder in der Mittagspause absolvieren. Wer hingegen öfter als drei Mal pro Woche klettert, sollte nur vorsichtig testen, ob er noch weitere Einheiten am Griffbrett verkraftet. Das kann dann entweder an einem bisherigen Ruhetag stattfinden oder an einem Kletterhallentag gleich nach dem Aufwärmen.

Teil 2
Die großen vier

Die langfristige Sicht

Es dauert einige Zeit, bis Griffbretttraining spürbare Erfolge bringt. Im Laufe der Monate sollte man allerdings merken, dass die Finger allgemein kräftiger werden. Dies ist jedoch isoliert erzielter Kraftzuwachs, und damit diese Kraft auch beim Klettern etwas nützt, sind weitere Einheiten mit normalen Kletterbewegungen nötig. Wenn du beispielsweise einige Zeit hart und mit Erfolg am Griffbrett trainiert hast, sei nicht enttäuscht, wenn das nicht gleich bei der nächsten Klettereinheit Wirkung zeigt. Warte erst mal einige Wochen ab, in denen du viel kletterst, bevor du den Erfolg des Bretttrainings beurteilst.

Eine falsche Griffhaltung, andere Technikfehler und das Missachten der Körperbotschaften bei mangelnder Regeneration sind die häufigsten Fehler beim Griffbretttraining. Man entwickelt eine gewisse Routine und zieht sie durch, egal was passiert – trotz Müdigkeit, schlechten Bedingungen oder Schmerzen. So gut es sein mag, hart zu trainieren, so ist es doch wichtiger, flexibel zu bleiben und das Griffbrett- oder auch Klettertraining bei Bedarf für einige Tage auszusetzen. Wer gewaltsam die Belastung hoch hält, obwohl er müde, abgelenkt oder gestresst ist, führt die Übungen oft unsauber aus und erhöht dadurch das Verletzungsrisiko. Das ist ein Jammer, denn gute Technik ist beim Griffbretttraining so einfach. Nicht selten entwickelt sich ein kleines Problem, das man sich beim Klettern zugezogen hat, durch die intensive Belastung des Bretttrainings zu einer hartnäckigen Verletzung. In dem Fall sollte man unbedingt damit aussetzen. Wer schon eine Weile am Brett trainiert hat, sollte damit einen gewissen Erfolg erzielt haben, auf dem er nach ein paar Monaten, in denen er nur klettern geht, wieder aufbauen kann. Es ist extrem wichtig, flexibel zu bleiben und sich nicht zu sehr in eine Trainingsform zu »verlieben«. So bleibt man gesund und offen für weiteren Fortschritt.

Aufstellen oder nicht?

Wer stark im Leistenklettern mit aufgestellten Fingern werden will, sollte das Aufstellen trainieren – aber mit Sinn und Verstand. Und mit Vorsicht!

Darüber, wie klug es ist, im Training die Finger aufzustellen, wird oft diskutiert. Immerhin ist es die verletzungsträchtigste Griffhaltung überhaupt für die Finger. Je mehr und systematischer jemand mit aufgestellten Fingern trainiert, desto wahrscheinlicher handelt er sich über kurz oder lang eine Ringbandverletzung oder entzündete Fingergelenke ein. Nichtsdestotrotz muss ein wirklich guter Kletterer das Aufstellen genauso gut beherrschen wie jede andere Griffhaltung auch.

Die Kunst besteht darin, mit allen Grifftypen gleich gut umgehen zu können, aber jegliche Fingerverletzung zu vermeiden. Es gibt einige Faktoren, die entsprechend berücksichtigt werden müssen, um mit kleinstmöglichem Verletzungsrisiko die bestmöglichen Ergebnisse zu erzielen.

Meiner Erfahrung nach ist das Aufstellen im Training nötig, um tatsächlich gut aufstellen zu können. Von daher stimme ich nicht mit denen überein, die sagen, man könne im Training ganz darauf verzichten und es dennoch in der Praxis gut beherrschen. Es stehen zwar nur wenige Forschungsergebnisse zur Verfügung, aber die belegen, dass man bestimmte Haltungen trainieren muss, um in diesen die größtmöglichen Fortschritte zu erzielen. Manche Topkletterer haben dem widersprochen mit der Begründung, sie selbst würden stets nur an offenen Griffen trainieren und könnten dennoch sehr gut Leisten aufstellen und Verletzungen vermeiden. Deren Trainingsmethoden sind zweifellos ein großer Schritt vorwärts, aber die Schlussfolgerungen der Kletterer über ihre eigene Vorgehensweise enthalten einige entscheidende Nachteile.

Zunächst einmal ist es nicht leicht, Aufstellen überhaupt zu definieren. Wenn der Daumen statt auf dem Fels noch auf dem

Teil 2
Die großen vier

Zeigefinger aufliegt, belastet dies den Körper sicher am meisten. Diese Haltung kommt am Fels in schweren Routen oder Bouldern des Öfteren zum Einsatz, beim Griffbretttraining oder an Plastikgriffen dagegen nur selten. Wer viel und systematisch in der Halle bouldert, macht vor allem weite Blockierzüge an kleinen Zangengriffen. Auch wenn viele dies nicht als Aufstellen betrachten, ist doch das mittlere Fingerglied gebeugt und die Haltung somit ein halbes Aufstellen. Bei künstlichen Boulderwänden hat sich diese Kombination aus Steilheit und Griffart durchgesetzt, weil sie den gesamten Körper sehr gut und klettereffizient trainiert. Einer der Nebeneffekte ist allerdings, dass selbst die kleinen Griffe etwas größer sind als am Naturfels und wegen der weiten Blockierzüge öfter auf Zange zugeschraubt werden. Und am Fels ergibt dies eine gute Fähigkeit beim Aufstellen. Allerdings scheinen die etwas größeren Kunstgriffe und die weniger aggressive Gelenkstellung der Finger die Verletzungsgefahr zu reduzieren, sodass man ein größeres Trainingspensum daran verkraftet. Zweitens verwenden auch die Kletterer, die viel in der Halle trainieren, in ihren Routen am Fels oft »richtige Aufsteller«. Auch wenn sie dies nicht mehr als Teil ihres Trainings sehen, gehört es dennoch dazu.

Beim Bouldern die Finger aufzustellen kann viel ungefährlicher sein als an einem Griffbrett oder gar einem Campusboard. Vor allem am Campusboard ist die Verletzungsgefahr sehr groß: Durch die dynamischen Bewegungen werden die Finger so plötzlich belastet, dass sie regelrecht einen Schock bekommen. Am Griffbrett hingegen kann Aufstellen verhältnismäßig problemlos sein, sofern die Griffhaltung stimmt. Und den Daumen nicht noch über den Zeigefinger zu legen, macht die Haltung zudem natürlicher.

Die wohl sicherste Methode dürfte darin bestehen, den größten Teil des Fingerkrafttrainings an offenen Griffen für vier oder drei Finger zu absolvieren und das Aufstellen hauptsächlich an steilen Bouldern zu trainieren. Dennoch kommt es beim Aufstellen der Finger stets auf eine insgesamt gute Technik an. Eine schlechte Fußtechnik, bei der plötzlich ein Fuß vom Tritt rutscht, oder ein sehr aggressives Anreißen machen das Aufstellen am Fels genauso verletzungsträchtig wie das Training am Campusboard. Außerdem wird beim Felsklettern ein Griff in der Regel zunächst mit offener Hand genommen, bevor die Finger aufstellen, und der Körper wird meist ein wenig verdreht, um das Handgelenk in eine neutrale Position zu bringen.

Alles in allem stellen die meisten Kletterer die Finger viel zu oft auf und würden sehr davon profitieren – sowohl was ihre Kletterleistung als auch das Verletzungsrisiko angeht –, mehr mit offenen Griffen zu arbeiten und diese letzten Endes häufiger als das Aufstellen zu verwenden. Zumindest aber sollten sie an offenen Griffen genauso stark sein wie an aufgestellten Leisten.

Mini-Fallstudie: Ich habe früher auch viel zu oft die Finger aufgestellt und hatte im Verlauf von fünf Jahren im Durchschnitt drei größere Fingerverletzungen, die mich schließlich dazu zwangen, verstärkt an offenen Griffhaltungen zu arbeiten. Mittlerweile liebe ich auch diese Griffe. In den fünf Jahren, die seither vergangen sind, habe ich jedenfalls genau eine eher harmlose Ringbandüberlastung gehabt, und die ließ sich mit einer geringfügig reduzierten Trainingsintensität innerhalb weniger Wochen auskurieren.

Die Phänomene Haston und Oddo verstehen

Eine der auffallendsten Entwicklungen im Spitzenklettern im Laufe der letzten Jahre betrifft das Alter der Topkletterer. In vielen anderen Sportarten werden die persönlichen Bestleistungen mit spätestens 20 oder Anfang 30 erzielt. Die Gründe dafür sind ziemlich kompliziert und haben viel mit den Anforderungen der jeweiligen Sportarten zu tun. Viel hängt außerdem davon ab, wie wichtig bestimmte Leistungsaspekte sind. Beispielsweise sind Sportarten, in denen reine Kraft, Ausdauer oder Reaktions-

Teil 2
Die großen vier

schnelligkeit eine große Rolle spielen, sowohl für sehr junge als auch alte Sportler schwieriger.

In Sportarten hingegen, in denen es mehr auf Technik oder ein breiteres Spektrum von Leistungsfaktoren ankommt, spielt das Alter eine geringere Rolle. Klettern scheint eine dieser Sportarten zu sein. Allerdings ist das Klettern insofern eine Ausnahme, als es sehr unstrukturiert und frei abläuft. Das bietet exzellente Möglichkeiten, sich innerhalb der riesigen Vielfalt der Spielformen einen Nischenbereich für eigene Höchstleistungen zu suchen. Herauszufinden, welcher das sein könnte, dauert mitunter eine ganze Weile. Aus sehr unterschiedlichen Gründen können Kletterer daher bereits in sehr jungen Jahren oder noch in fortgeschrittenem Alter beeindruckende Leistungen erbringen. Jedes Jahr scheinen neue Höchstleistungen sowohl von immer jüngeren als auch immer älteren Kletterern erbracht zu werden. Während ich dieses Buch schreibe, hat der Franzose Enzo Oddo mit 14 Jahren bereits mehrere 9as geklettert, während dem Briten Stevie Haston mit 52 seine erste 9a gelang. Ein verwandtes Phänomen sind die geringfügigen Leistungsunterschiede zwischen Männern und Frauen.

Die Hauptbotschaft lautet jedenfalls, dass es nie zu früh oder zu spät ist, sich im Klettern massiv zu verbessern, und dass es nur wenige Ausreden gibt. Welche Gemeinsamkeiten lassen sich bei den Extrembeispielen sehr junger und alter Spitzenkletterer finden, die uns einen Hinweis darauf geben, worauf wir uns konzentrieren sollten? Vielleicht müssen wir zunächst einmal darauf hinweisen, dass die Erfahrung der Jungen nicht unterschätzt werden sollte. Viele der besten Sportkletterer im Teenageralter, die 8c+ oder schwerer klettern, haben schon mit fünf Jahren oder jünger angefangen und leben in Südfrankreich, Spanien oder einer anderen Region mit schier unbegrenztem Felspotenzial. Sie sind die erste Generation, die von der optimalen Infrastruktur profitiert. Meist sind sie durch ihre ebenfalls kletternden Eltern zu dem Sport gekommen, sodass die Voraussetzungen ideal sind, um in kurzer Zeit viele Klettermeter zu machen. Die Bedingungen sind fast perfekt: Sie werden von erfahrenen Eltern betreut und sind immer mit motivierten und leistungsorientierten Gleichgesinnten unterwegs, und sie lernen und verinnerlichen von Anfang an positive Gewohnheiten. Kein Wunder also, dass sie schneller Fortschritte erzielen, als es die meisten anderen überhaupt zu träumen wagen.

Die älteren Kletterer hatten einen weniger leichten Start. Als sie mit dem Sport anfingen, waren die Sportkletterer der ersten Stunde noch auf der Suche nach einem Weg, wie sie besser klettern konnten. Alles war ein Spiel aus Versuch und Irrtum: Wissen, Bedingungen und Taktik. Sie haben umfangreiche Erfahrungen gesammelt, was durch die Verbreitung des Sportkletterns möglich wurde: mehr Kletterzüge pro Jahr, weniger furchteinflößende Absicherung der Routen, unergonomische und verletzungsfördernde Kletterhallengriffe, eine gesündere Ernährung. Sie haben auf diese Weise auch ihren Anteil an Verletzungen gehabt. In anderen Sportarten hätten sie womöglich ständig weitergemacht und versucht, an Wettkämpfen teilzunehmen, und auf diese Weise die Verletzungen immer schlimmer gemacht, bis das Spiel aus gewesen wäre. Beim Klettern gibt es aber im Breitensportbereich (fast) keine Wettkämpfe – die Wunschrouten sind auch in ein paar Jahren noch am selben Fleck. Kletterer können es sich daher leisten zu warten, können eine Zeit lang einen anderen Kletterstil ausprobieren und die Verletzungen ausheilen lassen, so wie der Körper es vorgibt, nicht der Wettkampfkalender. Sie können sich also richtig regenerieren und den »Kampf« ein andermal fortsetzen. Es ist nie zu spät.

Die Botschaft lautet also:

- ▸ Fang früh mit dem Klettern an, und zieh in eine Region, in der es richtig gute Klettermöglichkeiten und Kletterer gibt.

- ▸ Beim Sportklettern geht es weniger um rohe Kraft als vielmehr um Technik. Es ist daher leichter als in anderen Sportarten, auch in jungen oder späteren Jahren Höchstleistung zu bringen.

▶ Klettern ist eine flexible Sportart. Arbeite an deinen Schwächen, und spiel deine Stärken voll aus. Wähl Routen aus, die dir liegen, um persönliche Bestleistungen zu erzielen.

▶ Gönn deinem Körper die Zeit, die er braucht. Du hast die Zeit, Verletzungen auszukurieren und anschließend dennoch besser zu werden.

Die Körpertypen von Ondra und Sharma verstehen

Schon ziemlich früh in der Entwicklung des Felskletterns haben die Kletterer erkannt, dass die Körpermasse, also das Gewicht, ein sehr wesentlicher Erfolgsfaktor ist. Das führte dazu, dass sich eine ganze Generation von Kletterern zu immer höheren Schwierigkeitsgraden hochgehungert hat oder zumindest ständig darum gekämpft hat, leichter zu werden. Kletterer mit einem großen, schweren Körper bzw. einem großen Appetit können neue Hoffnung für die Lösung ihres Problems schöpfen, denn es gibt immer mehr bekannte Ausnahmen zur »Leichter ist besser«-Regel: große, kräftige Spitzenkletterer. Sie scheinen (zumindest auf den ersten Blick) nicht ins Bild zu passen. Sie waren schwer, teilweise sogar dick und konnten dennoch mit den hageren Typen mithalten. Sollte es möglich sein, dass schwer und stark eine gleichwertige Alternative zu leicht, aber schwach ist? Bis heute wird darüber noch heftig diskutiert, und inzwischen steigt die Zahl der Ausnahmen und heizt die Diskussion immer wieder an.

Das vermutlich bekannteste und erhellendste Beispiel für diese Ausnahmen der »fetten, aber fitten« Kletterer war der Brite John Dunne Ende der 1980er- und Anfang der 1990er-Jahre. Er kletterte 8c+ zu einer Zeit, als dies nur einer Handvoll Leuten gelang, und aß dennoch so viel wie alle anderen 8c+-Kletterer zusammengenommen. Wie konnte das sein? Das ging so weit, dass viele seine Leistungen und seine Ehrlichkeit anzweifelten.

Zunächst einmal müssen wir seinen Fall im Kontext der damaligen Zeit untersuchen. Ob bewusst oder unbewusst, scheint John Dunne einer der ersten Kletterer gewesen zu sein, der die Vorteile der Trainingsperiodisierung genutzt hat. Wenn man ihn am Fels beobachtete (er war schon von Weitem gut zu sehen), schien er stets unfit und meilenweit von seinen Bestleistungen entfernt. Und doch gab es viele, die seine erstaunliche Fitness und Leistungsfähigkeit bezeugten, wenn er in Form war. Vielleicht war er auch einer der Ersten, die es sich zur Gewohnheit gemacht haben, mit vollem Gewicht zu trainieren und für ihren Leistungshöhepunkt abzunehmen. Sein Körperbau war für das Felsklettern alles andere als ideal. Man hätte eher erwartet, dass er große Felsblöcke herumschleppen würde, statt sich an ihnen zu bewegen. Um Erfolg zu haben, machte er sich also um sein Gewicht so lange keine Gedanken, bis er bereit für seine Projekte war. Dann nahm er, wie es heißt, 15 bis 20 Kilo ab, um während kurzer Zeit Höchstleistungen zu bringen.

Andere extreme Ausnahmen von der Leichtgewichtigkeitsregel aus dieser Zeit waren Stevie Haston, der »mit einem kleinen Kletterer Bizepscurls machen konnte« und selbst doppelt so viel wog, und der Franzose Fred Nicole, dessen Unterarme so dick waren wie die Oberschenkel der meisten Kletterer. Diese beiden geben bereits einen Hinweis auf den Erfolg des wohl bekanntesten Ausnahmekletterers überhaupt: Chris Sharma.

Aus der zufälligen Beobachtung heraus Schlüsse über die Verteilung der Muskelmasse am Körper zu ziehen, ist eine unsichere Angelegenheit. Aber mangels wissenschaftlicher Untersuchungen an Kletterern in diesem Bereich liefert die Beobachtung zumindest ein paar Indizienbeweise, die erklären, welche Körpertypen wir am häufigsten klettertechnische Höchstleistungen vollbringen sehen. Wenn wir Chris Sharma, Fred Nicole, John Dunne und jeden beliebigen Kletterer anschauen, der mit einem »schweren« Körper höchste Kletterschwierigkeiten geschafft hat, fällt auf, dass sie alle etwas gemeinsam haben: Überdurchschnittlich viel Gewicht entfällt auf den Oberkörper. Anders aus-

Teil 2
Die großen vier

gedrückt: Sie haben einen ungewöhnlichen Körperbau. Dank ihrer kräftigen Oberkörper können sie das viele Klettertraining verkraften, das notwendig ist, um wirklich gut zu werden, ohne sich dabei zu überlasten und zu verletzen. In einem bestimmten Zeitraum schaffen sie mehr Klettermeter: So lernen sie in kürzerer Zeit mehr Bewegungstechnik und bauen in den für Kletterer üblicherweise leistungsbegrenzenden Körperbereichen mehr Muskelmasse auf. Das soll nicht heißen, dass sie nicht hart arbeiten müssten, sondern nur, dass sie hervorragende Grundvoraussetzungen haben, um gut klettern zu können und viel zu trainieren. Außerdem ist der Vorteil, der sich daraus ergibt, vermutlich sehr gering und wird nur deshalb so stark wahrgenommen, weil diese Handvoll Ausnahmeathleten auch all die anderen notwendigen Eigenschaften und Angewohnheiten mitbringt, um diesen Vorteil entsprechend zu nutzen.

Was ist aber mit der Mehrheit derer mit kräftigen Oberschenkeln und eher dünnen Unterarmen? Nun, zunächst einmal wäre es besser gewesen, wenn sie schon als Kinder mit dem Klettern angefangen hätten, solange das Wachstum noch nicht abgeschlossen war und sich die Entwicklung der Muskelmasse leichter hätte beeinflussen lassen. Wenn es aber dafür zu spät ist, heißt das nicht, dass sich an der Muskelverteilung nichts mehr ändern ließe. Muskelgewebe ist veränderbar. Es nimmt ab, wenn es nicht genutzt wird, und gewinnt an Umfang, je energischer es trainiert wird. Wenn der Reiz (viel Klettern anstatt zu laufen oder Rad zu fahren) dies erfordert, verlagert sich die Muskelmasse allmählich vom Unter- in den Oberkörper.

Es ist wichtig, die großen Ausnahmen im Klettersport richtig zu interpretieren. Ein geringes Gewicht ist nach wie vor ein Vorteil. Im Vergleich zu eher stämmigen Typen wie Chris Sharma können weit mehr schmächtige, dünne Kletterer wie Adam Ondra schwer klettern. Und das ist beileibe kein Zufall. Kletterer mit einem Körper wie eine Bohnenstange werden beim Klettern viel erreichen, wenn es ihnen gelingt, durch kraftvolles Klettern so viel Muskelmasse wie möglich im Oberkörper aufzubauen. Wer

9 von 10 Kletterern machen die gleichen Fehler

mit massigen Oberschenkeln, aber eher dünnen Unterarmen mit dem Klettern beginnt, dem wird es guttun, etwas Gewicht zu verlieren, allerdings nicht so viel, dass ihm auch die Kraft für starkes Bouldern fehlt, denn das erfordert einen vollen Akku.

Die letzte Lehre, die es in Anbetracht der großen Ausnahmen zu ziehen gibt, betrifft die Zeit, die sie brauchten, um ihr jetziges Aussehen zu erreichen. Die meisten der weltbesten Kletterer haben bereits vor 15 bis 20 Jahren mit dem Klettern angefangen, und kaum jemand hat weniger als zehn Jahre Erfahrung. Die meisten Kletterer jedoch, die etwas Gewicht zu viel haben, wollen das im Vergleich zu ihren Vorbildern viel zu schnell und quasi über Nacht loswerden. Es dauert eine Weile, das Aussehen des eigenen Körpers spürbar zu verändern, ohne dass dadurch mehr Probleme entstehen als gelöst werden. Lass dir also Zeit!

Wie leicht muss ich sein?

Es ist offensichtlich, dass das Verhältnis von Kraft zu Gewicht beim Klettern eine wichtige Rolle spielt, und kaum einem Kletterer würde es nicht guttun, etwas mehr Wert darauf zu legen, dieses Verhältnis zu verbessern. Allerdings ist es wichtig, etwas genauer zu betrachten, welche Faktoren eigentlich ein gutes, kletterspezifisches Kraft-Gewicht-Verhältnis ausmachen.

Betrachten wir zuerst den Kraftanteil der Gleichung: Der Körperbereich, der das meiste Krafttraining erfordert, sind die Finger. Allerdings muss auch die gesamte Oberkörpermuskulatur kräftig genug sein, um den Körper in seltsamen oder gar extremen Positionen herumzubewegen. Wie kräftig der Oberkörper sein muss, hängt vom Gewicht des restlichen Körpers ab. Im Idealfall – wenn der Unterkörper relativ leicht ist – braucht auch der Oberkörper nicht allzu muskulös zu sein. Dann wiegt der Kletterer insgesamt weniger. Bei den explosivsten und kräftigsten Boulderzügen mag geringere Muskelmasse ein Nachteil sein, aber das wird in der Regel mehr als aufgewogen durch den

Teil 2
Die großen vier

Vorteil des geringeren Körpergewichts, vor allem bei längeren Sportkletterrouten. Beim Bouldern und bei sehr kurzen, knackigen Sportklettereien ist ein muskulöser Körper kein großer Nachteil, aber schwere Muskelpakete eine lange Tour hochzuschleppen, obwohl deren voller Strom nur selten benötigt wird, ist einfach ineffizient.

Was das Gewicht angeht, müssen wir hier zwischen zwei verschiedenen Aspekten unterscheiden: Muskelmasse und Fett. Für viele Kletterer wäre es vorteilhaft, von beidem weniger zu haben. Meist sogar viel weniger. Allerdings wird das Ganze durch die komplexen Wechselwirkungen der unterschiedlichen leistungsrelevanten Faktoren verkompliziert. Fünf Kilo überflüssiges Körperfett zu verlieren, wirkt sich beispielsweise nicht für alle Kletterer in einer halbwegs einheitlichen Größenordnung auf die Kletterleistung aus. Etliche Faktoren können zu völlig unterschiedlichen Auswirkungen führen. So wird die Wirkung größer sein, wenn der betreffende Kletterer eine gute Technik hat. Das Gleiche gilt für stärkere, fittere Kletterer. Und je mehr das Körpergewicht eine entscheidende Schwäche des Kletterers ist, desto größer wird auch die Verbesserung sein, wenn er etwas abnimmt.

Ein Großteil der Kletterer hat das entgegengesetzte Problem: Ihr Körper ist von Natur aus sehr leicht gebaut und der Körperfettanteil sehr gering, egal was sie essen. Sie haben hervorragende Grundvoraussetzungen zum Klettern, stehen aber auch vor einer großen Herausforderung. Diese Herausforderung lautet, genug Muskulatur für die richtig kraftvollen Züge aufzubauen. Vielen gelingt das nicht, weil sie ihre Möglichkeiten dazu nicht gut genug nutzen oder sie regelrecht vermeiden. Sie neigen vielmehr dazu, sich auf das zu fokussieren, was sie mit ihrem leichteren Körperbau am besten können: lange, kleingriffige Ausdauerrouten. Das ist natürlich in Ordnung, doch auch für diese Art von Kletterei schadet es nicht, ein paar kräftige, steile Boulder oder Routen anzugehen, um die Muskulatur für kräftige Schlüsselzüge innerhalb der Ausdauerrouten zu trainieren.

Was ist also ein gutes Gewicht für einen Kletterer? Das lässt sich natürlich nicht so einfach in konkrete Zahlen fassen. Ich kann nur sagen, dass die ideale Körperzusammensetzung aus einem möglichst geringen Fettanteil besteht (der noch gesund und gefahrlos in Verbindung mit einer anderen Sportart erreicht werden kann) sowie aus einem relativ leichten Unterkörper und einem nicht zu muskulösen, aber kräftigen Oberkörper. Ob ein Kletterer es in Erwägung ziehen sollte, seinen Körper zu verändern, hängt von vielen aktuellen Dingen ab: Gewicht, Muskelmasse, Körperfettanteil, Alter, Geschlecht und Kletterzielen. Wer einen dieser Faktoren außer Acht lässt, riskiert, eine falsche Entscheidung zu treffen, die womöglich mehr Nach- als Vorteile hat.

Ein Großteil der Weltklassekletterer hält für den größten Teil des Jahres (aber nur selten ohne Unterbrechung oder auf Dauer) einen außergewöhnlich niedrigen Körperfettanteil. Dieser liegt bei Männern bei etwa vier Prozent, bei Frauen zwischen zehn und zwölf Prozent. Die meisten Kletterer müssten sich massiv quälen, das zu erreichen, und würden sich ohne eine professionelle Ernährungsberatung vermutlich gesundheitliche Probleme einhandeln. Ein realistischerer Idealwert liegt also bei acht bis zehn Prozent Körperfett für Männer und etwa 22 Prozent für Frauen. Als lebensnotwendig und für den Erhalt der grundlegenden Körperfunktionen unentbehrlich gilt ein Fettanteil von drei Prozent für Männer und zwölf Prozent für Frauen.

Über längere Zeit einen extrem niedrigen Fettanteil zu halten, kann für beide Geschlechter ernste gesundheitliche Folgen haben, aber besonders bedeutsam ist das Thema für Frauen. Der niedrigste Körperfettanteil, der noch problemlos verkraftet wird, ist individuell sehr unterschiedlich. Wird er jedoch zu weit gesenkt, steht der Körper unter erhöhtem physiologischen Stress, und die Folgen sind unter anderem eine gestörte oder gar ausfallende Regelblutung (Amenorrhoe) sowie der Verlust von Knochenmasse. Etwa 40 Prozent aller Frauen im gebärfähigen Alter, die regelmäßig Sport treiben, leiden unter Amenorrhoe, gegenüber zwei bis fünf Prozent in der Gesamtbevölkerung. Das erste

> **Teil 2**
> Die großen vier

Anzeichen dafür ist eine unregelmäßige Monatsblutung (Oligomenorroe). Durch eine ausreichende Kalorienzufuhr lässt sich dies meist beheben, sodass die Blutung ihren üblichen Zyklus wiederaufnimmt. Am Beispiel von Mittel- und Langstreckenläuferinnen konnte jedoch gezeigt werden, dass eine ständig zu geringe Kalorienaufnahme über einen Zeitraum von drei Jahren und länger zu irreversiblem (also unwiderruflichem) Verlust an Knochenmasse führt, auch Osteoporose genannt. Den Körperfettanteil dann auf 17 Prozent zu erhöhen, gilt als Schwellenwert, damit die Menstruation wieder einsetzt. Bei 22 Prozent erfolgt wieder ein regelmäßiger Blutungszyklus. Dass der unterste Wert für einen gesundheitlich unbedenklichen Körperfettanteil für Frauen so stark schwankt, hängt von vielen Faktoren ab, darunter die genetischen Anlagen, die Ernährung, der Alltagsstress und die diversen Einflüsse des Lebensstils. So ist es auch zu erklären, dass zahlreiche Sportlerinnen ohne Störung der Regelblutung dauerhaft einen Körperfettanteil unterhalb der kritischen Marke von 17 Prozent halten können.

Auch für Kinder und Jugendliche ist es äußerst riskant, den Körperfettanteil auf sehr niedrige Werte zu drücken, denn das kann ihr Wachstum hemmen und zu den verschiedensten Entwicklungsstörungen führen. Ganz abgesehen von den damit verbundenen Gesundheitsproblemen, sind die Auswirkungen auch für das Klettern von großem Nachteil.

Die beste Einstellung zum eigenen Körpergewicht und Klettern ist, die Dinge im richtigen Verhältnis zu sehen und aufmerksam auf die Botschaften des Körpers zu achten. Das gilt für alle Phasen des körperlichen Wachstums bzw. der Entwicklung als Kletterer. Für junge Kletterer sind die langfristigen Vorteile, starke und gesunde Sehnen und Muskeln zu bilden, viel wichtiger als der kurzfristige Vorteil eines geringen Körpergewichts, das auch noch mühsam gehalten werden muss. Wer schon in jungen Jahren ständig die Nahrungsaufnahme einschränkt, zahlt später einen hohen Preis in Form von Verletzungen und einem eingeschränkten Potenzial, um auf wirklich hohem Niveau klettern zu können. Übermäßiges Gewicht ist nur sehr selten der dominierende leistungslimitierende Faktor für Kletterinnen. Wenn für sie überhaupt eine Beeinflussung des Gewichts sinnvoll ist, dann müssten sie meist durch gezieltes Klettern von Überhängen mehr Muskelmasse im Oberkörper aufbauen. Die Auswirkungen einer derart veränderten Körperzusammensetzung werden normalerweise durch die viel größere Schwäche überdeckt, dass Frauen häufig eine stark ausgeprägte Sturzangst haben, aus der wiederum eine ineffiziente Klettertechnik resultiert.

Die größte Gruppe von Kletterern, die von einer Gewichtsreduktion profitieren würde, sind Männer ab Anfang, Mitte 20. Sie haben oft einen Körperfettanteil von 20 Prozent oder mehr, und ein paar Prozent weniger würde ihnen guttun. Aber auch jene, die einen geringen Körperfettanteil haben, betreiben oft andere Ausdauersportarten, die für diesen niedrigen Fettanteil sorgen (wie Radfahren oder Laufen), wodurch ihr Unterkörper recht muskulös wird. Und das wiederum schränkt eine Weiterentwicklung in den höchsten Schwierigkeitsgraden stark ein. In diesem Fall kann eine vorsichtige Gewichtsreduktion dazu beitragen, dass die anderen Leistungsfaktoren besser zur Geltung kommen. Für eine Handvoll Kletterer, die in den meisten Leistungsbereichen bereits zur Spitze gehören, kann das Gewicht das letzte Puzzlestück sein, das sie brauchen, um den Sprung an die Weltspitze zu schaffen. Diese Kletterer sollten sich intensiv und fundiert mit sportwissenschaftlichen Ernährungsprinzipien beschäftigen, damit ihnen die Gratwanderung zwischen einem echten Leistungsvorteil und einer gefährlichen bzw. kontraproduktiven Besessenheit gelingt.

Wie kann man ohne zu leiden abnehmen?

Die Grundprinzipien, um im Sport Gewicht zu verlieren, sind relativ simpel. Und dennoch verursacht dieses Thema möglicherweise mehr Kopfzerbrechen und Verwirrung als jeder andere Leistungsbereich im Klettern. Die Grundlage bildet die Energiebilanz: Wenn die Zahl der aufgenommenen Kalorien geringer ist als die der verbrauchten Kalorien, nimmt man ab. So weit die Theorie. Aber wie jeder Sportler weiß, ist die Gewichtsreduktion ein viel komplexeres Zusammenspiel all der unterschiedlichen Faktoren, die unsere Gewohnheiten beeinflussen, wie und welche Kalorien wir aufnehmen bzw. verbrennen. Sich in diesem Labyrinth zurechtzufinden, wird weiter verkompliziert durch die oft unwissenschaftlichen Diätbücher, die am laufenden Band auf den Markt kommen – mit dem Ziel, den Abnehmwilligen das Geld aus der Tasche zu ziehen, und nicht, ihnen zu helfen.

Intensiver auf dieses Thema einzugehen, würde den Rahmen dieses Buches sprengen. Aber ein paar der wichtigsten Grundsätze für eine erfolgreiche Gewichtsabnahme für Kletterer (und andere Sportler) habe ich im Folgenden kurz aufgeführt.

Die beste Methode, einen geringen Körperfettanteil zu erreichen und zu halten, besteht einfach darin, auf eine gesunde, ausgewogene »Sportlerernährung« zu achten und mehr Sport zu treiben, um den Kalorienverbrauch zu erhöhen. Die »Sportlerernährung« weicht von der für Nichtsportler empfohlenen Ernährungsweise in zwei entscheidenden Punkten ab. Erstens wird ein höherer Anteil an Kohlenhydraten benötigt, und zweitens wird der Zeitpunkt der Nahrungsaufnahme wesentlich wichtiger, um die Regeneration nach dem Training zu beschleunigen und zu verbessern.

Die beliebtesten Diäten hinterfragen

Viele Kletterer haben schon mit der einen oder anderen bekannten »Marken«-Diät herumexperimentiert, die in Büchern oder Zeitschriften regelmäßig angepriesen werden. Zu den bekanntesten Beispielen gehören die Atkins-Diät, die eine drastisch reduzierte Aufnahme von Kohlenhydraten empfiehlt, sowie »LOGI«, bei der auf Kohlenhydrate mit einem niedrigen glykämischen Index (engl.: *low glycemic index*) geachtet wird, um mithilfe einer verzögerten Insulinreaktion den Appetit zu kontrollieren. Diese Diät- bzw. Ernährungsweisen orientieren sich meist an einem der zahlreichen und komplizierten Aspekte des menschlichen Stoffwechselsystems bzw. der chemischen Zusammensetzung unserer Nahrungsmittel. Einige dieser Mechanismen können durchaus gut funktionieren und sind mitunter auch wissenschaftlich bestätigt. Dennoch ist der jeweils betrachtete Mechanismus (demzufolge diese Diät angeblich besser ist als alle anderen) vermutlich nicht der entscheidende Grund dafür, dass man tatsächlich Gewicht verliert. Vielmehr liegt die Ursache darin, dass die Diätpläne die Kalorienbilanz zum eigenen Vorteil beeinflussen wollen: weniger Kalorien zu sich nehmen und/oder mehr Kalorien durch Bewegung verbrennen.

Auf diese Weise können bestimmte Elemente, die von diesen bekannten Diäten empfohlen werden, sehr nützlich oder gar für eine kurzfristige Gewichtsabnahme ausschlaggebend sein. Auf lange Sicht hingegen sind viele dieser Methoden sehr wenig geeignet, Abnehmwilligen dabei zu helfen, ihr einmal erreichtes niedrigeres Gewicht auch zu halten. Das gilt vor allem dann, wenn empfohlen wird, auf ganze Gruppen von Nahrungsmitteln zu verzichten oder Lebensmittel auf unattraktive oder unappetitliche Art und Weise miteinander zu kombinieren. Außerdem ist das alles nicht nötig. Es ist belegt, dass eine langfristig erfolgreiche Gewichtskontrolle am besten funktioniert, wenn eine Reihe von Faktoren gemeinsam beachtet werden. Dazu gehören:

- mehr Bewegung,

- stufenweise Mäßigung der Portionen und Genussmittel ohne starre Verbote bestimmter Dinge,

- langsame Gewichtsreduktion mit bescheidenen, aber erreichbaren Zwischenzielen,

- abwechslungsreiche, gesunde Ernährungsweise mit einem hohen Anteil an Lebensmitteln mit geringer Energiedichte (wie Obst und Gemüse),

▶ weitere Techniken, um die Aufmerksamkeit von Appetit und Nahrung abzulenken.

Nur einen einzelnen oder zwei dieser Faktoren zu berücksichtigen, macht eine erfolgreiche Gewichtskontrolle deutlich schwieriger. Zumindest aber wird der Erfolg dadurch verzögert und der gesamte Prozess für den Abnehmwilligen länger.

Die wichtigsten Schritte zur Gewichtskontrolle für Kletterer

Die erste Phase, die darüber entscheidet, ob es einem gelingt, sich an einen Plan zum Abnehmen zu halten, oder ob man (wie die meisten) auf halber Strecke scheitert, besteht in der Motivation, sich fest vorzunehmen, die Sache durchzuziehen. Wenn jemand zum Klettern zu schwer ist, stehen die Chancen gut, dass das Abnehmen einen sehr spürbaren Erfolg mit sich bringt. Je besser die anderen Leistungsbereiche bereits entwickelt sind, desto größer wird der gewichtsbedingte Unterschied sein. Für viele kann das Abnehmen nach einer längeren Zeit der Stagnation der entscheidende Schlüssel für weiteren Fortschritt sein. Zunächst ist es wichtig, den eigenen Körperfettanteil so präzise wie möglich zu messen. In einem guten Fitnessstudio, in einer Apotheke, an der Sportuniversität oder einem sportmedizinischen Institut gibt es sicher jemanden, der die nötigen Geräte und Kenntnisse für eine Hautfaltenmessung (Calipometrie) hat. Eine andere, nicht ganz so zuverlässige Methode ist eine Körperfettwaage bzw. bioelektrische Impedanzanalyse. Selbst die hochwertigeren Geräte haben jedoch eine Ungenauigkeit von ± fünf Prozent, weshalb ihre Messung allenfalls als grober Richtwert taugt. Wenn beispielsweise die Anzeige bei einem Mann einen Körperfettanteil von 20 bis 25 Prozent ergibt, ist das ein brauchbarer Hinweis darauf, dass es für das Klettern nicht schlecht wäre, etwas abzunehmen. Wenn hingegen ein Wert von gerade einmal neun Prozent angezeigt wird, sollte er keinesfalls als einzige Entscheidungsgrundlage für eine Gewichtsreduktion dienen. Dazu wären erst genauere Daten über eine Calipometrie notwendig.

Schwierig ist die Entscheidung vor allem für Kletterer, deren Körperfettanteil und Gesamtgewicht bereits recht gering sind. Würde ihnen ein Kilo weniger den nötigen Kick geben, um ihr Kletterwunschziel zu erreichen? Vielleicht. Allerdings gibt es immer auch einen Punkt, von dem an die Vorteile des geringeren Gewichts dadurch zunichtegemacht werden, dass durch die zu geringe Kalorien- und Nährstoffaufnahme die Regeneration nach dem Training beeinträchtigt wird. Wer versucht, ein Gewicht zu halten, für das er ständig jede einzelne Kalorie zählen muss, bekommt meist Motivationsprobleme, dies durchzuhalten. Gerade auch dann, wenn eine gute Kletterleistung direkt davon abhängt, ob es ihm gelingt, den Appetit zu zügeln. In dieser Situation ist es nicht mehr weit bis zu einer Essstörung. Wie bei jedem anderen Trainingsaspekt gilt auch hier, dass die Ergebnisse deutlich nachlassen oder sogar schlechter werden, wenn man es übertreibt.

Viele Trainingsratgeber und Artikel in Kletterzeitschriften scheuen sich, das Thema der Gewichtsoptimierung direkt anzusprechen. Ein allgemeiner Tipp lautet eher, sich wegen potenzieller Nebenwirkungen einer zu aggressiven Gewichtsabnahme lieber gar keine Sorgen darüber zu machen, wie viel man wiegt. Meiner Meinung nach kann dieser Ansatz nicht funktionieren. Ich glaube nicht, dass eine ganze Generation junger, motivierter Kletterer, die so schnell wie möglich besser klettern wollen, nicht sieht, dass all die Spitzenkletterer, denen sie nacheifern, tendenziell sehr schlank und leicht sind. Unvermeidlich werden einige von ihnen zu experimentieren beginnen oder zumindest die Notwendigkeit sehen, selbst leichter zu werden. Junge Kletterer, deren Wachstum noch nicht abgeschlossen ist, sollten definitiv einen zu geringen Körperfettanteil vermeiden. Andernfalls riskieren sie ihre Gesundheit und auf lange Sicht auch ihre Entwicklung als Kletterer. Erwachsene Kletterer hingegen würden meist davon profitieren, ein wenig abzunehmen.

Teil 2
Die großen vier

Dazu ist es hilfreich, zunächst einmal den aktuellen Körperfettanteil genau ermitteln zu lassen und dann von Zeit zu Zeit die Veränderungen zu notieren. Das macht eine Überwachung leichter und trägt hoffentlich dazu bei, dass sich aus dem Wunsch nach einer Gewichtsabnahme keine Essstörung entwickelt.

Wenn der Körperfettanteil bereits sehr gering ist, sollte der Kletterer in einem anderen Bereich des Kletterpuzzles nach einem Baustein für weiteren Fortschritt suchen. Wenn er hingegen getrost niedriger sein könnte, sollte man sich ein maßvolles Ziel setzen und einschätzen, welche Auswirkungen das geringere Gewicht auf den eigenen Klettererfolg und das allgemeine Kraft-Gewicht-Verhältnis hat. Es ist wirklich hilfreich, eine einheitliche Methode zu haben, auf die man auch zu einem späteren Zeitpunkt zurückgreifen kann – etwa ein bestimmtes Boulderproblem oder eine Einheit am Griffbrett, an der sich erkennen lässt, wie fit man gerade ist. Allerdings dürfen die Auswirkungen der Ernährungsumstellung nie während einer klassischen Abnehmphase mit reduzierter Kalorienaufnahme gemessen werden. Die Daten wären nutzlos und nicht aussagekräftig, weil der Körper in dieser Zeit weniger Glykogen gespeichert hat und dadurch auch weniger Wasser enthält, also insgesamt leichter ist. Eine Messung ist erst dann sinnvoll, wenn die Kohlenhydratspeicher (also die Glykogenreserven) wieder voll gefüllt sind.

Ein maßvolles Ziel für einen durchschnittlich großen, männlichen Kletterer mit einem Körperfettanteil von 25 Prozent wäre eine mittelfristige Gewichtsreduktion um zwei Kilo. Bei einem Fettanteil von zehn Prozent oder weniger wäre es ein halbes Kilo. Nimm jedes noch so bescheiden wirkende Ziel ernst, und bewerte die entsprechenden Ergebnisse sorgfältig. War es schwer, dieses Gewicht zu erreichen? Ließ sich das neue Gewicht problemlos und ohne ständige Gewichtskontrolle halten? Hat es sich positiv auf das Klettern ausgewirkt? Dabei ist es wichtig, jegliche potenziell interessanten Aspekte zu notieren, die sich während des Abnehmprozesses ereignet haben: Müdigkeit, Regenerationsprobleme, Motivationsschwäche, Stimmungsschwankungen, Verletzungen, Menstruationsstörungen oder alles, was irgendwie ungewöhnlich war. All diese Symptome können Anzeichen dafür sein, dass die Gewichtsabnahme entweder zu groß ist oder zu schnell bzw. unsachgemäß durchgeführt wird. Wer beim Abnehmen solche Anzeichen an sich bemerkt, sollte es sicherheitshalber abbrechen und wieder seine normale Menge an gesunden Lebensmitteln essen, um das aktuelle Gewicht entweder zu halten oder sogar ein wenig zuzulegen. Wer sicher sein kann, dass nicht ein zu geringer Körperfettanteil das Problem ist, sondern vielmehr eine falsche Abnehmstrategie, der sollte sich die Zeit nehmen, sich besser über gute sportwissenschaftliche Ernährungsmethoden zu informieren, indem er beispielsweise Bücher zu dem Thema liest oder einen Ernährungsberater aufsucht. Über ein gutes Fitnessstudio oder ein sportmedizinisches Institut sollte eine solche Beratung vermittelt werden können und bezahlbar sein.

Sobald man sich ein geeignetes Ziel für eine Gewichtsabnahme gesetzt hat, muss in aller Ruhe eine Strategie entwickelt werden, wie sich dieses Ziel am besten erreichen lässt. Am erfolgversprechendsten ist dies, wenn eine leicht reduzierte Kalorienaufnahme von mehr Bewegung und somit erhöhtem Kalorienverbrauch begleitet wird. Die meisten Kletterer versuchen, ihr Gewicht mit Laufen, Radfahren oder einer anderen Ausdauersportart zu senken. Dagegen gibt es auch nichts zu sagen, und etwas Ausdauersport kann dem allgemeinen Gesundheitszustand langfristig nicht schaden, auch wenn sich für Kletterer meist keine nennenswerten leistungsfördernden Auswirkungen ergeben. Allerdings ist dies nicht die effizienteste Form, wie Kletterer Kalorien verbrennen können. Vielmehr ist es viel besser, den Kletterumfang zu erhöhen. Die einzige Ausnahme betrifft diejenigen, die bereits so viel klettern, wie ihr Körper verkraftet (also eine absolute Minderheit). Kardiovaskuläres Ausdauertraining verbrennt deshalb so viele Kalorien, weil dabei große Muskelgruppen über einen längeren Zeitraum in Bewegung sind. Doch sehr ausdauerndes Klettern, bei dem mehrere pumpige Routen ohne große Pausen geklettert werden, hat einen vergleichbaren Kalorien-

Teil 2
Die großen vier

verbrauch. Ausdauerklettern hat überdies nicht nur eine aerobe, sondern auch eine anaerobe Komponente. Anaerobes Training findet über einen viel kürzeren Zeitraum statt als aerobes Training (bei dem die Muskulatur die entstehende Milchsäure während der Belastung schnell genug abbauen kann, sodass keine Übersäuerung entsteht), hat aber einen deutlich gesteigerten Kalorienbedarf. Mehr Kalorien zu verbrennen, indem man mehr klettern geht (anstatt zu laufen oder Rad zu fahren), schlägt also zwei Fliegen mit einer Klappe und hat außerdem den Vorteil, dass gleichzeitig die kletterspezifische Ausdauer und Technik verbessert werden. Wer also nicht schon ein extrem hohes Kletterpensum absolviert, für den sollte mehr Klettern die effizienteste Art sein, um abzunehmen.

Was die Kalorienaufnahme innerhalb der Energiebilanz betrifft, gilt es zunächst, nach ungesunden Ernährungsgewohnheiten Ausschau zu halten und diese abzustellen. Indem beispielsweise »schlechte« Nahrungsmittel, die sehr fett- oder zuckerhaltig sind, durch weniger kalorienhaltige Alternativen ersetzt werden, lässt sich mit hoher Wahrscheinlichkeit bereits ein Teil der angestrebten Gewichtsreduktion erreichen. Und es ist eine recht einfache Möglichkeit. Zu diesen Nahrungsmitteln gehören üblicherweise Alkohol, frittiertes bzw. fettreiches Essen, Süßigkeiten. Gewohnheiten, wie den Kaffee oder Tee mit Zucker und/oder Vollmilch zu trinken, können ebenfalls abgeschafft werden. Das sind einige der leichteren Ziele. Für die meisten würde es schon reichen, sich hierbei etwas umzustellen, um abzunehmen. Es ist auch einfacher und somit leichter durchzuhalten, wenn man in mehreren oder allen Bereichen kleinere, maßvolle Veränderungen vornimmt. Für welche Dinge man sich entscheidet, hängt natürlich von den jeweiligen Vorlieben und Gewohnheiten ab. Manche finden es am einfachsten, sich auf eine einzelne Angewohnheit zu konzentrieren und diese abzustellen – zum Beispiel komplett auf Schokolade oder auf den Zucker im Kaffee zu verzichten. Das ist ein überschaubares Ziel. Viele sollten jedoch ihre Ernährung in mehreren Bereichen umstellen oder den Genuss von Dingen wie Alkohol, Süßigkeiten oder Frittiertem einschränken und haben damit Schwierigkeiten. Laut Forschungsergebnissen besteht dann eine größere Aussicht auf Erfolg, wenn man nicht komplett darauf verzichtet, sondern sich gelegentliche kleine Belohnungen gönnt.

Die größte Angst haben die meisten Abnehmwilligen übrigens vor ihrem eigenen Appetit und dem Gedanken daran, ständig hungrig zu sein. Jede Diät – ob zum Abnehmen oder um ein einmal erreichtes Gewicht zu halten –, bei der man ein ständiges Hungergefühl hat, ist auf lange Sicht zum Scheitern verurteilt und funktioniert oft nicht einmal kurzfristig. Allerdings ist ständiger Hunger auch nicht nötig, sofern man nicht versucht, ein unrealistisch niedriges Gewicht zu erreichen. Für einen langfristigen Erfolg sollte man nicht mehr als ein halbes Kilo pro Woche abnehmen. Das entspricht grob einem Kaloriendefizit von 500 Kalorien pro Tag. Indem verstärkt Lebensmittel mit einem geringeren Energiegehalt verzehrt und kalorienreiche Dinge nach Möglichkeit dadurch ersetzt werden, kann man eine insgesamt größere Menge essen und hat dennoch einen volleren Magen als bei einer kleineren Menge an Kalorienbomben. So lässt sich das Hungergefühl vermeiden. Im Internet finden sich für jeden Geschmack zahlreiche Beispiele guter, kalorienarmer Lebensmittel. Die meisten Obst- und Gemüsesorten gehören in diese Kategorie. Etwas Obst oder Gemüse als Zwischenmahlzeit zu essen, ist also nicht nur gesund, sondern auch noch gut für die Kalorienbilanz. Mineralwasser oder andere kalorienarme Getränke ohne Süßstoff zu trinken, ist ebenfalls eine gute Möglichkeit, den Magen zu füllen und so das Hungergefühl zu dämpfen.

Leider ist der Versuch, abzunehmen und gleichzeitig körperliche Leistung zu erbringen, mit einigen Zusatzproblemen verbunden. Vor allen Dingen ist es wichtig, dass durch die eingeschränkte Kalorienaufnahme die Ernährung nicht einseitig wird und so die Qualität des Essens darunter leidet. Dies gilt sowohl für den kurzfristigen Zeitraum des Abnehmens selbst als auch, um das Gewicht dauerhaft zu halten. Allerdings würde es den Rahmen dieses Buches sprengen, die potenziellen Tücken im

Teil 2
Die großen vier

Einzelnen zu erläutern, und ich verweise noch einmal auf die Notwendigkeit, sich durch gute Bücher zur Sporternährung oder bei einem Ernährungsberater zu informieren. Den Kohlenhydraten kommt jedoch eine besonders entscheidende Rolle für eine gute Regeneration zu, und auf die möchte ich kurz eingehen.

Eine gute Regeneration nach dem Klettern hängt von vielen Faktoren ab. Am häufigsten wird sie allerdings durch eine schlechte Versorgung mit Kohlenhydraten verzögert, sodass die leeren Glykogenspeicher in den Muskeln nicht rechtzeitig wieder aufgefüllt werden. Leere Glykogenspeicher sind in der Regel für das Gefühl der Schlappheit verantwortlich, wenn man mehrere Tage in Folge trainiert hat und irgendwann einfach nicht mehr die Kraft für eine Route aufbringt, die noch vor Kurzem kein Problem war. Die Kraft lässt dabei geradezu schlagartig nach, und innerhalb von etwa einer Stunde geht nichts mehr: Der Tank ist leer. Das in der Muskulatur gespeicherte Glykogen liefert den Hauptanteil der Energie für ihre Bewegung. Daher wird die Regeneration zum Teil davon bestimmt, wie schnell die Glykogenvorräte in den Muskeln nachgefüllt werden. Wie lange dies dauert, ist individuell unterschiedlich. Aber es gibt ein »goldenes Zeitfenster«, in dem die Glykogenneubildung am schnellsten abläuft. Dieses Zeitfenster beginnt direkt nach der sportlichen Tätigkeit und ist etwa zwei Stunden lang offen. Grund dafür sind hormonelle Einflüsse, die für eine schnelle Aufnahme des im Blut enthaltenen Zuckers (Glukose) sorgen. Jeder, der seine Glykogenspeicher oft und ausgiebig nutzen (sprich, so oft wie möglich hart trainieren) möchte, sollte sich unbedingt diese Eigenheit des menschlichen Stoffwechsels zunutze machen. Dazu ist es nötig, den Körper nach der Klettereinheit sofort und reichhaltig mit Kohlenhydraten zu versorgen. Diese werden zu Zucker verstoffwechselt und stehen für die Glykogenbildung zur Verfügung. Die ideale Mahlzeit nach dem Klettern besteht aus einigen Kohlenhydraten mit einem hohen glykämischen Index (GI) wie Brot oder anderen zuckerhaltigen Dingen sowie einigen Kohlenhydraten mit einem niedrigen GI, bei denen es etwas länger dauert, bis sie in ihre Bestandteile aufgespalten werden und die

Glukose ins Blut gelangt. Auf diese Weise wird das zweistündige Zeitfenster optimal genutzt.

Daraus folgt, dass es wichtig ist, so bald wie möglich nach dem Klettern etwas zu essen. Wer vom Training erst noch eine Weile braucht, bis er nach Hause kommt, sollte sogar unmittelbar nach der Einheit eine erste kohlenhydratreiche Kleinigkeit zu sich nehmen. Ganz nebenbei bemerkt wirkt eine kohlenhydratreiche Mahlzeit direkt nach dem Training einem schwächelnden Immunsystem entgegen. Denn direkt nach der sportlichen Belastung ist das Immunsystem anfälliger für Erkältungen, Grippe- und andere Krankheitserreger. Aus diesem Grund fängt man sich auch besonders leicht eine Krankheit ein, wenn der Körper durch Müdigkeit, körperliches Training und andere Stressfaktoren stark belastet und weniger widerstandsfähig ist.

Wer abnehmen will, sollte dennoch dafür sorgen, dass er unmittelbar vor und nach dem Training die Speicher füllt, um zu verhindern, dass durch die reduzierte Energiezufuhr die Regeneration verzögert wird. Vielmehr sollte die Kalorienzufuhr vor allem in der Zeit reduziert werden, nachdem man die erste richtige Mahlzeit nach dem Training zu sich genommen hat, und natürlich an Tagen, an denen man gar nicht oder nur sehr locker trainiert. Unabhängig davon, ob ein Kletterer Gewicht abnehmen oder halten möchte, sollte er sich etwas kohlenhydratreicher ernähren als eine Person mit einem bewegungsarmen Lebensstil. 60 bis 70 Prozent der aufgenommenen Kalorien sollten aus Kohlenhydraten stammen. Das ist gar nicht so leicht, wie es sich anhört, wenn man nicht ausschließlich von Süßigkeiten leben will, denn unsere typisch westliche Ernährungsweise enthält oft einen viel zu hohen Anteil an Fett (vor allem in Fertiggerichten).

Diese Anmerkungen sind nur dazu gedacht, das Thema anzureißen. Wer vorhat, sein Gewicht zum Klettern zu optimieren – vor allem, um einen niedrigen Körperfettanteil zu erreichen –, sollte sich anderweitig umfassend informieren oder professionell beraten lassen. Das so investierte Geld ist gut angelegt, wenn man die Irr- und Umwege vermeiden kann, mit denen sich rund 90

Prozent aller herumplagen, die eine Diät machen.

Wer braucht Hanteltraining, um schwer zu klettern?

Das größte Problem, das sich durch das Hanteltraining ergibt, sind seine Auswirkungen auf den Trainierenden. Korrekt betrieben ist es eine sehr nützliche Sache und kann auch für Kletterer eine gute Lösung sein. Die meisten, die überhaupt Krafttraining machen, übertreiben es allerdings oft und wählen zu allem Überfluss noch die falschen Übungen aus. Unter dem Strich ist für Kletterer das Hanteltraining daher ebenso oft für die Kletterleistung vorteilhaft wie nachteilig. Vermutlich liegt es daran, dass Krafttraining so simpel, bequem und der Erfolg leicht messbar ist, dass manche Leute regelrecht versessen darauf sind.

Im Allgemeinen ist Krafttraining für die große Mehrzahl der Kletterer nicht wirklich die effizienteste Trainingsform. Fast alle Kletterer bräuchten mehr Kletterpraxis. Sie sollten also besser jede freie Minute, die ihnen für Training zur Verfügung steht, etwas machen, das dem Klettern so nah wie möglich kommt. Jene, für die noch andere Dinge in ihrem Leben eine Rolle spielen (sodass ihre verfügbare Trainingszeit begrenzt ist), erzielen durch jede zusätzliche Kletterzeit sehr viel effektivere Fortschritte als durch Hanteltraining. Spezifische Muskelgruppen oder Schwächen lassen sich beim Klettern genauso gezielt trainieren wie beim Hanteltraining. Und gleichzeitig werden dabei auch noch die Bewegungstechnik und Taktik geschult. In der Zeit, die man im Kraftraum verbringt, kann kein kletterspezifisches Lernen stattfinden.

Daraus ergeben sich direkt die beiden Situationen, in denen Krafttraining sehr wohl nützlich sein kann: erstens, wenn der Kletterer bereits ein derart gutes Niveau erreicht hat und so viel klettert, dass er die hohe Intensität des Krafttrainings braucht; und zweitens, wenn es wegen der äußeren Umstände für längere Zeit nicht möglich ist zu klettern. Dabei findet zwar kein Techniktraining statt, aber durch das Hanteltraining lässt sich immerhin das erreichte Kraftniveau halten oder sogar verbessern. Auch in einigen weiteren Sonderfällen kann Hanteltraining sinnvoll sein, zum Beispiel nach einer Verletzung und für jene, die sich in Überhängen extrem schwer tun, weil ihnen die grundlegende Kraft dazu fehlt. Beides wird im Folgenden beschrieben.

Der Topkletterer

Eine Handvoll Spitzenkletterer nutzt Hanteltraining als Ergänzung zu ihrem hohen Kletterpensum. Alle anderen bringen jedoch ebenfalls hervorragende oder gar noch bessere Leistungen. Es gibt also keine eindeutigen Hinweise darauf, dass es wirklich ein Vorteil ist. Einzige Informationsquelle sind die Aussagen der Kletterer selbst. Und das ist eine unsichere Grundlage für weitreichendere Annahmen. Topkletterer brauchen sehr intensive Trainingsreize und eine abwechslungsreiche Trainingsgestaltung, damit der Körper darauf reagieren muss, sich anpasst und nicht stagniert. Hanteltraining könnte für sie als eine Art »Systemschock« dienen, der kurzzeitig einen neuen Reiz setzt und wie ein Katalysator wirkt. Auch wenn das Kletterpensum bereits so hoch ist, dass eine weitere Steigerung des Umfangs schlicht nicht machbar wäre, kann bereits erzielter Kraftzuwachs durch den sehr intensiven Reiz aufrechterhalten und in Verbindung mit viel Ausdauerklettern auch klettereffizient genutzt werden. Ein weiterer Vorteil des Hanteltrainings ist in diesem Fall, dass sich so das allgemeine Körperkrafttraining in einem höheren Umfang steigern lässt, als die Finger dies zulassen würden. Viel Bouldern greift die Haut auf den Fingern sehr an, belastet die Fingergelenke, Ringbänder und Sehnen der Fingerbeuger. Hanteltraining kann außerdem nützlich sein, um sich auf einen bestimmten Schlüsselzug vorzubereiten, der extreme Körperkraft erfordert und bei dem nicht so sehr die Fingerkraft entscheidend ist wie beispielsweise bei brachial weiten Zügen oder in stark überhängendem Gelände.

Teil 2
Die großen vier

Welche Übungen man beim Hanteltraining macht, hängt natürlich von den jeweiligen Zielen ab, und ich empfehle sehr, sich das eigene Programm mithilfe einer detaillierteren Anleitung zusammenzustellen. Dabei sollten die Übungen so spezifisch wie möglich auf die eigenen Schwächen in der Klettertechnik abgestimmt sein. Hanteltraining, das über diese Notwendigkeit hinausgeht, ist nicht nur verschwendete Zeit, die sich besser nutzen ließe, sondern es führt womöglich auch dazu, dass man unnötige Muskelmasse aufbaut. Außerdem erhöht sich die Trainingsbelastung und somit der Regenerationsbedarf. Ganzkörperübungen wie das Reißen und Stoßen der Gewichtheber, »Supermans« (bei denen man auf dem Bauch liegend die lang ausgestreckten Arme und Beine gleichzeitig anhebt) und »Spidermans« (bei denen man in flacher Liegestützposition abwechselnd ein Bein seitlich nach vorne führt) sowie Klimmzüge und einarmiges Halten sind allesamt gute Körperkraftübungen für Kletterer. Wer am gleichen Tag bouldert und Krafttraining machen muss, fängt am besten mit dem Bouldern an, solange er noch frisch und spritzig ist. Das ist einerseits für den Trainingseffekt von Vorteil und andererseits durch die präziseren Bewegungen auch weniger verletzungsträchtig.

Der verhinderte Kletterer

Wer durch den Beruf phasenweise längere Zeit von zu Hause weg muss oder in einer Region fernab von Klettergärten oder einer Kletterhalle wohnt, sollte sich seine eigene Klettermöglichkeit bauen – egal, wie klein. Unter Umständen lässt sich auch ein Griffbrett auf Reisen mitnehmen. Jedenfalls ist all das besser als reines Krafttraining. Wenn ein Fitnessstudio dennoch die einzige Möglichkeit ist, ist dies natürlich immer noch die bessere Wahl, als durch Nichtstun die ganze mühsam erarbeitete Kraft wieder zu verlieren. Selbst ein bisschen Hanteltraining reicht meist schon aus, um das Kraftniveau zu halten, während man ausharrt und auf die nächste Gelegenheit zu klettern wartet. Dieser ungewohnte Reiz kann für viele Kletterer, die immer den gleichen, monotonen Trainingsstil pflegen (gleiche Wände,

Halle, Grifftypen, Boulder), sogar sehr vorteilhaft sein. Ein Paar »Metolious Rock Rings« mitzunehmen, löst schon mal das Griffbrettproblem, wenn sich dies unterwegs nicht installieren lässt. Diese Rock Rings sind im Grunde nichts anderes als Kunstharzgriffe an einer Schnur, die an einer Stange, einem Balken oder Ähnlichem befestigt werden. Dies sollte in einem Fitnessstudio kein Problem sein. Man kann sich aus ein paar kleinen Vierecken aus Sperrholz auch seine eigenen machen: Sie sollten etwa 2 cm tief sein und eine positive, aber fingerfreundlich gerundete Kante haben.

Eine gute Routine für allgemeinen Krafterhalt wäre, sich aufzuwärmen und dann 30 Minuten lang an den Rock Rings ein typisches Griffbretttraining zu absolvieren. Anschließend wären im Fitnessstudio ein paar Sätze Latissimus-Züge oder (einarmige) Klimmzüge, Rudern im Sitzen, Hangwaage und einige Trizeps-Dips eine gute Wahl. In den Pausen zwischen den verschiedenen Sätzen lassen sich hervorragend Dehnübungen für eine bessere Hüftbeweglichkeit einbauen. Wer anschließend noch etwas Zeit hat, könnte seiner Gesundheit mit Laufen, Spinning oder einem anderem Sport, der das Herz-Kreislauf-System in Schwung bringt, etwas Gutes tun. Bei sehr geringer Intensität wird dadurch auch die Regeneration gefördert. Selbstverständlich hängt das jeweilige Programm im Einzelnen von der verfügbaren Zeit, den Umständen und den eigenen Schwerpunkten ab. Ein drahtiger, leichtgewichtiger Kletterer mit einem guten Verhältnis von Fingerkraft zu Gewicht, aber einer geringen allgemeinen Körperkraft für kräftige, weite Blockierzüge sollte verstärkt auf Ganzkörperübungen wie die Hangwaage Wert legen, während er seine Fingerkraft schon mit relativ wenig Griffbretttraining erhalten kann. Im Gegensatz dazu ist es für massigere (und typischerweise männliche) Kletterer mit einem kräftigen Körper – und möglicherweise einer gewissen Erfahrung im Krafttraining – sinnvoller, die meiste Zeit mit Hängeübungen zu verbringen und nur ein, zwei andere allgemeine Übungen zu machen sowie etwas zu dehnen.

Teil 2
Die großen vier

Wenn die kletterfreien Phasen, in denen ein Fitnessstudio die einzige Möglichkeit ist, relativ kurz sind (wie beispielsweise von Zeit zu Zeit mal eine Woche), kann die Andersartigkeit des Reizes durchaus vorteilhaft sein. Bei einer eingeschliffenen Routine aus gleichem Kletterstil und entsprechenden Schwächen im Bereich Finger- oder Körperkraft bietet sie womöglich die entscheidende Abwechslung und öffnet sogar den Weg zu einer Leistungssteigerung. Wenn allerdings die kletterfreien Phasen etwa genauso lang sind wie die Zeiten, in denen man klettern kann, wird das Ganze schon komplizierter. Dann lassen sich die negativen Auswirkungen von reinem Krafttraining ohne die entsprechende Bewegungstechnik kaum vermeiden. Außerdem sollten Kletterer stets darauf achten, ihre Übungen kletterspezifisch auszuwählen. Was Kletterer am meisten brauchen, ist Fingerkraft an den verschiedensten Grifftypen. Eine echte Herausforderung besteht übrigens darin, für längere Sportkletterrouten genug Ausdauer in den Unterarmen zu bekommen. Sobald sich die Möglichkeit zum Klettern bietet, sollte man die Gelegenheit nutzen und möglichst viele pumpige Routen klettern, damit die Ausdauer nicht zur leistungsrelevanten Schwäche wird.

Einige weitere Situationen

Etwas Krafttraining kann auch in ein paar anderen Fällen nützlich sein. So können Kletteranfänger beispielsweise die nötige Grundkraft bekommen, um sich in senkrechten und steileren Routen am Fels zu halten. Auch manche sehr leichtgewichtige Frauen können sich im Anfangsstadium zwar an den Griffen halten, wegen zu geringer Oberkörperkraft aber nur mühsam weiterziehen. In plattigen Routen kommen sie meist gut zurecht, aber sobald der Fels senkrecht wird, haben sie massive Probleme und fühlen sich nicht wohl. In den meisten dieser Fälle wäre es am besten, sich in leicht überhängendem Gelände die nötige Kraft anzutrainieren, die für steile Routen nötig ist. Mit dem entsprechenden Vertrauen kommen dann auch andere Routen in der Halle oder am Fels in den Bereich des Möglichen. Ein wenig Krafttraining im Fitnessstudio kann diesen

Prozess jedenfalls beschleunigen. Wenn Klimmzüge zu schwer sind, sind Latzüge die Übung der Wahl.

Am anderen Ende des Leistungsspektrums können sich auch sehr fortgeschrittene Kletterer mit Krafttraining gezielt auf einen ganz bestimmten Zug vorbereiten – zum Beispiel einen extremen Blockierzug – oder eine ungewohnte Art der Kletterei wie Riss- oder Dachkletterei. Um die Bewegung im Kraftraum so gut wie möglich nachzuahmen, ist etwas Kreativität gefragt. Aber vorher sollten alle Möglichkeiten ausgeschöpft werden, das gleiche Ziel in einer echten Klettersituation zu erreichen. So ließe sich beispielsweise eine Dachpassage in der Boulderhalle nachahmen, indem man größere Griffe nimmt, sich ein paar Gewichte an den Gurt hängt und nur die kleinsten Tritte nutzt. Wer genug Zeit hat, für den ist sicher eine Kombination aus beidem – kletterspezifisches Training und Kraftraum – die beste Möglichkeit. Angenommen, jemand will sich auf eine Route mit sehr kraftvollen Untergriffzügen vorbereiten. Etwas Krafttraining (Rudern im Sitzen und Bizepscurls) könnte die Dynamik der Züge imitieren, während statisches Halten an entsprechenden Untergriffen in der Boulderhalle die nötige Blockierkraft trainiert, um von den Untergriffen aus weiterzuziehen.

Zusammengefasst: Krafttraining kann eine äußerst effiziente Lösung für sehr spezifische Probleme sein, zum Beispiel nach einer Verletzung. Von diesen Sonderfällen (in denen Krafttraining sehr nützlich ist) abgesehen, ist es nur ein schlechter Ersatz für kletterspezifischeres Training und erst recht für echtes Klettern. Krafttraining hat für Kletterer eine gewisse Daseinsberechtigung, aber es besteht die Gefahr, es zu übertreiben, was zulasten eines effizienteren Klettertrainings für den gesamten Körper geht.

Für die Hageren

Wie schon erwähnt, hat ein dünner Kletterer zahlreiche Vorteile – eine hervorragende Ausgangsposition, um gute Technik und

Teil 2
Die großen vier

Kraft für schwere Klettertouren aufzubauen. Sein Hauptproblem besteht darin, sich auf die Art von Kletterei, die ihm am besten liegt, zu konzentrieren und darauf zu beschränken: kleingriffige Kletterei ohne allzu weite Züge. Er hängt oft stundenlang an den Griffen (weil seine Arme durch sein geringes Gewicht nicht so schnell gepumpt werden) und sucht nach einem versteckten Griffchen, mit dem er die Schlüsselstelle überlisten kann. Wenn es einen solchen Zwischengriff aber nicht gibt und nur ein sehr weiter oder dynamischer Zug helfen würde, kommt er meist nicht weiter.

Wenn der hagere Kletterer sich mit wirklich harten Problemen beschäftigt und lernt, mit extrem weiten, dynamischen Zügen von Henkel zu Henkel zu kommen, indem er sich öfter mal am Kletterstil der Muskelprotze ein Beispiel nimmt, kann er einen Teil seiner natürlichen Nachteile durchaus wettmachen. Etwas ergänzendes Körperkrafttraining kann diese Entwicklung beschleunigen, sodass er schließlich in der Lage ist, Seitgriffe bis zur Hüfte zu blockieren, sich in weit entfernte Untergriffe zu katapultieren und in jedem Dach die Füße noch in den unmöglichsten Positionen zu verspreizen. Wenn er das schafft – und nicht nur ein paar Wochen lang, um es dann wieder zu vergessen, sondern Woche für Woche einige Jahre lang –, dann vereint er das Beste aus beiden Welten und kann alle anderen überflügeln.

Für den Muskelprotz

Die Körperkraft ist vorhanden, aber die Frage ist, ob sie auch auf den Fels übertragen wird. Vielleicht hat der Muskelprotz sie aus einer anderen Sportart oder auch im Kraftraum erarbeitet, oder sie ist schlicht angeboren. In jedem Fall ist Krafttraining ein sehr befriedigender Zeitvertreib: Er ist immer der Beste – im Fitnessstudio sowieso, aber auch am Fels. Doch all die Zeit, in der er Krafttraining macht oder ohne die Füße zu nutzen in der Halle von Griff zu Griff hangelt, ist verlorene Zeit, um richtig klettern zu lernen. Wenn er in der Schlüsselstelle den nächsten Griff anhechtet, will er ihn in Gedanken zermalmen. Und wenn er ihn erreicht hat, lässt er gern mal einen Urschrei los. Die Füße scheinen für ihn keine Rolle zu spielen, und so verlieren sie den Felskontakt, und er hängt nur noch an den Armen. Vielleicht ist er sogar stark genug, die Bewegung abzufangen. Aber wer 20 Züge lang so mit seiner Kraft um sich wirft, als hätte er was zu verschenken, hat irgendwann das bekannte Problem: Am Ende der Kraft ist noch viel Tour übrig. Dagegen hat der hagere Kletterer schon vom ersten Griff an seine liebe Not gehabt. Aber seine Füße waren immer am Fels, und so erreicht er – wenn auch mit Müh und Not – tatsächlich die Umlenkung.

Der Muskelprotz sollte solche Züge ausfindig machen, die sich nicht nur mit Kraft lösen lassen, und sich die Zeit nehmen, den Fels genau anzuschauen. Es ist wichtig, die feinen Bewegungsnuancen zu erkennen, durch die ein Zug plötzlich machbar wird, um richtig klettern zu lernen. Die Kraft, die ja reichlich vorhanden ist, sollte an allen Kontaktpunkten und während des gesamten Zuges auf den Fels gebracht werden. Denk auch dran, mit den Füßen an den Tritten zu ziehen, während du mit der Hand den nächsten Griff aufs Korn nimmst.

Welche Muskelmasse wird eigentlich nicht gebraucht und ist nur Ballast? Durch mehr Zeit am Fels und weniger Einheiten am Campusboard oder im Kraftraum könnten die persönlichen Maximalkraftwerte des Muskelprotzes durchaus einen schweren Schlag einstecken müssen. Aber was soll das ganze Training bringen? Das Fazit lautet schließlich, dass der beste Kletterer derjenige ist, der in allen Leistungsbereichen gut ist und nicht etwa überdurchschnittlich stark. Und noch niemand hat es geschafft, den Fels niederzuringen.

Für die Großen

Sie sollten schneller klettern, denn sie sind zu schwer, um sich an winzigen Griffen hochzuruhen! Natürlich nicht so schnell,

> Teil 2
> Die großen vier

dass keine Zeit mehr bleibt, die Füße ordentlich zu platzieren, aber große Kletterer müssen sich angewöhnen, mit mehr Dynamik zu klettern und wie die Kleinen schnell weiterzuschnappen. Manchmal lässt sich durch die große Reichweite ein weit entfernter Griff zwar gut erreichen, aber in all den anderen Fällen sind die Züge verdammt hart, weil sich die Griffe so klein anfühlen. Wer versucht, immer nur statisch weiterzugreifen, braucht viel mehr Kraft für die einzelnen Züge und hat sein Pulver bald verschossen. Bleib lieber tief stehen, hol mit deinen kräftigen, langen Beinen ordentlich Schwung, und schnapp dir den nächsten Griff so schnell wie möglich. Um gute Beispiele für einen dynamischen Kletterstil zu sehen, geh öfter mal mit kleinen Kletterern an den Fels, die nicht selten an Zirkusakrobaten erinnern. Und verschließ nicht die Augen vor der Tatsache, dass sie meist etliche Zentimeter weniger Reichweite haben als du und trotzdem den weiten Zug schaffen, an dem du scheiterst.

Groß und womöglich auch noch zu schwer zu sein, ist für das Verhältnis von Fingerkraft zu Gewicht doppelt schlecht. Jedes Pfund an überflüssigem Körperfett, das du abnehmen kannst, hat für Große einen deutlich stärkeren Effekt als für kleinere Kletterer. Es lohnt sich also.

Für die kleinen Glückspilze

Kleine Griffe fühlen sich relativ groß an, nicht nur, weil die kürzeren Finger mehr Platz darauf finden, sondern auch, weil nicht so viel Gewicht an ihnen hängt. Von einem Griff zum nächsten zu kommen, ist das Problem. Zugegebenermaßen ist die geringe Größe ein Nachteil, wenn man versucht, statisch weiterzugreifen und kleine Griffe bis zum Bauchnabel durchzublockieren. Also ist dynamisches Klettern angesagt. Dank des geringeren Gewichts lassen sich die Griffe auch bei höherem Tempo greifen und festhalten. Nutze alle nur möglichen Tricks, um deine Reichweite zu erhöhen. Dreh dich seitlich ein, um aus der Schulter heraus weiter greifen zu können. Bring die Hüfte dynamisch an den Fels, sodass beim Weitergreifen der Körper ganz nah an der Wand und dein Gewicht voll über den Füßen ist, und die wiederum sollten so weit wie möglich gestreckt sein. Nutze die Vorteile deines kleinen Körpers voll aus: Sortiere die Finger präzise auf den Griffen ein, und presse die Fußspitzen tief in einen löchrigen Tritt oder Schlitz. Vielleicht bringst du beide Hände an eine Leiste, wo ein Großer sich nur mit einer halten kann. Oder du kannst in engen Verschneidungen und Nischen die Beine verspreizen und eine Ruheposition finden.

Mach dir beim Klettern am Limit deine natürlichen Vorteile zunutze, und arbeite im Training an deinen Schwächen. Das tun die wenigsten. Sie wollen immer nur Leistung bringen und vergessen dabei, sich zu verbessern.

Die Schuhe müssen passen

Der übliche Teufelskreis mit den Kletterschuhen sieht wie folgt aus: Ein Anfänger kauft ein bequemes, symmetrisch geschnittenes, instabiles Anfängermodell. Dann merkt er, dass er mit einem hochwertigeren Schuh vermutlich besser zurechtkäme, und kauft sich ein Modell, das er an einem guten Kletterer gesehen hat. Aber diese Schuhe passen nicht zu seinem Fuß und drücken oder machen anderweitig das Klettern zur Qual. Weil er nicht so leicht aufgeben will und nun schon einiges Geld investiert hat, beißt er die Zähne zusammen, bis er die Schuhe vor lauter Schmerz schließlich leidenschaftlich hasst. Irgendwann gibt er klein bei und nimmt wieder seine alten Treter.

Manche Kletterer machen diesen Kreislauf gleich mehrere Male durch, und für sie sind Kletterschuhe ein echter Fluch. Wie unnötig! Hochwertige Kletterschuhe sollten eng am Fuß anliegen, ohne die Zehen einzuquetschen. Vor allem aber sollten sie zur Fußform passen. Weil Kletterschuhe ihre Form halten müssen, um ihre Aufgabe – die volle Kraft des Fußes auf eine winzige Fläche im Zehenbereich zu konzentrieren – zu erfüllen, dürfen

Teil 2
Die großen vier

sie nicht viel nachgeben und müssen daher von Anfang an extrem gut sitzen. Manche Modelle weiten sich noch ein wenig und passen sich an den Fuß an. Aber nur wenige Modelle tun das und auch nur in geringem Umfang. Der größte Fehler beim Schuhkauf besteht darin, einfach nicht genügend Modelle anzuprobieren. Solange ein Paar nicht perfekt passt, such weiter! Geh dazu am besten in einen Laden mit großer Auswahl und probiere alle Schuhe an. Mach dir Notizen, welche Schuhe eng und bequem anliegen, ohne zu drücken. Lauf ein wenig darin herum, und steh auf den Kanten, um sicherzugehen, dass sich auch das gut anfühlt. Hast du einmal ein Modell gefunden, mit dem du gut zurechtkommst, dann bleib dabei. Wenn du erfährst, dass es bald nicht mehr hergestellt werden soll, kauf dir einige Paar auf Vorrat, um dir später die mühsame Suche nach einem neuen Modell zu ersparen.

Wenn du doch mal einen Fehlkauf gemacht und ein Paar erwischt hast, das einfach nicht passt: Sei's drum. Spar ein wenig, und kauf dir ein besseres. Aber nimm auf gar keinen Fall wieder die labberigen Anfängerschuhe! Dadurch verzichtest du nicht nur auf die Präzision, die gute Schuhe bieten können, sondern du riskierst auch, dir eine dauerhaft schlechte Fußtechnik anzugewöhnen. Denn:

Jede Technik ist das Ergebnis der verschiedenen Bewegungsgewohnheiten, die ein Kletterer entwickelt hat. Diese entstehen aufgrund gewisser äußerer Bedingungen und können gut oder schlecht für das Klettern sein. In jedem Fall aber lassen sich diese Gewohnheiten nur noch sehr schwer wieder ablegen, auch wenn man die äußeren Umstände verbessert. Gewohnheiten sind hartnäckig. Wenn wir in zu großen oder ausgelatschten Anfängerschuhen klettern und versuchen, auf kleinen Tritten zu stehen, passiert meist Folgendes: Wir versuchen, die Schlüsselstelle zu schaffen, und platzieren die Füße so gut wie möglich, aber sie rutschen ständig vom Tritt. Weil der Sohlengummi so weich ist, geht viel Kraft verloren, und der zu breite Zehenbereich lässt sich nicht richtig in die Tritte hineindrücken. Während wir so mit den Füßen herumschrubben, läuft uns allmählich die Zeit davon, und wir sehen keine andere Möglichkeit, als den Zug mit roher Gewalt zu probieren. Jedes Mal, wenn das eintritt, speichert unser Unterbewusstsein die Botschaft: »Fußtechnik lohnt sich nicht; die Arme lösen die Schlüsselstelle viel zuverlässiger.« Das ist natürlich das genaue Gegenteil von dem, was wir eigentlich erreichen wollen! Wer nur ein Jahr lang so klettert, teilt seinem Gehirn viele hundert Male diese verhängnisvolle Botschaft mit – eine hervorragende Grundlage für eine schlechte Angewohnheit, die sich so leicht nicht mehr ablegen lässt. Mit einem hochwertigen, aber schlecht passenden Schuh ist der Ablauf sehr ähnlich, mit dem Unterschied, dass jedes Mal, wenn wir versuchen, Druck auf die Füße zu bringen, uns der Schmerz dies sofort bereuen lässt.

Je früher wir also in unserer Kletterkarriere anfangen, mit gut sitzenden, hochwertigen Schuhen zu klettern, umso größer ist die Chance, dass wir uns keine allzu schlechte Fußtechnik angewöhnen, die es später mühsam umzulernen gilt. Gute Schuhe sind im wahrsten Sinne des Wortes die Grundlage für eine vielseitige Fußtechnik.

Löse dieses Problem JETZT!

Campusboarding tut fast jedem weh

Campusboards sind die gefährlichste Trainingsform für Kletterer. Nur mit schlechter Technik zu klettern, ist auf Dauer noch schlimmer. Aber fast jeder, der über längere Zeit am Campusboard trainiert, bekommt über kurz oder lang Probleme mit den Fingern oder Ellenbogen. Um dieses Risiko zu minimieren, muss das Board zunächst einmal gut gebaut sein. In vielen Kletterhallen sind die Campusboards allerdings schrecklich und ruinieren die Ellenbogen. Das Hauptproblem ist, dass sie oft nicht steil genug sind. Im Idealfall sollte das Board so steil angebracht sein, dass auch bei weiten Zügen die Ellenbogen nicht ganz nach

Teil 2
Die großen vier

unten blockiert werden und man natürlich nicht mit den Knien gegen die Unterkante schlägt. Die aggressive Gelenkstellung bei weiten Blockierzügen an zu wenig geneigten Boards ist eine beliebte Ursache für den sogenannten Tennisellenbogen (Epicondylitis). Außerdem sollten die Boards an einem kühlen und trockenen Ort hängen und außerhalb der Reichweite von solchen Kletterern sein, die versuchen, mit den Schuhen darauf herumzuturnen. Dadurch werden die Leisten poliert und rutschig, und die Gefahr einer Ringbandverletzung steigt enorm. Mit etwas feinem Schmirgelpapier lässt sich der Abrieb der Klettersohlen und anderer »Schmodder« entfernen und die gute Reibung des Holzes wiederherstellen.

Wie das Griffbrett- und Krafttraining, hat auch das Campusboarding seinen Nutzen für sehr erfahrene und leistungsstarke Kletterer, die extrem viele Klettermeter gesammelt und eine hervorragende Technik haben, um die zusätzliche Kraft auch sinnvoll einzusetzen. Junge Kletterer oder solche, die erst seit wenigen Jahren klettern, profitieren mehr von einer guten, harten Boulder- oder Klettereinheit. Natürlich gilt auch hier die Ausnahme für jene, die einfach nicht regelmäßig genug die Möglichkeit zum Bouldern haben. Ein Campusboard kann auch dann eine nützliche Alternative sein, wenn die Boulderhalle nur eingeschränkt geöffnet hat, die Wandneigung nicht steil genug ist oder die Griffe nur selten umgeschraubt werden. Dennoch sollte es nie die erste Lösung sein, sondern nur dann zum Einsatz kommen, wenn die besseren Optionen ausgeschöpft sind.

Es gibt viele Möglichkeiten, ein Campusboard zu nutzen, aber einfaches Hangeln ist für die meisten Kletterer die effektivste und sicherste Methode. Wegen der hohen und plötzlichen Krafteinwirkung auf die Finger sollten diese am Campusboard nicht aufgestellt werden. Da die Finger beim Bouldern oder in schweren, kleingriffigen Routen ohnehin viel zu oft aufgestellt werden, gibt es sowieso keinen vernünftigen Grund dafür, dies auch noch am Campusboard zu machen. Am besten fängt man mit einer simplen 1-2-3-Kombination und beiden Händen an der Abschlussleiste an und steigert sich über 1-3-4, 1-3-5 und so weiter auf wirklich weite Züge. Lass dich nicht dazu verleiten, am Campusboard bestimmte Ergebnisse erzielen zu wollen! Hier geht es nicht um Leistung, sondern um Training! Wichtig ist daher das richtige Gleichgewicht zwischen Intensität und Trainingsumfang. Die meisten Kletterer machen den Fehler, immer schon die nächstschwierigere Kombination zu probieren, anstatt sich die Zeit zu nehmen, auf dem Level, den sich tatsächlich schaffen, mehrere Sätze zu machen. Wem 1-5-8 beinahe gelingt, der sollte lieber seine Zeit mit 1-4-7 verbringen und eventuell auch auf 1-4-7-4-1 erhöhen, bis er das nötige Niveau hat, um 1-5-8 regelmäßig zu schaffen, anstatt es immer nur vergeblich zu versuchen.

Und vor allem: Übertreib es nicht, sonst wirst du am Ende wie der unzufriedene Gorilla.

Beim Klettern spielt das Herz-Kreislauf-System keine große Rolle

Ein falsches Verständnis der körperlichen Herausforderung beim Klettern ist die Ursache für viele schlechte Trainingsentscheidungen. Schauen wir uns das Ganze einmal genauer an. Beim Sportklettern spielt die kardiovaskuläre Fitness – also die klassische Ausdauer im Sinne von Laufen oder Radfahren – kaum eine Rolle. Wenn wir das überwiegend kraftorientierte Bouldern einmal außer Acht lassen, fordern die meisten Felskletterei en eine lokal anaerobe Ausdauerleistung. Das gilt sowohl für Routen, die weniger als eine Minute dauern, als auch für solche, in denen der Kletterer eine Stunde und länger unterwegs ist. »Lokal« bedeutet, dass die Ermüdung auf einen bestimmten Muskelbereich (in unserem Fall die Unterarmmuskulatur) begrenzt ist, statt das gesamte Herz-Kreislauf-System zu beanspruchen. »Anaerob« heißt, dass die Versorgung der Muskulatur mit Sauerstoff zu gering ist, um kontinuierlich den Bedarf zu decken. Weil die Muskulatur die so entstehende chemische Situation nicht über einen längeren Zeitraum verkraftet, ist dies zwangsläufig von kurzer Dauer. In den meisten Sportarten wird die anaerobe – also mit einer Sauerstoff-Unterversorgung ablaufende – Energiebereitstellung dann notwendig, wenn der Stoffwechsel so schnell abläuft, dass das aerobe System der Fettverbrennung zu langsam ist, um genug Energie zu liefern. Stattdessen wird auf die Verbrennung von Kohlenhydraten zurückgegriffen, die zwar schneller Energie bereitstellen, aber auch mehr Sauerstoff benötigen und letztlich zur sogenannten Übersäuerung der Muskeln führen. Beim schweren Klettern trifft dies zwar gelegentlich ebenfalls zu, aber durch die statischen Muskelkontraktionen beim Zuschrauben kleiner Griffe wird die Blutversorgung in den Unterarmen »abgeklemmt«, sodass die Muskeln nicht mehr mit genug Sauerstoff versorgt werden.

Sportklettern ist fast nie ein kontinuierlicher Zermürbungskampf des Stoffwechsels wie beim Ausdauerlauf oder im Radsport. Die Intensität schwankt ständig, und so wird die Schwelle, oberhalb derer der Stoffwechsel anaerob abläuft, mehrfach über- bzw. unterschritten. Anaerobe Belastungen und aerobe Erholungsphasen wechseln sich also ab. Wir brauchen deshalb sowohl aerobe als auch anaerobe Ausdauer (Kraftausdauer). Aber macht das nicht alles noch komplizierter? Wir dürfen nicht bloß den Stoffwechseltyp betrachten: Um das Gesamtbild zu verstehen, spielt es eine ebenso große Rolle, wo diese Abläufe stattfinden.

Wie sieht die Ausdauer beim Klettern aus?

Jeder Kletterer weiß aus Erfahrung, dass die Unterarme bei den meisten Sportklettereien am schnellsten ermüden. Das liegt daran, dass die Finger im Gegensatz zu den anderen Muskelgruppen verhältnismäßig lange Zeit nahe ihrer maximalen Leistungsfähigkeit arbeiten müssen. Und die Müdigkeit in den Unterarmen wird von einem gewissen Ermüdungsschmerz begleitet. Entgegen einer verbreiteten Meinung entstehen in den

Armen keine außergewöhnlich großen Mengen von Milchsäure bzw. ihrem Salz, Laktat (dem bekanntesten Nebenprodukt aus dem anaeroben Stoffwechsel stark beanspruchter Muskulatur). Bei anderen Sportarten wie dem Laufen, bei denen größere Muskelgruppen sich ständig dynamisch kontrahieren, ist der Laktatwert im Blut deutlich höher als beim Klettern. Der entscheidende Unterschied besteht darin, dass die Unterarmmuskulatur beim Klettern isometrisch kontrahiert. Das heißt, dass die Kontraktion statisch ist (während die Finger einen Griff halten), sprich die Muskeln ihre Länge dabei nicht verändern. Bei maximalkräftigen Zügen kann kaum oder gar kein Blut durch die Muskulatur der Fingerbeuger fließen, weil deren starke Kontraktion die Blutgefäße abdrückt und damit verschließt. Es kann also weder Sauerstoff zuströmen noch können Laktat und andere Stoffwechselprodukte abtransportiert werden, sodass recht bald Alarmstufe Rot angesagt ist.

Aber leider ist der Prozess der Muskelermüdung noch viel komplizierter. Um eine anhaltend starke Muskelkontraktion aufrechterhalten zu können, müssen zahlreiche chemische Vorgänge extrem schnell ablaufen. Die Höchstgeschwindigkeit, mit der die chemischen Pumpen in den Muskeln arbeiten und mit der sich die Konzentrationen der diversen Stoffwechselprodukte ändern, trägt jeweils dazu bei, dass unsere Muskulatur allmählich langsamer, unkoordinierter und schwächer kontrahiert, je näher wir sie an ihre Grenze bringen.

Beim Klettern geben wir unseren Unterarmen immer wieder kurze Pausen, während wir zum nächsten Griff fassen. Gelegentlich können wir an einem Ruhepunkt die Arme auch etwas länger ausschütteln. Dann kann das Blut wieder durch die Muskulatur fließen und die Sauerstoffversorgung sowie den Milchsäureabtransport fortsetzen. Allerdings ist das Klettern auch ganz anders als kardiovaskuläre Ausdauersportarten, bei denen die Muskeln sich durch die Bewegung quasi selbst mit Blut versorgen, sodass die Leistung insgesamt unter anderem von der Geschwindigkeit limitiert ist, mit der das Herz das Blut von der

Teil 2
Die großen vier

Lunge zu den Muskeln pumpen kann. Beim Klettern spielt diese Blutversorgung vom Herzen für die Ausdauerleistung keine Rolle. Ganz unabhängig von der Tatsache, dass durch die Muskelkontraktion der Blutfluss unterbrochen wird und ein anaerobes Milieu entsteht, können die kleinen Unterarmmuskeln einfach gar nicht so schnell so viel Sauerstoff verbrauchen, dass dieser durch das Herz-Kreislauf-System nicht ausreichend bereitgestellt werden könnte. Daraus ergibt sich von selbst, dass kardiovaskuläres Ausdauertraining nahezu keinen Einfluss auf unsere Fähigkeiten hat, pumpige Routen zu klettern. Im Allgemeinen finden die Anpassungen, die für längere isometrische Kontraktionen bzw. eine bessere Unterarmausdauer nötig sind, ausschließlich in der Unterarmmuskulatur selbst statt.

Was die Blutversorgung der Unterarme während der Ruhepausen limitiert, ist die Anzahl (Dichte) der winzigen Blutgefäße (Kapillaren) in der Muskulatur. Die sogenannte Kapillardichte ändert sich innerhalb weniger Wochen, je nachdem, wie hoch (oder gering) der Bedarf an einer guten Blutversorgung in einem bestimmten Muskel – nicht im gesamten Körper – ist. Auch die Konzentration von aeroben Enzymen und diverse andere physikalische und chemische Faktoren passen sich bei erhöhter Muskelaktivität diesen Anforderungen an. Hauptursache für die Erhöhung der Kapillardichte ist vermutlich der wiederholt hohe Druck auf die Kapillarinnenwände während der Erholungsphasen von den intensiven, anaeroben Belastungen bzw. während leichterer aerober Kletterphasen. Es gibt zwar nur wenige Untersuchungen zu den Abläufen während der Kontraktionen der Unterarmmuskulatur beim Klettern, aber diese Beobachtungen deuten darauf hin, dass die Ausdauer beim Klettern zu einem großen Teil von der Fähigkeit des Muskels abhängt, zwischen den Kontraktionen möglichst viel Blut durchzulassen. Dagegen beruht eine gesteigerte anaerobe Unterarmleistung auf einer erhöhten Funktion verschiedener anaerober Enzyme.

Um die Ausdauer beim Klettern möglichst effizient zu steigern, muss das Ausdauertraining sehr kletterspezifisch sein. Eine allgemein gute körperliche Fitness mag hilfreich sein, um ein hohes Trainingspensum leichter zu verkraften, trägt aber nicht direkt zur Unterarmausdauer bei. Vielmehr kann sonstiger Ausdauersport kletterspezifischere Fortschritte sogar beeinträchtigen, weil die zusätzliche Trainingsbelastung den Regenerationsbedarf insgesamt erhöht. Ausdauertraining für Kletterer heißt, die Unterarme zu trainieren, und das funktioniert am besten durch Klettern. Dabei braucht das Training sowohl eine anaerobe (kurze, intensive Phasen) als auch eine aerobe Komponente (lange, weniger anstrengende Routen). Das gilt auch für diejenigen Kletterer, die hauptsächlich kurze Sportkletterrouten von bis zu einer Minute Dauer machen wollen, denn die erhöhte Kapillardichte, die in den längeren Ausdauerrouten erworben wird, unterstützt die Muskulatur bei harten Zügen dadurch, dass sie in den kurzen Ruhepausen beim Weitergreifen eine bessere Blutversorgung ermöglicht.

Kraftausdauertraining für Kletterer

Bei der Wahl der besten Trainingsform muss zunächst die Frage nach der praktischen Umsetzbarkeit beantwortet werden. Das Ziel besteht natürlich darin, regelmäßig hohe Umfänge an pumpigen Zügen zu absolvieren. Dem steht oft das praktische Problem gegenüber, dass es an geeigneten Trainingsrouten oder einem gleich gesinnten Sicherungs- bzw. Trainingspartner fehlt. Insofern hat es durchaus einige Vorteile, sein Ausdauertraining für lange Routen (Kraftausdauer) in die Boulderhalle zu verlegen. Für sehr erfahrene Kletterer und solche, die ohnehin viel im Freien unterwegs sind, ist Hallentraining in der Tat sehr nützlich. Denn ihre taktischen und technischen Fähigkeiten sind bereits gut entwickelt, und der Boulderzirkel dient ausschließlich dazu, die Unterarmausdauer zu verbessern. Für weniger erfahrene Kletterer spielen andere Fähigkeiten wie Sicherheit im Vorstieg, Routenlesen und Taktik eine größere Rolle und müssen ebenfalls einen Platz im Training finden. In ihrem Fall ist es also sinnvoller, so viel wie möglich am Fels zu klettern und in steilen, pumpigen Routen die Ausdauer zu verbessern.

Teil 2
Die großen vier

Nicht zu unterschätzen sind übrigens auch die Auswirkungen des Ausdauertrainings auf die Psyche – und dadurch auf die Technik. Ausdauernde, relativ lockere Boulderquergänge verbessern zwar in aller Regel die Fitness, aber falsch ausgeführt können sie auch die Klettertechnik extrem verschlechtern und jegliche positiven Trainingseffekte zunichtemachen. Das liegt nicht etwa daran, dass das Quergangstraining in physiologischer Hinsicht so ganz anders wäre als normales Klettern, wie vielfach angenommen wird. Das Problem ist, dass man sich an die Art der Bewegungen und das Ermüdungsmuster der Ausdauerquergänge gewöhnt. Wenn man dann wieder an den Fels kommt, fühlt sich das Routenklettern beunruhigend anders an, und unter der Unsicherheit leidet die Technik. Boulderzirkel sind üblicherweise relativ lang und dauern mehrere Minuten. Dabei wird die aerobe Belastung zunächst gesteigert und ein angepumptes Stadium dann konstant gehalten. Das mag zwar hervorragend geeignet sein, um die Neubildung von Kapillaren anzuregen, aber beim normalen Sportklettern nimmt die Ermüdung meist kontinuierlich zu und endet in einem heftigen Abschlussfight vor der Umlenkung. Außerdem sind die Griffe beim Ausdauertraining selten weit voneinander entfernt, und man klettert oft frontal bzw. ohne große technische Finessen. Und an dieses Gefühl der Kletterei gewöhnt man sich. Wenn dann beim Routenklettern plötzlich weit oben Aggressivität für einen weiten Zug nötig ist, fühlt sich dieser ganz unnatürlich an. Das alles soll nicht heißen, dass wir keine Ausdauerquergänge machen sollten. Aber je mehr Ausdauer wir am Fels trainieren können, desto besser. Dann können wir uns in der Boulderhalle auf ein paar kürzere anaerobe Einheiten beschränken.

Wer in echten Routen trainiert, sollte dies möglichst im Vorstieg machen, um diese Gelegenheit auch als Vorstiegs-, Sturz- und Taktiktraining zu nutzen und sich daran zu gewöhnen, mit gepumpten Armen vorzusteigen. Für sehr fortgeschrittene Kletterer hingegen, die im Vorstieg sehr sicher sind, bieten Boulderquergänge eine äußerst zeiteffiziente Möglichkeit, um die Kraftausdauer zu trainieren.

Die anaerobe Ausdauer, also die Kraftausdauer, lässt sich am besten mit Intervallen verbessern. Im Grunde bedeutet das nichts anderes als eine Folge mehrerer kurzer Belastungsphasen mit kurzen Erholungsphasen dazwischen, im Gegensatz zu einem einzigen Belastungseinsatz bis zur totalen Erschöpfung. Beim Intervalltraining wird die totale Erschöpfung ebenfalls erreicht, aber erst beim letzten Satz der Einheit. Im Idealfall nimmt die Ermüdung mit jedem Durchgang des Boulderzirkels ständig zu. Auf diese Weise entspricht die Intensität während des Trainings eher dem normalen Routenklettern. Wer schon ein ziemlich gutes Ausdauerniveau hat, legt seinen Zirkel am besten so an, dass relativ harte, anaerobe Passagen von gelegentlichen Schüttelpositionen unterbrochen werden, sodass er erst am Ende des letzten Durchgangs völlig geplättet und ausgepumpt ist.

Die ideale Dauer für eine anaerobe Passage beträgt 45 bis 90 Sekunden. Ob jemand eher den unteren oder oberen Bereich dieser Spanne wählt, hängt davon ab, wie lang die Routen sind, in denen er seine besten Leistungen erbringen möchte. Um in beiden Bereichen fit zu sein, werden längere und kürzere Abschnitte entsprechend kombiniert. In der Boulderhalle sollten die Zirkel aus 20 bis 25 Zügen bestehen, denn Griffkombinationen, die man kennt, klettert man meist etwas schneller als echte Routen am Fels. Auch die meisten Routen in Kletterhallen haben in etwa diese Länge und eignen sich daher hervorragend für das Kraftausdauertraining. Allerdings sind Hallenrouten oft nicht so anhaltend ausdauernd, wie sie es sein könnten. Die ersten und letzten Meter sind häufig leichter, die Schlüsselstelle ist oft boulderlastig, und vielfach gibt es gute Ruhepositionen. Es gilt also abzuwägen zwischen Kraftausdauertraining in der Kletterhalle, bei dem neben der anaeroben Fitness auch das Vorsteigen trainiert wird, und potenziell effizienterem Kraftausdauertraining im Boulderraum, wo sich jeder seine eigenen Griffkombinationen zurechtlegen kann. Je erfahrener und fortgeschrittener ein Kletterer ist, umso mehr spricht für die Boulderecke. Wenn es in einer Halle zwar eine gute, steile Wand zum Vorsteigen, aber nur einen minderwertigen Boulderbereich gibt, der für Ausdauerzirkel nicht steil genug ist, eignet sich vielleicht eine Kombination aus beidem am besten.

Anaerobe Boulderzirkel

Es gilt, einen Boulder zu definieren, der sehr anhaltend ist und die Arme kontinuierlich immer mehr pumpt. Daher sind sehr harte oder auch nur knifflige Züge – bei denen die Wahrscheinlichkeit hoch ist, dass man sie nicht schafft – kontraproduktiv und somit zu vermeiden. Die Wand sollte in jedem Fall steil sein; ideal ist eine Neigung von 30 bis 45 Grad. Die Züge sollten relativ unkompliziert sein und die Griffe (wenn möglich) positiv, dabei aber so kleingriffig, wie das eigene Kletterniveau es zulässt. Einen guten Boulder anzulegen oder zu definieren, ist eine Kunst, und die erfordert ein gehöriges Maß an Versuch und Irrtum, bis das Ergebnis passt. Wer noch keine Erfahrung darin hat und in einer öffentlichen Boulderhalle trainiert, kann das Problem umgehen, indem er zuschaut, welche Zirkel die anderen Kletterer machen. Dann muss er diesen allerdings an die eigenen Fähigkeiten anpassen und andere Griffe oder Züge wählen. Die meisten machen dabei den Fehler, sich auf einen einmal definierten Boulderzirkel zu versteifen. Er sollte aber vielmehr als Entwurf angesehen und immer wieder angepasst werden, wenn die Griffe zu groß oder zu klein und bestimmte Züge zu leicht oder zu schwer sind. Auch hier gilt: Die Boulderquergänge sind nur Training. Es geht nicht darum, in ihnen eine tolle Leistung zu bringen. Wenn man erst einmal die Griffe und Züge kennt, sollte die Intensität im Idealfall so gewählt sein, dass man nach dem ersten Durchgang schon ziemlich gepumpt ist. Nach einer Pause von zwei bis fünf Minuten folgen weitere vier bis sieben Durchgänge. Der letzte Durchgang sollte dabei so schwerfallen, dass man ihn nur noch mit Mühe schafft.

Die aerobe Komponente

Obwohl anaerobe Zirkel natürlich vor allem die anaerobe Fähigkeit der Unterarme trainieren, gibt es in aller Regel auch einen lokalen aeroben Trainingseffekt. Während wir die Griffe halten, läuft der Stoffwechsel in der Unterarmmuskulatur rein anaerob ab. Das liegt wie bereits erwähnt daran, dass der Blutfluss unterbrochen ist und der hohe Energiebedarf nur noch über den anaeroben Stoffwechsel gedeckt werden kann. Während der Ruhephasen – also beim Weitergreifen und in den Pausen zwischen den einzelnen Durchgängen – indes wird die Muskulatur sehr stark durchblutet. Und das stimuliert höchstwahrscheinlich die aeroben Anpassungen wie eine höhere Kapillardichte. Sobald wir einmal ein ordentliches Niveau in einem bestimmten Ausdauerboulder erreicht haben, können wir den aeroben Trainingseffekt erhöhen, indem wir uns in einer Ruheposition runterschütteln anstatt den Boulder zu unterbrechen. Auf diese Weise ergibt sich eine anspruchsvolle Trainingseinheit, die aerobes und anaerobes Ausdauertraining besonders effektiv und zeiteffizient miteinander kombiniert. Läufer kennen diese Art des Trainings als »Fahrtspiel« – einen Wechsel aus Sprints und lockereren aeroben Abschnitten jeweils ohne zeitliche Vorgabe.

Wer sein gesamtes Ausdauertraining lieber in der Kletterhalle absolviert, weil er entweder mehr Erfahrung im Vorstieg braucht oder keine gute Bouldermöglichkeit zur Verfügung hat, der kann zwischen zwei Optionen wählen: entweder anaerobe und aerobe Routen separat trainieren oder beides kombinieren, indem er eine schwere (anaerobe) Route hoch- und eine viel leichtere (aerobe) Route abklettert.

Wenn beides separat trainiert wird, hat es sich bewährt, eine relativ leichte Route erst hoch-, dann ab- und wieder hochzuklettern. Das kann bei ausreichender Fitness in der gleichen Einheit wie das anaerobe Ausdauertraining gemacht werden, wobei erst die anaerobe und dann die aerobe Komponente trainiert wird.

Ermüdungssymptome verstehen

Das Gefühl in den Unterarmen und die Entwicklung des Kletterniveaus im Verlauf einer Trainingseinheit geben Rückmel-

Teil 2
Die großen vier

dung darüber, ob die Intensität für das Ausdauertraining richtig gewählt ist. Wenn die anaeroben Quergänge bzw. Routen gut angelegt sind, sollte schon der erste Durchgang eine deutliche »Plättung« der Unterarme hervorrufen und die Atmung sollte tiefer und schneller werden. Spätestens beim dritten oder vierten Durchgang sollten die Unterarme derart gepumpt sein, dass sie richtig wehtun und sich hart anfühlen, und am Ende des Durchgangs sollte man ordentlich außer Atem sein. Beim letzten Durchgang ist dann voller Einsatz nötig, um die Züge noch irgendwie zu schaffen: mit nach außen ausweichenden Ellenbogen, nach Luft schnappend, ächzend und mit so schmerzhaft harten Armen, dass man heulen möchte. Ist dieses Stadium erreicht, sollte die Einheit beendet und das Training am nächsten Tag fortgesetzt werden. Wollte man noch länger weitermachen, würde das nur die Glykogenspeicher der Muskeln völlig erschöpfen. Das wiederum würde den Regenerationsbedarf enorm erhöhen und unter dem Strich zu weniger Kletterzeit führen.

Aerobe Quergänge bzw. Routen sollten eine tiefer gehende Plättung der Unterarme erzeugen, die sich deutlich von der des hochintensiven, anaeroben Ausdauertrainings unterscheidet. Die Arme sind dabei immer noch bis zu einem gewissen Grad schmerzhaft gepumpt, aber ohne das scharfe Brennen durch die Übersäuerung. Und außer bei Trainingsanfängern bzw. relativ unfitten Kletterern fühlen sich die Unterarme auch nur selten wirklich hart an. Vielmehr sind sie sehr warm, weil sie so stark durchblutet sind. Je platter man im Verlauf der Trainingseinheit wird, desto mehr lässt die Kraft nach. Die Atmung ist zwar beschleunigt, aber regelmäßig, und man ringt nie so tief nach Luft wie beim anaeroben Training.

Im Gegensatz zu diesen beiden Trainingsformen hat die Müdigkeit am Ende einer langen Klettereinheit am Fels einen anderen Grund. Hier ist nicht das Gepumptsein die Ursache, sondern die Tatsache, dass die Glykogenspeicher leer sind. Das ist oft der Fall, wenn man mehrere Stunden am Stück oder zu viele Tage in Folge ohne ausreichende Regeneration klettert oder aber nicht genug Kohlenhydrate zur richtigen Zeit isst, sodass die Regeneration und Glykogenneubildung leiden. Ist der Tank dermaßen leer, lässt die Kraft schlagartig und massiv nach. Selbst starke Kletterer können sich dann oft nicht mal mehr an den größten Henkeln halten. Dieser Kraftverlust ist nicht unbedingt von starken Schmerzen begleitet, obwohl sich die Muskulatur durchaus über die Erschöpfung »beklagt«, und selbst eine Pause von einigen Minuten bringt keine spürbare Erholung. Wenn du dieses Stadium erreichst, hör sofort mit dem Klettern auf, fahr nach Hause und iss einen Berg von Kohlenhydraten. Weiterzumachen hat keinen Sinn: Weder die Technik noch die Ausdauer können sich in diesem Zustand noch verbessern. Vielmehr erhöht sich der Regenerationsbedarf um mindestens einen Tag, wenn die letzten 15 Prozent der Glykogenreserven angegriffen werden. Auf lange Sicht reduziert sich somit also das Kletterpensum erheblich.

Regeln für das Kraftausdauertraining

Beim Krafttraining ist es wichtig, relativ frisch zu sein, um die nötige Maximalkraft aufbringen und effizient trainieren zu können. Ganz anders ist es beim Kraftausdauertraining. Dabei sollte man sich ordentlich anstrengen müssen und entsprechend müde sein. Selbst wenn man bei Beginn einer Einheit das letzte Training noch in den Armen spürt, ist das okay. Es ist sogar genau richtig. Während des Aufwärmens sollten die Muskeln sich allerdings beruhigen und wieder klaglos ihren Dienst tun. Falls sie das nicht machen und die Kraft auch schnell weiter nachlässt, sollte man besser aufhören, denn dann ist der Tank leer. Mit wachsender Erfahrung bekommt man ein gutes Gefühl dafür, was der Körper leisten kann. Aber es ist auch wichtig, immer wieder neu zu experimentieren, denn die Fähigkeit, mit hohen Trainingsbelastungen fertig zu werden, hängt von zahlreichen Faktoren ab und verändert sich im Laufe der Zeit ständig.

Im Allgemeinen sind mehrere Ausdauereinheiten pro Woche nötig, um spürbare Fortschritte zu erzielen. Die meisten Kletterer schaffen dies mit drei Einheiten pro Woche, während in Phasen besonderer Zeitnot – oder wenn man es mal übertrieben hat und sich länger regenerieren muss – schon eine einzige Ausdauereinheit pro Woche ausreicht, um das Niveau zu halten. Sehr fortgeschrittene Kletterer können allerdings viel mehr Einheiten verkraften. Sechs kurze, intensive Einheiten pro Woche sind bei entsprechend guter Fitnessgrundlage und wenn der Körper sich ein paar Jahre lang an das Training gewöhnt hat, durchaus machbar. Spitzenkletterer können in bestimmten Phasen des Jahres bis zu zweimal täglich trainieren. Wie immer sollte man auf den eigenen Körper hören, um das richtige Maß zu finden.

Anders als beim Krafttraining reagiert die Ausdauer viel schneller, und schon innerhalb einiger Wochen lassen sich spürbare Fortschritte erzielen. Wer von null anfängt oder nach einer längeren Pause oder einer Phase des Boulderns (wieder) mit dem Ausdauertraining beginnt, muss in der ersten Woche hart arbeiten und leidet oft wie ein Hund. In der zweiten Woche zeigen sich dann erste Erfolge, aber es ist immer noch mühsam. Von der dritten Woche an kommt man meist richtig in Fahrt, verträgt das Training deutlich besser und fühlt sich auch viel fitter. Nach fünf bis sechs optimalen Trainingswochen lassen die Ergebnisse allmählich nach. Natürlich können durch weiteres hartes Training auch weitere Fortschritte erzielt werden, aber meist bringt ein Wechsel zum Krafttraining durch den neuen Trainingsreiz die größeren Erfolge.

Viele Kletterer wollen während einer einzigen Klettereinheit am Fels oder in der Halle unterschiedliche Trainingsaspekte miteinander verbinden. Dafür gilt eine relativ simple Regel: Das, was am meisten Kraft erfordert, wird zu Beginn der Einheit trainiert. In einer hypothetischen Trainingseinheit, in der ein Kletterer jeden einzelnen Bereich trainieren wollte, sähe die Reihenfolge also folgendermaßen aus:

Aufwärmen – allgemeines Krafttraining – hartes Bouldern – leichtere Boulder – anaerobes Ausdauertraining – aerobes Ausdauertraining.

Teil 3
Sturzangst: für viele das Hauptproblem

Teil 3
Sturzangst

Die großen vier – Bewegungstechnik, Fingerkraft, Ausdauer und Körpergewicht – spielen eine große Rolle dabei, harte Züge zu schaffen und den Umlenker einer Tour zu erreichen. Heutzutage haben die meisten Kletterer in dem einen oder anderen dieser Bereiche ein deutlich höheres Trainingsniveau als früher. Warum hat sich dennoch das durchschnittliche Leistungsniveau der Kletterer innerhalb der letzten 15 Jahre, seit es in fast jeder größeren Stadt eine Kletterhalle gibt, nicht nennenswert weiterentwickelt?

Kann es wohl sein, dass ein allgemeines Problem verhindert, die in den vier großen Bereichen erzielten Verbesserungen in eine gesteigerte Kletterleistung umzusetzen? Eine separate Komponente, die jedem Trainingsfortschritt aus allen anderen Bereichen einen Deckel aufsetzt? Ja, dieses Problem gibt es tatsächlich, und die Mehrzahl der Kletterer kennt es. Genaue Zahlen zu nennen, ist leider nicht möglich, aber für mehr als die Hälfte aller Kletterer, die ich je betreut habe, war es der wichtigste leistungsbegrenzende Faktor.

Die Rede ist hier von der Sturzangst. Dies ist die wohl tückischste und unerfreulichste Herausforderung für alle, die an ihr leiden und schwerer klettern wollen. Zum Teil entsteht sie aus einem sehr gesunden Selbsterhaltungstrieb und dem Instinkt, Schmerzen zu vermeiden. Wir Menschen sind einfach nicht dazu gemacht, mit der Angst von dem Fallen logisch umzugehen. Unser Gehirn ist nicht von Natur aus dazu in der Lage, die wahren Risiken des Stürzens beim Klettern zu beurteilen. In den meisten Klettersituationen – Sportklettern in der Halle und im Freien, Bouldern sowie einige selbst abzusichernde Routen – ist Stürzen nahezu gefahrlos. Und doch ist diese Vorstellung für die meisten Kletterer furchteinflößend.

Die Fahrt zum Fels oder zur Halle ist gefährlicher als ein Vorstiegssturz in den meisten Routen. Trotzdem nehmen wir die Gefahren der Autofahrt vermutlich gar nicht wahr, während uns, kaum dass wir oberhalb der letzten Sicherung stehen, die Kraft verlässt oder wir keine Ahnung haben, wie der nächste Zug gehen soll, und die Angst, ein paar Meter ins Seil zu stürzen, unsere gesamte Aufmerksamkeit beansprucht und uns völlig lähmt.

Das ist nicht bei jedem gleichermaßen stark ausgeprägt: Die Skala der Sturzangst reicht von einer völligen Vorstiegsverweigerung und einem ängstlich verkrampften Klettern bis hin zu leichtsinniger Kühnheit. Für manche Kletterer äußert sich die Sturzangst nur in bestimmten Situationen als leistungsbegrenzend, zum Beispiel, wenn sie nahe am eigenen Limit oder in gewissen Routentypen klettern, zum Beispiel Überhängen. Diese Kletterer sind mitunter die schwierigsten Fälle, weil sie selbst kaum merken, dass sie ein echtes Problem mit der Sturzangst haben. Sie finden allerlei »gute Gründe« für die Auswahl ihrer Routen, und wenn ein Seilpartner dennoch einmal merkt, dass man bestimmten Situationen aus dem Weg geht, ist er selten direkt genug, einem zu sagen, dass der wahre Grund für die Routenwahl offenbar Sturzangst ist.

Bis ein Kletterer endlich selbst erkennt, dass ihm die Routenwahl von der Sturzangst diktiert wird, hat diese sich meist schon zu einer massiven Leistungsschwäche entwickelt. Dann überlegt er zwar in der Regel, sich beim nächsten Mal dazu zu zwingen, über den letzten Haken hinauszusteigen und den eigenen Komfortbereich zu verlassen, aber in der Praxis empfindet er es als viel zu furchteinflößend, um es je zu tun. Stattdessen arrangiert er sich damit, innerhalb des Komfortbereichs zu bleiben, und redet sich ein, dies hätte keinen Einfluss auf seine Kletterleistung, solange er keine Routen versucht, die zu angsteinflößend sind. Das ist allerdings ein großer Irrtum. Denn auch hier sind die diversen Leistungsfaktoren beim Klettern nicht voneinander unabhängig, sondern beeinflussen sich gegenseitig. Wenn die Sturzangst sich ungehindert entfalten kann, wirkt sie sich unterschwellig auch auf die Technik aus und macht die Bewegungen ineffizienter. Und das wiederum gilt für jede einzelne Route, die man klettert – auch für diejenige innerhalb des Komfortbereichs.

In Teil 1 ging es um die Notwendigkeit, dynamischer zu klettern, um die Bewegungen möglichst effizient und kraftsparend auszuführen. Wenn ein Kletterer jedoch selbst in sicheren Situationen zwanghaft einen Sturz vermeidet, will er jede Bewegung kontrolliert – und somit möglichst statisch – ausführen. Selbst in den schwersten Stellen schraubt er die Griffe viel fester zu als nötig, für den Fall, dass plötzlich ein Fuß wegrutschen könnte. Auf diese Weise wird viel Kraft verschwendet, nicht nur, indem man auf kraftsparendere dynamische Bewegungen verzichtet und die Griffe übermäßig zuschraubt, sondern auch, weil dieser sicherheitsfanatische Kletterstil sehr langsam ist. So entsteht ein Teufelskreis. Je ineffizienter wir klettern, desto schneller werden wir gepumpt und haben das Gefühl, gleich loslassen zu müssen. Und genau davor haben wir ja Angst.

Der Teufelskreis ruiniert die Technik wie folgt:

Wir haben Sturzangst → wir versuchen, statisch zu klettern → der Kletterstil wird ineffizient → das Klettern fühlt sich anstrengender an → die Angst wird noch größer → wir bewegen uns noch langsamer und statischer.

Es gibt nur einen Weg, um aus diesem Kreislauf auszubrechen, und der funktioniert für jeden – auch für die schwersten Fälle.

Der einzige Weg

Weiter oben habe ich geschrieben, dass Sturzangst die unerfreulichste aller Herausforderungen beim Klettern ist. Das gilt ganz besonders für die ersten Schritte, wenn man anfängt, etwas dagegen zu tun. Andererseits lässt sich das Stürzen ganz leicht trainieren, und wenn es richtig durchgeführt wird, kann Sturztraining extrem schnell riesige Fortschritte mit sich bringen. Anders als bei allen anderen Trainingsbereichen im Klettern, ist beim Sturztraining die erste Einheit die schwerste. Bei behutsamer Steigerung fällt jede weitere Einheit leichter als die vorherige.

Das Problem ist deshalb so weit verbreitet, weil der Mensch darauf programmiert ist, dass er nicht stürzen darf. Im Laufe der

Evolution haben wir gelernt, dass ein Sturz von einer Klippe den sicheren Tod bedeutet. Kein Wunder also, dass die Angst davor so tief sitzt. Unser Gehirn ist einfach nicht dafür gemacht, korrekt abzuschätzen, wie sicher die Sicherungspunkte beim Klettern tatsächlich sind. Wir können noch so viele nackte Daten darüber lesen, dass die Wahrscheinlichkeit, sich auf der Fahrt zum Fels schwer zu verletzen, viel größer ist als beim Klettern bei einem Sturz mit einem kompetenten Sicherungspartner – wenn wir in der Route kurz davor sind zu fallen, siegt dennoch der Instinkt über die Vernunft. Auch wenn der Kopf klar erkennt, dass ein Sturz ungefährlich ist, sträubt sich unser Gefühl dagegen. Das lässt sich zum Glück durch Training ändern.

Der einzige Weg, unser Bauchgefühl »umzuschulen« und dazu zu bringen, etwas zu akzeptieren, das sich völlig falsch anfühlt, ist, es geduldig davon zu überzeugen. Und zwar durch praktische Beispiele, sprich: tatsächliche Stürze. Die meisten Kletterer haben das sicher schon einmal gehört oder gelesen und womöglich auch schon ausprobiert. Sie sind, von einem guten Partner gesichert, in eine steile Sportklettertour eingestiegen und ein paar Mal ins Seil gesprungen, um sich daran zu gewöhnen. Aber einen Monat später sind sie keinen Schritt weiter gekommen. Wieso?

Es war zu wenig!

Weiter vorne habe ich die Gefahren beim Stürzen mit denen beim Autofahren verglichen. Erinnern wir uns also an das erste Mal, als wir uns ans Lenkrad gesetzt und aufs Gaspedal getreten haben, oder an die erste Fahrt auf einer vollen Autobahn. Das war ganz schön nervenaufreibend, weil die einzige Möglichkeit, die Gefahr zu beurteilen, unser instinktives Gefühl war. In Sekundenschnelle mussten wir anderen Fahrzeugen ausweichen, Verkehrsschilder lesen und die Anweisungen des Fahrlehrers befolgen, und das alles gleichzeitig. Dabei war uns durchaus bewusst, dass ein Fehler fatale Folgen haben könnte – eine äußerst stressige Situation. Nach ein paar Fahrstunden haben wir uns problemlos daran gewöhnt und fühlten uns bereits ent-

Teil 3
Sturzangst

spannt. Die gleiche Situation, in der wir noch vor Kurzem Herzflattern bekamen, haben wir wenige Wochen später kaum noch zur Kenntnis genommen. Dass sie beim ersten Mal so nervenaufreibend war, lag nur daran, dass das Ganze so fremd war. Unsere angeborenen Instinkte haben nichts, womit sie diese Erfahrung vergleichen und die tatsächliche Gefahr abschätzen können. Die einzige Möglichkeit, das zu lernen, besteht darin, die furchteinflößende Anfangsphase zu »überstehen« – da führt kein Weg dran vorbei. Bei diesem Vergleich fällt allerdings auf, dass wir beim Autofahren im Laufe weniger Wochen oder Monate oft Zeugen schwerer Unfälle werden, die das Leben der Betroffenen für immer verändern oder gar beenden. Und trotzdem haben diese Erfahrungen kaum Einfluss auf die Art und Weise, wie wir Auto fahren. Dadurch, dass wir uns an die vergleichsweise sichere Umgebung unseres eigenen Wagens gewöhnt haben, blenden wir die enorme Gefahr der Verkehrssituation fast völlig aus. Das ist ein hervorragendes Beispiel dafür, welche Macht die mentale Gewöhnung über unsere Psyche hat.

Beim Klettern funktioniert das Ganze umgekehrt. Wenn wir über einem Bohrhaken stehen – sogar wenn wir weit darüber stehen –, ist die Wahrscheinlichkeit groß, dass uns bei einem Sturz nicht viel mehr passieren würde, als dass uns kurz das Herz in die Hose rutscht. Aber unsere evolutionäre »Erfahrung«, dass es gefährlich ist, von einer Klippe zu fallen, sowie die Tatsache, dass uns diese Situation so fremd vorkommt, reicht aus, um eine Riesenangst davor zu haben. Der einzige Weg, diese Angst zu überwinden, besteht in praktischen Stürzen; und zwar nicht in einem oder zweien, sondern in vielen hundert Stürzen.

Obwohl die meisten Kletterer den Versuch unternehmen, ihren Komfortbereich zu verlassen und ein paar kleine Trainingsstürze machen, begehen sie den Fehler, zu früh damit aufzuhören. Viel zu früh! Die meisten beschränken ihr Sturztraining auf eine einzige Einheit und springen dann zwei, drei Mal ins Seil. Das war's. Dieser minimale Einsatz zeigt zwar oft schon bemerkenswerte Fortschritte, doch die Wirkung hält nicht lange an. Die Botschaft dieses Teils des Buches lautet daher, über Monate und Jahre hinweg das Stürzen zu trainieren, Tag für Tag. Dabei geht es um mehrere hundert Trainingsstürze! Die tatsächliche Anzahl hängt stark davon ab, wie schlimm die Sturzangst eines Kletterers bereits ist und wie lange diese schlechte Angewohnheit sich ungehindert entwickeln konnte. Ich selbst beispielsweise konnte diese irrationale Angst im Verlauf nur eines Jahres mit fünf bis zehn Vorstiegsstürzen pro Klettereinheit überwinden. Zwei weitere Jahre reichten aus, dass der Gedanke an einen Sturz meine Technik nicht länger beeinträchtigte. Nach zehn weiteren Jahren täglichen Sturztrainings bin ich nunmehr in der Lage, in brenzligen Situationen mit potenziellem Verletzungsrisiko auch direkt an meiner Sturzgrenze gute und vernünftige Entscheidungen darüber zu treffen, welchen Zug ich noch mache und welchen nicht. Die Angst hat sich in Selbstvertrauen verwandelt.

In meinem Fall waren also viele tausend Vorstiegsstürze nötig, bis ich die Angst ablegen konnte, die anfangs meine Konzentration stark behinderte, und stattdessen selbst in anspruchsvollen Vorstiegssituationen volles Selbstvertrauen habe und einen kühlen Kopf bewahre. Selbstverständlich waren die wenigsten dieser Stürze sehr weit. Bei schätzungsweise 70 Prozent davon stand ich mit den Füßen etwa auf Höhe der Sicherung oder sogar darunter. Vermutlich waren weniger als 100 Stürze weiter als zwölf Meter und maximal 15 weiter als 20 Meter. Außerdem war ich für diese weiten Stürze mental bereit und konnte so meine Vorstiegssicherheit und mein Vertrauen massiv stärken. Aber trotz dieser Erfahrung ist die Sturzsicherheit genauso umkehrbar wie jeder andere Trainingseffekt. Wenn ich einige Monate lang keine Vorstiegsstürze machen würde, brauchte ich mehrere Wochen erneuten Sturztrainings, um das vorherige hohe Vertrauensniveau wieder zu erreichen.

Allerdings wirken sich nicht all diese vielen Stürze positiv auf unser Vertrauen aus. Wir wollen uns schließlich nicht einfach an jede Art des Stürzens gewöhnen, sondern nur an gut verlaufende. Ein einziges schmerzhaftes Sturzerlebnis kann schlagartig

> Teil 3
> Sturzangst

die mühsam erarbeiteten Fortschritte vieler Monate oder gar Jahre zunichtemachen. Die richtige Technik spielt also auch beim Sturztraining eine entscheidende Rolle, um die Dinge nicht etwa noch zu verschlimmern.

Die Sturztechnik

Von drei wesentlichen Faktoren hängt es ab, ob ein Sturz sich »angenehm« anfühlt und das Vertrauen stärkt oder aber unangenehm – und quasi Öl ins Feuer der alten Ängste gießt. Diese Faktoren sind die Sturzvorbereitung, der Sturzverlauf selbst und der Fangstoß. Dabei geht es mir vorerst nur um Stürze in Sportkletterrouten.

Alles, was bei der Vorbereitung auf einen Sturz ins Seil das Gefühl der Unsicherheit reduziert, wirkt sich positiv auf unsere Psyche aus und lässt uns nicht gleich die Fassung verlieren, wenn ein Sturz tatsächlich bevorsteht. Dazu müssen wir beim Einhängen der Sicherungen bewusst darauf achten, dass sowohl die Expressen als auch das Seil korrekt eingehängt sind und die Haken solide aussehen, damit wir nicht anfangen, uns über solche Sachen den Kopf zu zerbrechen, wenn über dem letzten Haken die Nähmaschine einsetzt oder uns die Kraft ausgeht. Sobald wir merken, dass wir wahrscheinlich loslassen müssen oder den nächsten Zug nicht schaffen, wollen wir unbedingt, dass unser Sicherungspartner aufmerksam zu uns hochschaut und in Alarmbereitschaft ist. Sag ihm also, dass er gut aufpassen soll. Das üblichste Kommando dafür lautet »Achtung« oder »Aufpassen«. Aber es ständig zu sagen, ist Unsinn. Ich habe schon erlebt, wie Kletterer in einer Route quasi gebetsmühlenartig »Achtung« gerufen haben. Wie soll der Sicherungspartner da wissen, wann wirklich mal ein Sturz bevorsteht? Vor allem, wenn der Vorsteiger schon weit oben ist und der Sichernde ihn nicht gut sehen kann, ist es mitunter hilfreich, die Situation etwas näher zu erklären. Zum Beispiel so: »Ich muss den nächsten Griff anspringen, weiß aber nicht, ob er gut ist. Pass also auf!« Oder:

»Ich bin gepumpt und muss gleich clippen. Gib nicht zu viel Schlappseil.« Im zweiten Fall weiß der Partner, dass ein Sturz womöglich recht weit werden kann. Er achtet darauf, nicht zu viel Seil auszugeben, und beobachtet die nächsten Züge besonders aufmerksam. Und wir brauchen uns darüber schon keine Sorgen mehr zu machen.

Wenn wir merken, dass wir in einer Route nicht mehr weiterkommen, aber noch etwas Zeit haben, uns auf den Sturz vorzubereiten, sollten wir uns das potenzielle Sturzgelände anschauen: Wo ist die sicherste »Landefläche«? Besteht die Gefahr, auf einer Platte aufzuschlagen, oder machen wir einen großen Pendelsturz? Dann sollten wir in die entsprechende Richtung abspringen, um möglichst an der sichersten Stelle aufzukommen und nirgendwo dagegenzustoßen (zum Beispiel gegen einen Baum im Rücken). Dazu geben wir unserem Sicherungspartner wieder Bescheid, üblicherweise durch »Ich springe« oder »Ich lasse los!«.[2] In jedem Fall sollte dem Sichernden schon vorher klar sein, was welches Kommando bedeutet, damit es keine unangenehme Verwirrung gibt, die dann beim nächsten Mal wieder als Angstfaktor wirkt. Und aus dem gleichen Grund sollten stets einheitliche Kommandos verwendet werden.

Sobald wir tatsächlich stürzen, dürfen wir keineswegs versuchen, uns doch noch an einem Griff festzukrallen, egal wie schwer uns das fallen mag. Es führt nämlich nur zu Verletzungen und dazu, dass wir am Fels entlangrutschen. Leite den Sturz so deutlich und entschlossen ein, wie dein Selbstvertrauen es zulässt. Nur so besteht die Chance, die Flugbahn positiv zu beeinflussen. Die meisten machen den Fehler, nicht weit genug vom Fels abzuspringen. Wer sich festhält, bis er schließlich abrutscht, läuft Gefahr, gegen den Fels zu schlagen, sich im Seil oder in den Sicherungen zu verheddern und dadurch kopfüber oder unkontrolliert verdreht zu stürzen. Aber auch zu weit nach hinten abzu-

---

[2] Das Kommando »Mach zu!« kann verwirrend sein, weil der Partner dann dazu neigt, das Seil stramm zu nehmen und zu hart zu sichern. (Anm. d. Übers.)

Teil 3
Sturzangst

springen ist nicht die beste Lösung. Dann wird man zwar an Absätzen und sonstigen Felsvorsprüngen sicher vorbeifliegen, aber je nachdem, wie der Sichernde reagiert, kann es zu einem deutlich härteren Aufprall gegen die Wand kommen. In überhängendem Gelände ist es völlig in Ordnung, ohne Absprung nach unten zu fallen, und auch in nahezu senkrechtem Fels reicht es, sich ein wenig abzustoßen. Dieser Aspekt der Sturztechnik ist absolut wichtig! Der Aufprall gegen die Wand kann übrigens bei kurzen Stürzen viel härter sein als bei weiten. Das Gleiche gilt, wenn der Sichernde direkt vor dem Sturz das Seil einnimmt. Dies passiert oft, wenn ein Kletterer mit dem Sturztraining beginnt. Er bleibt nahe am Haken und sagt dem Sichernden, er soll »zumachen«, damit der Sturz nicht so weit und furchteinflößend wird. Durch das stramm gehaltene Seil stürzt er allerdings in einer Art Kreisbogen gegen die Wand. Der Fangstoß ist so hart, wie er nur sein kann, weil keine Energie durch etwaige Seildehnung verloren geht. In der Folge klatscht man voll gegen den Fels und hat oft nicht einmal genug Zeit, den Aufprall mit Händen oder Füßen abzufangen.

Durch diese falsche Sturztechnik beginnt ein Teufelskreis, der jedweden Fortschritt, die Sturzangst zu überwinden, unmöglich macht. Vielmehr wird die Angst sogar noch größer. Wild entschlossen, Fortschritte zu erzielen, macht der Kletterer weiter. Dabei fühlt sich jeder Trainingssturz scheußlicher an als der vorige, weil die Erinnerung an die Aufpraller noch frisch ist. In der Folge weist er den Sicherungspartner an, das Seil noch enger zu nehmen, damit der nächste Versuch endlich weniger schrecklich wird.

Um eine derartige Negativspirale von vornherein zu vermeiden, ist eine gute Sicherungstechnik absolut unerlässlich. Der Sichernde sollte immer, wenn es gefahrlos möglich ist, ein wenig Schlappseil lassen. Eine Ausnahme bildet selbstverständlich ein potenzieller Sturz vor dem zweiten Haken – oder wann immer die Gefahr eines Aufpralls auf dem Boden besteht. Sofern der Sichernde nicht (beispielsweise auf einem schmalen

Band oder am Stand einer Mehrseillängentour) fixiert ist, sollte er einen Schritt nach vorn gehen, wenn sich das Seil beim Sturz des Vorsteigers strafft. Das mildert den Fangstoß deutlich ab und verhindert einen harten Aufprall gegen den Fels. Dabei spielt die soziale Komponente – bzw. die Hierarchie – zwischen den Seilpartnern eine große Rolle. Ein Vorsteiger, der eine Route außerhalb seines Komfortbereichs probiert oder sich im Sturztraining versucht, drängt den Sichernden oft dazu, so wenig Seil wie möglich auszugeben. Gegebenenfalls sind hier die Verhandlungskünste und das Durchsetzungsvermögen des Sichernden gefragt, seinen Partner – bevor er in die Route einsteigt – davon zu überzeugen, dass ein bisschen Schlappseil den Fangstoß viel weicher und den Sturz damit deutlich angenehmer macht. Häufig hat der Vorsteiger das alles im entscheidenden Moment wieder vergessen und schreit nach einem engen Seil. Ihn zu ignorieren und durch praktische Erfahrung zu lehren, dass ein lockereres Seil den Sturz weicher macht, mag eine gute Idee sein. Allerdings kann der Vorsteiger die Tatsache, dass man seine Anweisungen missachtet hat, auch als Vertrauensbruch auffassen, und das hätte unter dem Strich eher negative Folgen.

Wie stark der Kletterer nach hinten abspringt und die Sicherungstechnik des Seilpartners bestimmen also, wie hart der Fangstoß wird und ob man gegen den Fels prallt. Aber das ist noch nicht alles. Die Art und Weise, wie der Vorsteiger den Felskontakt – wie sanft er auch sein mag – absorbiert, ist der letzte und wichtigste Faktor für ein positives Sturzerlebnis. Während des Fallens sollte der Kletterer so früh wie möglich Hände und Füße abspreizen und sich darauf vorbereiten, jeglichen Felskontakt abzufangen. Die beste Haltung ist, sich leicht nach hinten zu lehnen und Arme und Beine leicht angewinkelt vor den Körper zu strecken. Dabei sollten die Füße zuerst auf den Fels treffen und möglichst schon den gesamten Aufprall absorbieren. Selbst bei einem Sturz an einer nur leicht überhängenden Wand sollte bei korrekter Sturz- und Sicherungstechnik – unabhängig von der Sturzhöhe – nur ein sanfter Felskontakt auftreten. Die Hände sollten nahezu keinen Aufprall mehr abfangen müssen, sondern lediglich helfen, wieder

Teil 3
Sturzangst

ins Gleichgewicht zu kommen. Dennoch ist es wichtig, sich daran zu gewöhnen, auch die Arme etwas nach vorn abzuspreizen, für den Fall, dass ein Sturz aus welchem Grund auch immer einmal härter ausfällt als geplant. Letzten Endes können die Hände noch verhindern, dass man bei einem wirklich harten Sturz mit dem Kopf gegen den Fels schlägt.

Wenn all diese Voraussetzungen erfüllt sind, ist in den allermeisten Situationen beim Sportklettern und in gut selbst abzusichernden Routen ein Sturz ganz problemlos. Wer sich an einem stark frequentierten Fels oder auch in einer Kletterhalle umschaut, sieht ständig jemanden ins Seil stürzen. Gutes Stürzen ist auch völlig in Ordnung. Fehlt allerdings ein einziger Bestandteil der oben beschriebenen Techniken, wird ein Sturz fast unweigerlich zu einem erschreckenden und womöglich auch schmerzhaften Erlebnis, das kaum jemand freiwillig öfter auf sich nimmt. Sind jedoch alle Voraussetzungen erfüllt und hast du deinen ersten Trainingssturz gut überstanden, ist der Weg frei für ein gesteigertes (Selbst-)Vertrauen, das mit jedem weiteren Sturz wächst. Wenn du jedoch faul wirst und wieder in alte Gewohnheiten verfällst und dadurch ein unangenehmes Sturzerlebnis hast, fügt das deinem Vertrauen mehr Schaden zu, als ein einziger positiv verlaufender Sturz wiedergutmachen kann. Für die richtige mentale Vorbereitung ist Disziplin also enorm wichtig. Sobald du einmal weißt, wie es geht, musst du dann nur noch durchhalten und stürzen, stürzen, stürzen.

Sturztraining in der Halle

Mit dem Sturztraining kann man letztlich überall beginnen, wo es sicher möglich ist. Die Kletterhalle bietet dank ihrer Wandneigung und -struktur jedenfalls eine gute Einstiegsmöglichkeit. Wer gerade erst mit dem Vorsteigen – und dem Stürzen – beginnt, sollte es wirklich locker angehen lassen. Die ersten Schritte zu überspringen und gleich mit richtigen Stürzen loszulegen, hat mehr Nach- als Vorteile. Vielmehr sollte man eine Stufe nach der nächsten nehmen und auf jedem Niveau so lange bleiben, bis es sich ganz vertraut anfühlt und man bereit für die nächsten Schritte ist. Am besten fängt man damit an loszulassen, wenn die letzte Sicherung direkt vor dem Bauch ist – oder sogar in einem locker gehaltenen Toprope, bei dem man einfach nur ins Seil rutscht. Das ist beileibe noch kein Sturz, aber es ist doch die erste Hürde, die es zu nehmen gilt. Dabei lernt das Unterbewusstsein, dass es völlig normal ist, den Fels loszulassen.

Der nächste Schritt ist, mit dem Haken auf Kniehöhe abzuspringen. Die Sturzhöhe beträgt – inklusive Seildehnung – kaum zwei Meter, aber selbst bei dieser geringen Fallhöhe ist es wichtig, dass der Sichernde vor dem Sturz nicht das Seil stramm hält. Sonst wird der Aufprall gegen die Wand viel härter. Es ist erstaunlich, wie stark ein Körper in Bruchteilen einer Sekunde beschleunigt, und während eines so kurzen Sturzes bleibt einem außerdem keine Zeit, Arme und Beine richtig abzuspreizen. Selbst ein Einmetersturz kann ausreichen, um sich an der Wand oder vorstehenden Griffen die Knie oder Handgelenke aufzuschrammen.

Danach wird mit dem Haken auf Fußhöhe abgesprungen. Das ist gegenüber den vorigen Stufen eine echte Veränderung. Das zusätzlich ausgegebene Seil, die Seildehnung und die Bewegung des Sichernden im Moment des Fangstoßes führen zu einem Sturz, der oft weiter ist als gedacht. Das fühlt sich jetzt wie ein »richtiger Sturz« an und ist auch genau die Art von Sturzhöhe, bei der sämtliche Aspekte der Sturztechnik geübt und perfektioniert werden sollten. Es ist daher wichtig, viele Stürze dieser Art (zwischen zehn und 100, je nachdem, wie schnell man lernt) zu machen, bevor mit weiteren oder komplizierteren Situationen begonnen wird. Dieses Niveau ist die Grundlage dafür, weitere Stürze angehen zu können, ohne dass diese zu furchteinflößend sind und sich dadurch eher nachteilig auswirken. Je stärker diese Grundlage ist, desto besser.

Erst, wenn wir uns mit Stürzen, bei denen wir mit den Füßen an oder knapp über dem Haken stehen, wohlfühlen und sie gar nicht mehr als beunruhigend empfinden, sollten wir damit beginnen, weiter über den Haken hinauszuklettern oder anderweitig abschreckende Zusatzfaktoren ins Spiel zu bringen. Doch auch wenn wir uns dabei nicht mehr unwohl fühlen und uns Sorgen um den Sturz machen, sondern uns auf das Klettern konzentrieren, obwohl wir weit über dem Haken stehen, ist der Prozess noch nicht abgeschlossen. Jetzt müssen wir das mühsam erarbeitete Vertrauen weiter festigen, damit es nicht durch neue Situationen oder unangenehme Überraschungen gleich wieder zu bröckeln beginnt. In der Sportpsychologie nennt man dies auch Stressresistenz. Der Grundgedanke ist, unsere psychologischen und praktischen Fähigkeiten (Vertrauen und Stürze) in einem immer breiteren Spektrum von Situationen anzuwenden. Das führt dazu, dass wir irgendwann auch bei einem Worst-Case-Szenario in der Lage sind, unsere Sturztechnik und -erfahrungen abzurufen, und nicht unter dem Stress der unbekannten Umstände völlig den Kopf verlieren.

Um das Sturztraining in der Halle anspruchsvoll zu halten, ist eine gewisse Abwechslung nötig: mit verschiedenen Sicherungspartnern und Wandneigungen, mit extra viel Schlappseil kurz vorm Einhängen des nächsten Hakens und unter größerem Druck, zum Beispiel in einer schweren Tour, die man eigentlich onsight schaffen wollte. Je vielseitiger die Übungssituationen sind, desto widerstandsfähiger wird das Vorstiegsvertrauen auch gegenüber ungewohnten Zwischenfällen, und wir können viel stressfreier an unserem Leistungslimit klettern. Allerdings ist das Sturztraining nie abgeschlossen. Die richtige Sturztechnik muss durch regelmäßige Praxis erneuert werden, weil sie ansonsten – wie jeder andere Aspekt des Klettertrainings auch – wieder verlernt werden kann. Und das geht viel schneller, als das Vertrauen aufzubauen!

Sturztraining in Sportkletterrouten

Sofern jemand nicht gleich im Freien mit dem Klettern begonnen hat, ist es in der Regel ein größerer Schritt, nicht nur in der

9 von 10 Kletterern machen die gleichen Fehler

Halle, sondern auch am Naturfels Sturztraining zu betreiben. Einer der größten Unterschiede ergibt sich beim Onsight-Klettern: Da man nicht immer den nächsten Bohrhaken sehen kann, weil er weit entfernt, hinter einer Kante oder über einem Dach steckt, muss man einfach so lange weiterklettern, bis man ihn schließlich sieht. Dieser scheinbar geringfügige Unterschied gegenüber dem Klettern in der Halle ist vor allem für jene, die unter Sturzangst leiden, eine riesige Herausforderung. Für sie ist es meist unglaublich schwer, von der letzten Sicherung wegzuklettern, ohne ein klares Ziel vor Augen zu haben, auf das sie sich hinbewegen können – und dabei ausschließlich auf ihre eigenen Fähigkeiten zu vertrauen sowie darauf, dass sie die Lösung für die nächsten Meter schon rechtzeitig finden werden.

Das kann vor allem dann ein ziemlich entmutigendes Unterfangen sein, wenn wir bereits eine gewisse Weile in der Halle und in übersichtlicheren Sportkletterrouten Vorstiegs- und Sturztraining gemacht haben. Und es gibt keine Abkürzung für diesen Lernprozess. Es geht also alles wieder von vorne los, und wir müssen uns schrittweise an die nächstgrößere Herausforderung heranarbeiten, bis wir das nötige Vertrauen entwickelt haben. Dazu suchen wir uns eine Route aus, von der wir wissen, dass die Haken nicht immer sofort zu sehen sind oder dass es zwischen den Haken nicht leicht ist, den Fels zu lesen. Dann klettern wir so weit über den betreffenden Haken hinaus, wie wir uns zutrauen, und springen kontrolliert ins Seil. Beim nächsten Anlauf geht es nicht darum, bis zur nächsten Sicherung zu kommen, sondern ein, zwei Züge weiter zu klettern als zuvor und erneut ins Seil zu springen. Das wird so oft wiederholt, bis sich der Sturz so vertraut anfühlt, dass es fast schon langweilig ist, ihn noch ein weiteres Mal zu machen. Jetzt mag mancher Leser denken: »Das kann ja den ganzen Tag dauern.« Stimmt!

Der größte Fehler beim Vorstiegs- und Sturztraining besteht darin, zu unterschätzen, welches Trainingsvolumen auf jedem einzelnen Level nötig ist, bevor man bereit für den nächsten Schritt ist. Nur die wenigen »von Natur aus« kühnen Kletterer brauchen diesen Lernprozess hier nicht durchzumachen. Viele von ihnen haben das Stürzen allerdings schon ganz früh im Verlauf ihrer Kletterkarriere gelernt, sodass es ihnen weniger schwerfiel. Das Hauptproblem derer, die ihre Sturzangst schon jahrelang kultiviert haben, ist, dass sie sich selbst als relativ erfahrene Kletterer sehen: Sie haben »schon vor vielen Jahren« mit dem Klettern angefangen und keine Lust, die mühsame Lehrzeit wieder von vorn zu beginnen.

Um solch tief verwurzelte Angewohnheiten (bzw. Ängste) abzulegen, ist daher noch viel mehr praktische Übung nötig, als wenn man sich gleich von Anfang an mit ihnen auseinandergesetzt und vertraut gemacht hätte. Es ist immer aufwendiger, sich eine schlechte Gewohnheit abzutrainieren, als von vornherein gute Gewohnheiten zu entwickeln. Punkt. Doch wenn wir das einmal erkannt und die Kröte geschluckt haben, dass viele, viele Trainingsstunden nötig sind, sind wir bereit, loszulegen. Und das gute Gefühl, nach einer langen Phase der Stagnation wieder Fortschritte zu machen, ist unheimlich motivierend.

Stürze regelmäßig ins Training einbauen

Ich vermute einmal, dass einige Leser bei dieser Überschrift die Stirn runzeln und sich vorstellen, dass sie ihr »richtiges« Klettern unterbrechen sollen, um dieses umfangreiche Sturztraining zu absolvieren. Zwar mag es in der Tat während der ersten Wochen und möglicherweise auch Monate nötig sein, das Sturztraining separat zu behandeln und unabhängig von den eigentlichen Klettertouren zu praktizieren. Aber der Zeitaufwand während einer Klettereinheit sollte dennoch nicht allzu groß sein. Später sollten die Trainingsstürze dann ohnehin zunehmend in den normalen Kletterablauf integriert werden. Das höchste Stadium ist dann erreicht, wenn Stürze zu einem ganz normalen und regelmäßigen Bestandteil des Kletterns geworden sind, ohne dass man sich darüber noch Gedanken macht. Das fühlt sich dann gar nicht mehr wie Training an, aber durch die kontinuierliche Praxis ist das Ergebnis das gleiche.

Anfangs lässt sich das Sturztraining beispielsweise so in den Kletterablauf einbauen, dass man absichtlich vor der Umlenkung in den letzten Haken springt – sofern das Gelände darunter steil genug ist. Am leichtesten fällt es zunächst in der Kletterhalle. Wir können entweder direkt am oder über dem letzten Haken abspringen oder bis zur Umlenkung klettern und – ohne diese zu klinken – ein paar Züge zurückklettern und dann loslassen. Der nächste Schritt ist, bis zum Ausstiegsgriff zu klettern und zu springen bzw. sogar noch etwas Seil auszuziehen, als wollten wir die Umlenkung einhängen. Angenommen, wir gehen dreimal pro Woche in die Kletterhalle, klettern pro Abend 20 Routen und machen in jeder davon (warum auch nicht?) einen Trainingssturz, ergibt das rund 3.000 Stürze in einem einzigen Jahr – ohne den geringsten Zusatzaufwand! Die Aufgabe ist eigentlich ganz einfach und verbessert das Vorstiegsvertrauen fast zwangsläufig, vorausgesetzt, dass die Sturz- und Sicherungstechnik stimmt. Eine falsche Sturztechnik hingegen bewirkt das Gegenteil: Schon ein Dutzend Stürze mit zu straffem Seil oder falscher Körperhaltung reicht aus, um die Moral – bzw. den Körper – zu ruinieren.

Zusätzlich zu diesen gezielten Übungsstürzen sollte man auch während harter – aber erfolgloser – Durchstiegsversuche am Limit Sturzpraxis sammeln. In diesem Fall sind Hallenrouten nicht sonderlich geeignet, weil die andersfarbigen Nachbargriffe eine zu verlockende Auskneifmöglichkeit bieten, wenn die Angst vor einem unsicheren Zug und potenziellen Sturz zu groß ist. Viele verlässt dann jede Disziplin, und sie nehmen andere Griffe oder Expressschlingen zu Hilfe, um sich vor dem Sturz zu drücken. Und weil die Hakenabstände so kurz sind, ist es zu leicht, einfach »Mach zu!« zu rufen und sich ins Seil zu setzen. Die meisten denken, dies hätte keine Auswirkungen auf ihr Vorstiegs- und Sturzvertrauen. Ihnen ist zwar klar, dass sie sich vor dem Stürzen drücken und keine Fortschritte machen, glauben aber, sie würden auf ihrem bisherigen Niveau stehen bleiben. Falsch: Sie machen Rückschritte.

Teil 3
Sturzangst

Erinnern wir uns an eines der Trainingsprinzipien: die Spezifität. Wir werden zu dem, was wir tun. Im Laufe der Zeit gehen uns all unsere Gewohnheiten immer mehr in Fleisch und Blut über. Je öfter wir unserem Gehirn die Botschaft vermitteln, dass es ganz normal und okay ist, in einer schweren Route im Notfall einen andersfarbigen Henkel oder eine Expresse zu schnappen, desto leichter verfallen wir in Panik, wenn diese Alternativen einmal nicht verfügbar sind. Je öfter wir also nach dem »Rettungsanker« greifen, desto abhängiger werden wir davon, anstatt konzentriert Gas zu geben und möglicherweise zu stürzen. Wenn wir irgendwann später dann doch einmal das Problem angehen wollen, hat sich die Sturzangst schon verfestigt. Der richtige Zeitpunkt ist JETZT.

Wie bei jedem Versuch, eine Sucht zu überwinden, reagieren die Betroffenen je nach Therapiemethode ein wenig anders. Ganz schwere Fälle von »Vorstiegsverunsicherung« müssen beispielsweise damit anfangen, in der Halle zunächst die leichteren Routen ehrlich zu klettern, ohne bei jedem Zug einen andersfarbigen Griff zu nehmen. Das erfordert durchaus einige Disziplin, ist aber der einzige Ausweg aus dem Dilemma. Diejenigen, die nur gelegentlich auskneifen – zum Beispiel mit gepumpten Armen vor einem schwierigen Zug –, wählen besser eine radikalere Methode, denn die führt am schnellsten zum Ziel. Ihre Entziehungskur sollte darin bestehen, ab sofort nie wieder »Mach zu!« zu sagen und einen Schummelgriff oder eine Expresse zu schnappen, es sei denn, ein Sturz könnte gefährlich werden. Diese Vorstiegstherapie funktioniert am besten, wenn der Seilpartner darüber Bescheid weiß. Erstens gewinnt der Beschluss dadurch, dass wir ihn einem anderen Menschen gegenüber aussprechen, schon an Form, und zweitens kann der Partner uns in Momenten des Zauderns dann entsprechend anfeuern und unterstützen. Wie schon beim reinen Sturztraining, sind auch hier die ersten Schritte besonders schwer. Aber mit jeder Einheit, in der wir uns nicht einfach am Haken ausruhen, sondern so lange weiterkämpfen, bis wir womöglich stürzen, wird das Ganze zunehmend leichter und angenehmer. Es kommt vor allem darauf an, die ersten Hürden erfolgreich zu überwinden.

Im Freien lässt sich ein Sturz nicht ganz so einfach vermeiden wie in der Halle, wenn wir schwere Routen vorsteigen. Hier ist der Clipstick unser größter Feind. Falls du auch nur ansatzweise von dieser Krücke abhängig bist, schenke sie jemandem, den du nicht leiden kannst (kleiner Scherz). Wer den Clipstick zu jedem Fels mitnimmt, kann irgendwann der Versuchung, ihn zu benutzen, nicht mehr widerstehen. Und mit jedem Mal, das wir ihn einsetzen, fangen wir anschließend wieder bei null an.

Wenn du durchgehalten und die Disziplin aufgebracht hast, ein Jahr lang in jeder einzelnen Klettereinheit fünf bis 20 Stürze in den normalen Kletterablauf zu integrieren, bist du schon ein gutes Stück weitergekommen. Und falls Sturzangst vorher eine leistungsbegrenzende Schwäche war, kletterst du jetzt vermutlich fast einen ganzen Grad höher. In diesem Stadium müssen wir quasi »nur noch« darauf achten, weiterhin regelmäßig bis an die Sturzgrenze und darüber hinaus zu gehen, um weitere Fortschritte – und nicht etwa Rückschritte – zu erzielen. Gezieltes Sturztraining ist jetzt in der Regel nicht mehr nötig, es sei denn, wir wollen eine Route machen, die besonders »gruselig«, aber ungefährlich ist. Dann ist es durchaus sinnvoll, ein paar Mal bewusst ins Seil zu springen, um das Unterbewusstsein zu beruhigen. Stürze sollten ansonsten mittlerweile bei schweren Onsight-Versuchen und beim Auschecken von Projekten zur Routine gehören. Und wenn du bei mehreren Routen in Folge nicht stürzt, probier eben eine schwerere. Auch in der Halle solltest du immer wieder bis an die Sturzgrenze kommen, sowohl beim Routenklettern als auch beim Bouldern. Werde auf keinen Fall selbstzufrieden, weil du schon gute Fortschritte erzielt hast! Behalte stattdessen grob den Überblick, ob du noch oft genug stürzt. Und wenn sich eine Zeit lang mal zu wenige Gelegenheiten geboten haben, sorge bewusst dafür, dass sich das schnell wieder ändert. Ein gutes Beispiel hierfür sind erfahrene und ziemlich vorstiegssichere Kletterer, die oft in der Boulder-

Teil 3
Sturzangst

halle trainieren. Zu Beginn der Klettersaison oder eines Sportklettertrips müssen sie sich durchaus wieder an das Gefühl eines Vorstiegssturzes gewöhnen. Und es ist definitiv besser, den ersten Tag mit etwas Sturztraining zu verbringen, anstatt eine ganze Woche lang zaghaft und verkrampft zu klettern oder gar in alte Gewohnheiten zurückzufallen.

Sturztraining in selbst abzusichernden Routen

Wer überwiegend selbst abzusichernde Routen klettert, für den ist Sturztraining in gebohrten Sportklettertouren eine äußerst wertvolle Grundlage, um sich überhaupt an den Gedanken des Stürzens zu gewöhnen. Allerdings wird die Gewöhnungsphase durch die wechselnde Qualität der Sicherungen um ein Vielfaches anspruchsvoller. Von daher ist Sturztraining in gebohrten Routen auch nur eine Grundlage, aber kein Ersatz für Stürze in traditionellen Routen. Die eigentlichen Lernfortschritte lassen sich nur dadurch erzielen, dass man in selbst gelegte Sicherungen stürzt. Wie beim Sturztraining allgemein, wird auch hier die Anforderung allmählich gesteigert, bis man sich immer weiter von seinem ursprünglichen Komfortbereich entfernt. Wer regelmäßig selbst abzusichernde Routen klettert, das Stürzen in ihnen aber so lange aufschiebt, bis er eines Tages einen unplanmäßigen Abflug macht, erholt sich von diesem Schockerlebnis meist nur schwer oder sogar überhaupt nicht mehr. Wie bei allem anderen auch, ist es wichtig, frühzeitig damit zu beginnen.

Am besten ist es natürlich, die richtige Sturztechnik zunächst im Klettergarten zu lernen und sich generell mit dem Stürzen vertraut zu machen, damit der einzige neue Aspekt die selbst gelegten Sicherungen sind. Dabei wird auch diesmal wieder ganz locker angefangen mit kleinen Hüpfern in solide und zusätzlich hintersicherte Sicherungen. Wer mit mobilen Klemmgeräten nicht sicher umgehen und nicht beurteilen kann, ob sie gut gelegt sind, sollte einen entsprechenden Kurs besuchen oder sich von erfahrenen Kletterpartnern den Umgang damit erklären lassen.

Beim Stürzen ist es wichtig, der Versuchung zu widerstehen, nach dem Material zu greifen. Das führt nicht nur zu einer schlechten Sturzhaltung und möglicherweise einem unkontrollierten Aufprall gegen den Fels – du könntest die Sicherung auch herausziehen! Auch bei zunehmend weiteren Stürzen sollten die Routen stets gut absicherbar und das Material hintersichert sein. Zweifel an der Qualität der Sicherungen führen nämlich dazu, dass ein Sturz das Vertrauen eher untergräbt als stärkt.

Diesen bereits sehr hohen Level des Vorstiegs- und Sturzvertrauens in traditionellen Routen weiter zu steigern, ist eine heikle Gratwanderung, bei der die Grenzen des Komfortbereichs immer ein Stückchen weiter verschoben werden sollen, ohne jedoch zu weit zu gehen, sich eine blutige Nase zu holen und die Einstellung zu ruinieren. Unbeabsichtigte Stürze in schweren selbst abzusichernden Routen können – wenn sie gut verlaufen – das Vertrauen enorm festigen. Allerdings sind sie, wenn die Sicherungen nicht solide sind, auch potenziell gefährlich, und ein einziger böser Sturz wirkt sich mitunter sehr dauerhaft auf die Psyche aus – von den körperlichen Folgen einmal abgesehen. Traditionelle Kletterer, die sich in diese Sphären vorwagen, werden früher oder später auch die negative Seite von Stürzen kennenlernen. Ein paar glimpflich verlaufende »Schreckensstürze«, bei denen beispielsweise die oberste Sicherung nicht hundertprozentig sicher war oder die nur knapp über dem Boden endeten, können auf lange Sicht sehr positiv sein. Wer nämlich viel Selbstvertrauen und gute Sturzerfahrungen hat und beim Klettern gern an seine Grenzen geht, läuft Gefahr, es zu weit zu treiben und mit einem wirklich bösen Sturz dafür zu bezahlen. Von daher sind die eine oder andere kleine Erinnerung, dass Selbstvertrauen und eine gesunde, kontrollierbare Angst sich die Waage halten sollten, letztlich sehr hilfreich. Aber noch einmal: Dieser Bereich ist ein riskantes Spiel, bei dem für ein gesteigertes

Selbstvertrauen in Kauf genommen wird, dass bei einem Sturz das zuvor gewonnene Vertrauen wieder verloren geht oder man sich sogar verletzt. Daher ist stets Vorsicht geboten, und wir sollten im Zweifelsfall lieber zurückhaltend sein. Ein Fehler hätte womöglich schlimme Folgen.

Wenn ein Sturz vermieden werden muss

Bisher ging es hauptsächlich um solche Situationen, in denen ein Sturz objektiv gesehen sicher ist und das Problem vielmehr darin besteht, dass wir aus Angst vor dem Unbekannten eine Gefahr sehen, die es so nicht gibt. Was aber ist, wenn in selbst abzusichernden Routen ein Sturz wirklich gefährlich wäre? Wenn es also offensichtlich ist, dass die Sicherungen nicht ausreichen, um im Falle eines Falles eine Verletzung oder gar Schlimmeres zu verhindern? Die besten traditionellen Kletterer haben einen Weg gefunden, um in diesem risikoreichen Spiel der geistigen und körperlichen Kontrolle die Angst in den Griff zu bekommen. Wie sie das machen? Lies weiter.

Auf diesem Niveau sind allgemeine Sturzerfahrung und Vertrautheit mit Stürzen in gute, selbst gelegte Sicherungen eine wichtige Voraussetzung, auch wenn sich schwere, kühne Routen auch ohne diese Erfahrungen bewältigen lassen. Aber selbst die wenigen Kletterer, die sich dabei auf ihren angeborenen oder in anderen Situationen erworbenen Mut verlassen, könnten wiederum noch bessere Leistungen erbringen, wenn sie an ihren Sturzfähigkeiten arbeiten würden. Nahezu jeder Kletterer kann lernen, sich innerhalb kontrollierter Grenzen sicher zu fühlen, wenn er das gesamte verfügbare Sicherungssystem bewusst wahrnimmt und nutzt. Auch hier bietet sich wieder ein Vergleich an. Kühnes Klettern kann – so wie viele andere Dinge – von einer äußerst riskanten Angelegenheit zu einer ziemlich sicheren Sache werden, wenn man alle potenziellen Sicherungsmaßnahmen konsequent anwendet. Ohne solche Sicherheitssysteme wäre es geradezu unverantwortlich riskant, Auto zu fahren, mit dem Flugzeug zu fliegen, starke Medikamente zu nehmen oder sich auf eine größere Operation einzulassen. In all diesen Situationen passieren Fehler, und die Folgen sind mitunter schwerwiegend, wenn die Sicherheitsmaßnahmen nicht eingehalten wurden. Genauso ist es bei kühnen, selbst abzusichernden Kletterrouten.

Das Ziel eines kühnen traditionellen Kletterers ist es, jederzeit in der richtigen mentalen Verfassung zu sein, um gute, vernünftige Entscheidungen zu treffen, was er als Nächstes tut. Sind diese Entscheidungen einmal gefallen, geht es darum, sich ohne zu zögern voll auf die Ausführung zu fokussieren. In anderen Worten: Der traditionelle Kletterer muss lernen, die mentale Belastung jederzeit reduzieren zu können, um zu verhindern, dass er aus Verwirrung oder Panik falsche Entscheidungen trifft.

Im Anfangsstadium geht es darum, die Anzahl der unbekannten Faktoren zu reduzieren, denn das Unbekannte führt dazu, dass wir uns sämtliche möglichen Ergebnisse ausmalen – auch die schlechtesten. Beim Klettern gibt es ohnehin viele unbekannte Faktoren, aber wenn während einer Route gar zu viele gleichzeitig bewältigt werden sollen, sind wir schnell überfordert. Und dann steht nicht mehr genug mentale Kapazität zur Verfügung, um uns auf die tatsächlichen Anforderungen des Kletterns zu konzentrieren und die richtigen Entscheidungen zu treffen. Die Zahl der möglichen Ergebnisse ist schier unüberschaubar, und uns fehlen oft die Informationen, um realistisch einzuschätzen, wie groß (oder klein) die Gefahr im schlimmsten Fall wirklich ist. Deshalb verfallen wir leicht in Panik. Allerdings lassen sich selbst beim Onsight-Klettern zahlreiche unbekannte Variablen durch sorgfältige Vorbereitung reduzieren oder gar beseitigen. Denn die Herausforderung des Kletterns beginnt nicht etwa mit dem ersten Zug, sondern deutlich vorher. Hand an den Fels zu legen, ist in der Tat erst der letzte Schritt einer guten Routenplanung. Je mehr unbekannte Faktoren wir im Vorfeld klären können, umso besser sind wir in der Lage, auf diejenigen zu reagieren, mit denen wir in der Route konfrontiert werden. So können wir uns beispielsweise vorab damit vertraut machen:

- wie es sich anfühlt zu stürzen,
- wie es sich anfühlt, in selbst gelegte Sicherungen zu stürzen,
- wie lange wir mit gepumpten Armen weiterklettern können,
- wo sich die nächste Sicherung legen lässt,
- wo die nächste Ruheposition ist,
- ob wir an einer bestimmten Stelle gerettet werden könnten,
- wie weit wir bei einem Sturz fallen würden,
- was vermutlich während des Sturzes und bei der Landung passieren würde.

Wenn wir all diese Fragen während des Kletterns zu klären versuchen, sind wir schlicht überfordert und treffen meist eine falsche Entscheidung. Manche der oben genannten Punkte lassen sich durch frühzeitige Übung und Erfahrung entschärfen. Wer es beispielsweise gewöhnt ist, in Sportkletterrouten oder gut abzusichernden traditionellen Routen an sein Limit zu gehen, mit gepumpten Armen weiterzuklettern und zu stürzen, ist bereits damit vertraut, wie Körper und Geist auf diese Anforderungen reagieren, und braucht sich in einer heiklen Situation darum schon mal keine bewussten Gedanken mehr zu machen. Diese Aspekte werden zwar nach wie vor minutiös registriert, müssen aber nicht mehr bewusst verarbeitet werden. Auch die anderen unbekannten Faktoren können entweder vollständig oder zumindest teilweise vorab geklärt werden, indem man die Route genau anschaut, bevor man in sie einsteigt. Durch aufmerksames Beobachten sollten wir versuchen, möglichst viel über die Route zu erfahren, uns für jeden Abschnitt einen Plan – samt Alternativen – zurechtlegen und uns mental auf die Anforderungen einstellen.

Das nächste Stadium der Vorbereitung auf einen kühnen Vorstieg besteht darin, sich sämtliche Fluchtmöglichkeiten bewusst zu machen. Dies ist der entscheidende Unterschied im Vergleich zu ungefährlichen Routen, in denen es lediglich darum geht, die richtige Sturztechnik zu lernen und sich ans Stürzen zu gewöhnen. In potenziell gefährlichen Trad-Routen treten Flucht- bzw. Auskneifmöglichkeiten an die Stelle des Stürzens, um im Falle eines Scheiterns mit heiler Haut davonzukommen. Doch auch mit den diversen Fluchtvarianten muss man sich zunächst vertraut machen und dann vor einer bestimmten Route gezielt überlegen, welche Möglichkeiten infrage kommen und wie sie konkret umgesetzt werden könnten. Mit den folgenden Maßnahmen kann man sich notfalls aus einer traditionellen Route retten:

- Jemand wirft einem von oben ein Seil zu.

- Man bleibt stehen und klettert erst weiter, wenn man eine Möglichkeit gefunden hat, eine Zwischensicherung zu legen.

- Man bleibt so lange stehen, bis sich die Nerven beruhigt haben, und klettert erst dann weiter.

- Zum Boden abklettern.

- Zur letzten Sicherung zurückklettern.

- So weit zurückklettern, bis man gefahrlos in die letzte Sicherung stürzen kann.

- Zu einem Ruhepunkt zurückklettern, an dem man in Ruhe über andere Möglichkeiten nachdenken kann.

- Weiterklettern!

Die letztgenannte Möglichkeit ist verständlicherweise diejenige, vor der Trad-Kletterer sich am meisten fürchten (die sie paradoxerweise aber auch suchen). Wer sich all die anderen Optionen

Teil 3
Sturzangst

nicht bewusst macht, hat in kühnen Routen oft den Eindruck, die Flucht nach vorn sei der einzige Ausweg. Stattdessen ist Weiterklettern nur in wenigen Fällen wirklich notwendig. Fast immer gibt es eine oder auch mehrere Alternativen. All diese Möglichkeiten regelmäßig während des Kletterns in Trad-Routen zu üben, ist entscheidend, damit man sie letztlich sinnvoll nutzen kann: um einerseits das Vorstiegsvertrauen zu stärken und sie andererseits in brenzligen Situationen leicht abrufen zu können. Dabei kommen manche Methoden viel öfter zum Einsatz als andere. Zu einem Ruhepunkt oder zum Boden zurückzuklettern, wird bei fast jedem Onsight-Versuch in einer schweren Trad-Route praktiziert. Eine Rettung durch Seilwurf von oben hingegen ist fast nie nötig, wenn alle anderen Möglichkeiten voll ausgeschöpft wurden. Dennoch erkennt unser Geist jedes Mal, dass die Seilrettung als Notlösung zur Verfügung steht, falls alles andere nicht funktioniert. Und dieses Wissen ist äußerst beruhigend.

Wer die Fluchtmaßnahmen aus kühnen Trad-Routen kennt und regelmäßig übt, dem steht gleich ein viel größeres Routenspektrum zur Auswahl. Besonders effizient ist es, die Maßnahmen zu rekapitulieren, während man die Route besichtigt und sich eine Strategie zurechtlegt. Dazu unterteilen wir die Route in Gedanken je nach Felsstruktur, Ruhepositionen und Sicherungsmöglichkeiten in mehrere Abschnitte. Je nach Abschnitt stehen meist unterschiedliche Fluchtmaßnahmen zur Verfügung. Selbst in den schwersten und kühnsten Trad-Routen ist Weiterklettern nur in ganz wenigen Fällen die einzige Möglichkeit:

Vor einigen Jahren plante ich die erste Wiederholung von »If Six Was Nine« (E9 6c) im britischen Lake District im sogenannten Headpoint-Stil[3]. Die Route hatte den Ruf, potenziell lebensgefährlich zu sein, und galt als eine der gefährlichsten Routen weltweit. Außerdem hatte ich die Geschichte der Erstbegehung

---

3 Beim Headpointing wird eine kühne Route zunächst im Toprope so lange einstudiert, bis man sowohl die Kletterzüge als auch die Sicherungspositionen genau kennt. Erst dann macht der Kletterer einen Vorstiegsversuch (Anm. d. Übers.).

durch Dave Birkett gelesen und wusste, was auf mich zukommen würde: eine glatte, überhängende Wand, sehr anhaltend F8a+, mit einem wackeligen Zug nach rechts zu einem schlecht zu sehenden kleinen Griff ganz zum Schluss. Die Schlüsselstelle kommt genau dann, wenn die Unterarme schon müde werden, sich allmählich Angst in den Gedanken breit macht und ein Sturz fatale Folgen hätte. All das hatte ich lebhaft vor Augen, als ich mir eine Strategie zurechtlegte. Wie war es möglich, während der gesamten Route fokussiert zu bleiben, ohne dass Panik mich lähmen würde? Immerhin würde mein Leben vom Gelingen des letzten Zuges abhängen! Nun, es gab keinen Grund zur Panik!

Um genau zu sein, wird die 100-prozentige Konzentration nur für etwa 0,5 Sekunden gebraucht. Deshalb muss man auch nicht mit dem Leben abgeschlossen haben, wenn man in diese Route einsteigt, sondern sollte lediglich die notwendigen Fähigkeiten und einen guten Plan haben. Und dieser Plan sieht wie folgt aus: Auf die erste leichte Wand bis zu einem breiten Band folgt eine fünf Meter lange, ungesicherte Boulderpassage, denn eine Sicherung würde ohnehin nur dazu führen, dass man voll auf dem Band landen würde. Dieser Abschnitt wird wie ein harter Boulder angegangen. Wer hier stürzt, sollte weit vom Fels abspringen, um möglichst dynamisch am Rand des Bandes aufzukommen und sich mit den Füßen weiter abzustoßen, bis die letzte Sicherung greift. Wem diese Vorstellung jetzt nicht gefällt, der sollte sich bewusst machen, dass das auch nicht nötig ist. Schließlich soll dieser Fall ja gar nicht eintreten. Dadurch, dass man einen Plan hat, wird jedoch das Unbekannte greifbar gemacht, und das Worst-Case-Szenario reduziert sich in der Vorstellung auf einen gebrochenen Knöchel – und nicht einen gebrochenen Hals.

Nach der Boulderpassage steckt ein guter Normalhaken – die einzige solide Sicherung im schweren Abschnitt der Route. Die nächsten fünf Meter sind zwar hart, aber letztlich nichts weiter als Sportkletterei. Ein Sturz wäre ungefährlich, und ein etwai-

Teil 3
Sturzangst

ger Rückzug bestünde schlicht darin, ins Seil zu springen. Danach steckt ein deutlich schlechterer Normalhaken, der zwar das Körpergewicht hält, vermutlich aber keinen Sturz. Allerdings ist dieser Abschnitt bis zum Schlüsselzug auch etwas leichter. Obwohl die Arme hier ziemlich gepumpt werden, wäre es doch bei Bedarf machbar, ein paar Züge zurückzuklettern und sich von dem Haken abzulassen. Zurückklettern sollte sogar noch bis unmittelbar vor dem letzten Schnapper möglich sein. Sobald man jedoch zu diesem Schlüsselzug ansetzt, gibt es nur noch genau zwei Möglichkeiten: den Zug zu schaffen oder vermutlich zu sterben. Wer hier ankommt und auch nur einen Anflug von Panik verspürt, würde völlig verkrampfen und dadurch das Worst-Case-Szenario deutlich wahrscheinlicher werden lassen. Es besteht jedoch kein Grund dafür, hier panisch anzukommen, denn bislang war die Kletterei an keiner Stelle ohne Ausweg und konnte daher entspannt und konzentriert angegangen werden. Die Entscheidung dafür, diesen Zug zu machen, wird also erst unmittelbar davor getroffen – und auch nur dann, wenn man merkt, dass die Kraftreserven ausreichen, um den Zug sicher zu schaffen. So sah mein Plan aus, so habe ich es gemacht und konnte daher die Crux ohne große Angst klettern. Während der halben Sekunde, in der meine Hand nach dem Griff schnappte, hing mein Leben voll und ganz davon ab, dass dies gelingen würde. Ein hoher Einsatz, der auf dem Spiel stand und mit dem man fertig werden muss. Aber dadurch, dass die Phase des 100-prozentigen Einsatzes letztlich so kurz war, konnte ich gut damit umgehen und gute, sichere Entscheidungen treffen.

Beim kühnen Trad-Klettern gibt es häufig solche Augenblicke, in denen man einfach nicht stürzen darf. Aber nur selten ist Flucht nach oben tatsächlich der einzige Ausweg. Um bei diesem Spiel Erfolg zu haben, muss man den letztmöglichen Rückzugspunkt immer ein bisschen weiter hinausschieben, ohne je über ihn hinaus zu gehen.

Teil 4
Die anderen großen vier: Einstellung, Lebensstil, Umstände, Taktik

Teil 4
Die anderen großen vier

Es gibt ein großes Problem für all jene, die Klettern – oder Sport im Allgemeinen – auf einem Freizeit- oder Hobbyniveau betreiben, also den Sport in einem größeren Zusammenhang sehen und ihn mit anderen Interessen in ihrem Leben wie Beruf, Familie und weiteren Sportarten oder Hobbys unter einen Hut bringen müssen. Diese Personen neigen dazu, das Klettern nur innerhalb der dafür bis dato zur Verfügung stehenden Zeitfenster zu betrachten. Wenn sie also nach Möglichkeiten suchen, ihr Kletterniveau zu verbessern, beschränken sich ihre Gedanken rein auf das, was innerhalb ihrer wöchentlichen Klettereinheiten passiert. Es gibt allerdings einige kleine und leicht umzusetzende Möglichkeiten, die bisherige Kletterroutine, die Umstände oder den Lebensstil zu ändern, der für diese Kletterer einen großen Sprung nach vorn bedeuten würde, weil sie den Großteil der für sie möglichen Verbesserungen beim tatsächlichen Klettervorgang bereits ausgeschöpft haben.

Selbstverständlich gibt es für diejenigen, die bereit sind, größere Veränderungen – zum Beispiel hinsichtlich der Wahl des Arbeitsplatzes, des dadurch verursachten Stresses, Schlaf- und Ernährungsverhaltens und der mit Klettern verbrachten Zeit – vorzunehmen, um ihr Klettern so weit wie nur möglich zu verbessern, auch eine größere Belohnung. Nicht jeder kann und will sich derart umstellen. Aber lass dir nicht alle vorteilhaften Veränderungen entgehen, nur weil du nicht einfallsreich genug bist, sie dir vorzustellen.

Wir »erben« im Laufe der Zeit außerdem eine gewisse Einstellung und Taktik von unseren Lehrern und Mitmenschen, die uns in der Bewältigung der Kletter-Herausforderung entweder helfen oder im Weg stehen können. Diese sind keinesfalls leicht zu verändern, aber es ist auch nicht unmöglich. Und damit andere Veränderungen überhaupt erst möglich sind, ist es unter Umständen sogar unerlässlich, Gewohnheiten zu ändern. Ein Großteil der Kletterer ändert aber seine Gewohnheiten nicht in dem Maße, das nötig wäre, um mehr über das Klettern zu erfahren, die für sie aus der Veränderung entstehende Frustration zu verarbeiten und schließlich motiviert am Ball zu bleiben, um besser zu werden.

Neben der psychologischen Herangehensweise an eine Verbesserung ist auch die jeweilige psychische Verfassung während der Klettereinheiten extrem wichtig. Manche Sportpsychologen sind der Ansicht, dass 60 bis 90 Prozent der Leistungsschwankungen eines Sportlers psychische Ursachen haben. Darüber lässt sich allerdings streiten. Vielleicht ist es hilfreicher, die Psychologie als eines von mehreren Kettengliedern zu sehen und ihre Bedeutung so zu erklären, dass psychische Faktoren für alle anderen Leistungskomponenten genauso wichtig sind wie die physischen Fähigkeiten.

Zu guter Letzt können auch taktische Fehler beim Klettern die Bemühungen, die Umlenkung zu erreichen, sabotieren – unabhängig davon, wie stark oder fit jemand ist. Eine gute Kenntnis nicht nur der taktischen »Hebel«, die einem zur Verfügung stehen, sondern auch ihrer enormen Bedeutung, trägt dazu bei, dass große Ziele nicht auf Gedeih und Verderb von so nebensächlichen Dingen abhängen wie der Frage, ob man genug Haut auf den Fingern hat, um einen scharfen Griff zu halten.

Ich bin noch klein, füttere mich!

Viele Teenager sind völlig auf dem Holzweg, wenn sie in ihrem Streben nach einer besseren Kletterleistung immer nur versuchen, mehr Kraft aufzubauen. Sie merken gar nicht, dass sie schon viel stärker sind, als es für ihre aktuellen Projekte nötig ist. Sie machen sich Sorgen, dass sie nicht genug Möglichkeiten zum Trainieren haben, und verkennen dabei völlig ihre eigenen Möglichkeiten, diese Umstände zu beeinflussen. Und sie zerbrechen sich den Kopf darüber, wie stark ihre Kletterkollegen im Vergleich zu ihnen sind, ohne daran zu denken, dass es in der Nachbarstadt oder im Nachbarland Dutzende Gleichaltriger gibt, die noch einige Schwierigkeitsgrade höher klettern als die Kumpel.

Teil 4
Die anderen großen vier

Sie machen sich also jedenfalls keine Gedanken über ihr eigentliches Problem: dass sie sich nur langsam zu besseren Sportlern entwickeln. Aber was macht einen guten Sportler überhaupt aus? Nachwuchssportler schauen natürlich auf die anderen in ihrem Umfeld, die bereits ein gutes Niveau haben – die jungen Talente, die für ihr Alter sehr gut sind und »so viel Potenzial« haben. Und genau darin besteht der Fehler, der aber erst im Nachhinein sichtbar wird. Diese noch vielversprechenden 16-jährigen Talente gehören zehn Jahre später meist nicht mehr zu den Besten. Wer aber dann? Die guten Klettersportler sind jene Kletterer, die schon früh verstehen, dass ihnen niemand den Lernprozess abnehmen kann und dass sie sich nicht mehr weiterentwickeln werden, wenn sie nicht die Antworten auf ihre ganz persönlichen Fragen finden. In manchen anderen Sportarten haben es junge Athleten einfacher als wir Kletterer: Sie haben leichteren Zugang zu regelmäßiger und guter Trainingsbetreuung; sie können jemanden um Rat fragen, wie sie ihre im Laufe des Kletterlebens auftauchenden Probleme lösen, Hürden überwinden und Entscheidungen fällen können.

In dieser Hinsicht ändert sich das Klettern rasch. Dem Nachwuchs steht – vor allem in den Kletterhallen – immer mehr Betreuung zur Verfügung. Das ist toll: Die Kinder und Jugendlichen lernen von ihren Trainern sehr schnell und machen riesige Fortschritte. Allerdings haben wohl auch die besten Trainer nicht die nötige Erfahrung oder Neigung dazu, die alles entscheidende Fähigkeit zu vermitteln, wie Kletterer ihren Sport lang, erfolgreich und verletzungsfrei ausüben können: wie sie sich selbst coachen können.

Ein ähnliches Problem gibt es in der Erziehung insgesamt. Vieles von dem, was an den Schulen gelehrt wird, geht für Sportler, die sich selbst coachen wollen, in die falsche Richtung. Sicher, es wird Wert gelegt auf harte Arbeit, Konzentration, reines Wissen und praktische Fertigkeiten. Das ist auch alles schön und gut. Aber es geht auch darum, sich anzupassen und einzufügen. Definitionsgemäß können und sollten aber Sportler, die erfolgreich sein wollen, sich nicht an ihre Umgebung anpassen – sie müssen sich von ihr abheben. Sie müssen schauen, was und wie viel »alle anderen« tun, und dürfen nicht davor zurückschrecken, dann etwas anders zu machen. Das kann bedeuten, das Gegenteil von dem zu tun, was alle anderen machen, oder das, was die anderen tun, mehr oder intensiver zu betreiben. Egal. Es reicht nicht, nur zu wissen, dass es in Ordnung ist, etwas anders zu machen – man sollte auch wissen, wann man es anders machen muss.

In der »realen« Welt von konventionellem Erfolg und Karrieredenken sind diejenigen, die am schnellsten am weitesten kommen, diejenigen, die nicht nur erwarten, dass ihre Lehrer, Mentoren oder »das System« ihnen die Antworten auf ihre Fragen und Probleme auf dem Silbertablett servieren. Beim Klettern gibt es nicht viele Trainer, Bücher und Gleichgesinnte, die einem die richtigen Lösungen liefern oder einem sagen können, was man als Nächstes tun soll. Je früher ein Mensch diese Fähigkeit entwickelt, desto weniger falsche Entscheidungen wird er treffen und desto weniger muss er dafür mit Verletzungen und einer Leistungsstagnation bezahlen.

Daraus gilt es zu lernen, dass junge Kletterer sich weniger den Kopf darüber zerbrechen sollten, ihr Kraft- und Fitnesspotenzial bis zum letzten Prozent auszuquetschen, sondern sich vielmehr Gedanken darüber machen sollten, wie sie die richtige Einstellung entwickeln und das dem Klettern zugrundeliegende Fachwissen erwerben können. Denn damit machen sie auf lange Sicht die größten Fortschritte. Um ein guter Kletterer zu werden, sind die meisten darauf angewiesen, sich selbst zu coachen. Und ein Coach ist viel mehr als nur ein Sportler, der nicht mehr selbst aktiv ist und andere trainiert. Ein guter Coach verfügt über viel Erfahrung und kennt alle leistungsrelevanten Faktoren seines Sports, und er hat die Fähigkeit, dieses Wissen auf all die unterschiedlichen Situationen und Umstände der von ihm betreuten Sportler anzuwenden, um den bestmöglichen Weg durch Probleme zu finden und größtmöglichen Fortschritt zu gewährleisten.

Teil 4
Die anderen großen vier

Warum viele Jugendliche wieder von der Bildfläche verschwinden

Junge, fitte und motivierte Kletterer sind gut darin, eine Schlacht zu gewinnen, aber sie haben nie gelernt, wie man einen ganzen Krieg für sich entscheidet. Jede lange und erfolgreiche Kletterkarriere ist wie ein Krieg. Viele schmeißen irgendwann die Flinte ins Korn, weil sie nicht mit den vielen kleinen Fehlschlägen zurechtkommen und nicht das nötige Durchhaltevermögen haben, bis der Erfolg sich schließlich einstellt. Was wird also aus all den begeisterten jungen Kletterern, die es an jedem Fels zu sehen gibt? Warum entwickeln sich nur so wenige zu den erwachsenen Spitzenkletterern, die sie sein könnten?

Es passiert Folgendes: Kinder und Jugendliche beginnen mit dem Klettern auf Anregung ihrer Eltern oder von Freunden häufig in einer Kletterhalle oder auch im Klettergarten. Sie sind von dem Sport fasziniert und verbringen die nächsten zwei bis zehn Jahre möglichst jeden Tag damit. Sie werden die Besten in ihrem Freundeskreis, der sie dafür bewundert und ihre Fähigkeiten anerkennt. Sie nehmen an einem regionalen Klettercup teil und gewinnen. Ihre Eltern sind aus dem Häuschen. Auch ihre Verwandten und Trainer sind begeistert von ihrem Erfolg. Sie verbringen jede freie Minute mit dem Klettern, leben quasi in der Halle oder am Fels. Das ist ihre Welt. Und sie schweben in dieser Zeit von einem Erfolg zum nächsten. Mehr noch: Alle in ihrer Umgebung (die in dem gleichen Kletter-Soziotop leben wie sie) führen ihnen immer wieder vor Augen, wie gut sie sind.

Dann, im Alter von 14 bis 17 Jahren, kommt die Zeit, über den Tellerrand hinauszuschauen und zum Beispiel in ein bekanntes Klettergebiet im Ausland zu fahren oder an einem landesweiten oder gar internationalen Kletterwettkampf teilzunehmen. Das ist ein entscheidender Augenblick. Ein paar wenige werden auch dort auf Anhieb Erfolg haben. Aber fast alle anderen erleben in dieser Situation einen großen, frustrierenden Schock. Sie waren in ihrer Kletterwelt immer die Besten, aber jetzt haben sie eine größere Welt kennengelernt, eine andere Spielwiese betreten und gehören plötzlich zu den Schlechtesten!

Für manche ist dieser Schock so groß, dass der Rückschlag ihnen komplett den Wind aus den Segeln nimmt. Sie beschließen folglich, dass der Druck, in ihrer Sportart wirklich gut zu werden, zu hoch und nichts für sie ist. Von diesem Schock lassen die meisten sich noch nicht unterkriegen, sondern versuchen, die nächste Ebene ihres Kletterkönnens zu erreichen. Auf dieser nächsten Ebene findet dann der richtige Kampf statt. Sich selbst in der neuen Umgebung mit anderen zu vergleichen, ist viel härter. Und egal, wie sehr sie sich anstrengen, es gibt immer ein, zwei andere, die noch ein bisschen härter trainieren oder ein bisschen talentierter sind. Für jede Tour, die sie sich hart erkämpft und schließlich gepunktet haben, gibt es drei andere, die für sie nicht zu machen sind. Wo früher das Training jeden Monat oder gar jede Woche eine ständige Verbesserung bedeutet hat, fallen die Fortschritte jetzt so langsam und unregelmäßig aus, dass sie kaum noch auffallen. Ganz egal, wie sehr sie sich anstrengen, sie werden nie wieder die rasanten Verbesserungen erleben, die zu Beginn ihres Kletterlebens so spielerisch und mühelos möglich waren.

Im Laufe dieses schier endlosen Kampfes um minimale Fortschritte werden die meisten des Kletterns müde. Einer nach dem anderen legen sie ihre Erwartungen und Ambitionen ad acta oder suchen sich außerhalb des Sports neue Traumziele. All das ist normal, weil nicht jeder die Härte mag, die nötig ist, um im Sport ein wirklich hohes Niveau zu erreichen. Erfolg haben werden nur die wenigen, die es schaffen, ihre Erwartungshaltung und Einstellung zu ihrer Entwicklung und ihrem Fortschritt zu ändern, um all ihre Kletterträume wahr werden zu lassen.

Wie sieht also die innere Einstellung derer aus, die es schaffen? Zuerst einmal machen sie sich davon frei, regelmäßige Erfolge haben und von anderen gelobt werden zu müssen. Vielmehr

Teil 4
Die anderen großen vier

entwickeln manche sich sogar insofern weiter, dass sie ihre Erfolge gar nicht mehr publik machen, damit dies keinen Einfluss auf ihre Motivation hat. Es gelingt ihnen stattdessen, an der harten Arbeit und den diversen Rückschlägen Spaß zu haben. Statt Training und Vorbereitung als lästiges, aber unvermeidbares Übel für eine spätere große Belohnung zu sehen, konzentrieren sie sich auf die vielen kleinen Zwischenerfolge. Sie lernen, sich selbst für ihr Durchhaltevermögen statt für ihre Erfolge zu beglückwünschen. Sie freuen sich über neue Hürden und ruhen sich nicht allzu lang auf ihren Lorbeeren aus, sondern suchen den Reiz, eine neue Herausforderung in Angriff zu nehmen.

Diejenigen, die mit dem Klettern anfangen und merken, dass sie nicht von Natur aus so talentiert oder stark sind, sollten sich von dem Phänomen der sportlichen Entwicklung ermutigen lassen. Je länger sie dabeibleiben, desto mehr Möglichkeiten eröffnen sich ihnen. Indem sie schon vom ersten Tag an mit Herausforderungen kämpfen müssen, lernen sie frühzeitig, die kleinen Erfolge zu schätzen, auch wenn diese nur daraus bestehen, dranzubleiben und jeden Tag das Beste zu geben. Das ist ein perfektes Training für später, für die höheren Schwierigkeiten, wenn die Fähigkeit, den »Kampf« zu genießen, das Wichtigste ist, und »Siege« seltener werden und hart erarbeitet werden müssen. Wenn sie diese Fähigkeiten wirklich brauchen, haben sie sie bereits perfektioniert. Denn genau an diesem Punkt stoßen die reinen Talente auf Probleme. Allerdings lassen sich diese natürlich überwinden, wenn sie lernen, Anstrengung und Feuereifer zum Maß aller Dinge zu machen und wertzuschätzen. Es ist leicht, sich zurückzulehnen und den Schwung der eigenen talentierten Bewegung und Kraft zu genießen. Wenn dieser Schwung aber einmal nachlässt, muss man, genau wie alle weniger talentierten Menschen, lernen, gewissenhaft an seinen Schwächen zu arbeiten. Lerne dies also lieber frühzeitig und nicht erst, wenn es gar nicht mehr anders geht.

9 von 10 Kletterern machen die gleichen Fehler

Der Irrglaube »Das kann ich nicht«

In diesem Buch geht es oft darum, einen Schritt zurückzutreten und nachzudenken, ob es nicht einen anderen und besseren Trainingsbereich als den gerade praktizierten gibt, in dem sich das eigene Klettern spürbar verbessern lässt. Verstecke dich aber nicht hinter dieser Ausrede, um in einem Leistungsbereich die Waffen zu strecken und dich einem anderen zu widmen, nur weil die Verbesserung so zögerlich eintritt. Den Moment richtig einzuschätzen, wann die Bemühungen einen nicht mehr näher an seine Ziele heranbringen – wie eine bestimmte Route zu klettern oder einen bestimmten Schwierigkeitsgrad zu schaffen –, erfordert wahrhaft meisterliche Fähigkeiten. Nur wenige werden im Voraus erkennen, wann dieser Moment eintritt. Die meisten merken es erst, wenn er schließlich da ist. Aber je eher wir uns auf diesen Augenblick einstellen, desto weniger Zeit verlieren wir.

Die meisten halten sich viel zu lang mit Bewegungen oder Trainingsabläufen auf, mit denen sie sich am wohlsten fühlen. Beispielsweise damit, an kleinen Leisten die Finger aufzustellen, anstatt sich an offene Griffe oder Sloper zu gewöhnen, oder ständig einen Haken von weit unten zu klinken, statt ihn aus einer bequemeren Position weiter oben einzuhängen. Bei den seltenen Gelegenheiten, in denen sie doch etwas Neues oder Unangenehmes ausprobieren, vor dem sie sich so lange gedrückt haben, oder wenn sie sich mal mehr anstrengen als sonst, passiert das Gegenteil: Sie geben zu schnell auf.

Aber nicht viel zu schnell. Wenn jemand entschlossen genug ist, etwas Neues zu probieren – wie zum Beispiel Sturztraining –, dann macht er das, weil er wirklich einen Durchbruch schaffen will. Er bleibt also eine Weile dabei und wirft nicht so leicht das Handtuch. Nein, er gibt eigentlich genau dann auf, wenn das Ziel in Reichweite ist.

Fast am Ziel zu sein, ist in jedem Lebensbereich ein kritischer Punkt. Die Folgen des mühsamen Kampfes machen sich be-

Teil 4
Die anderen großen vier

merkbar, die Leichtigkeit des Anfangs und die schnellen Fortschritte der ersten Klettereinheiten sind fast vergessen, und es fällt schwer, daran zu glauben, dass der Erfolg so nah sein soll.

Nehmen wir wieder die Sturzangst als Beispiel. Die ersten Male, in denen du freiwillig den Fels losgelassen hast, waren fürchterlich. Nach ein paar Wochen war es nur noch unangenehm. Nach einer gezielten Anstrengung, über einige Monate Stürze in jede Klettereinheit zu integrieren, fühlt es sich ärgerlicherweise immer noch unangenehm an! Das Training braucht seine Zeit, es ist unbequem und macht nicht viel Spaß. Schlimmer noch: Jetzt hast du den Eindruck, dass es nicht mal mehr funktioniert. Du bist es gewohnt, spürbare Verbesserungen innerhalb von Wochen zu verzeichnen, aber jetzt gibt es innerhalb von Monaten nahezu keinen Erfolg mehr.

Daraus könnte man leicht schließen, dass die Angst nicht überwunden werden kann – es ist eben nicht jedem gegeben, ein kühner Kletterer zu werden, der angstfrei stürzen kann. Das ist in dem Moment ein völlig natürlicher Gedanke, und er scheint von all den Symptomen, die du während der Trainingseinheiten empfindest, bestätigt zu werden. Es fehlt scheinbar jede Rückmeldung, dass deine Mühen dich dem Ziel näher bringen. Aber tatsächlich bist du fast am Ziel. Du stehst kurz vor dem Punkt, an dem die Angst vor dem Fallen so gering wird, dass du Stürze – ohne groß darüber nachzudenken – in dein Training einbauen kannst. Es wird automatisiert: eine Gewohnheit, die man genauso wenig bewusst zur Kenntnis nimmt wie den eigenen Kletterstil.

Sobald dieser magische Punkt in Sachen Sturzangst einmal erreicht ist, ist viel gewonnen. Falls man es nicht gerade völlig verbockt und wieder für längere Zeit Stürze komplett vermeidet, braucht man nie wieder diesen mühsamen Weg zu gehen und die Angst in Vertrauen zu verwandeln. Jedenfalls bedeutet ein Aufgeben, wenn man fast am Ziel ist, dass alles wieder von vorn anfängt. Schlimmer noch: Vielleicht bleibt man für immer auf halbem Weg stecken, schwankt einerseits zwischen dem

Schmerz, das Problem lösen zu müssen und sich anzustrengen, und andererseits dem Schmerz, aufzugeben und zum x-ten Mal wieder von vorne anfangen zu müssen. Es scheint so sinnlos.

Wie lässt sich also diese »Vertrauenskrise« kurz vorm Ziel überwinden? Erst einmal ist es wichtig, den Unterschied zu erkennen zwischen »geht nicht« und »will nicht«. Scheinbar endloses Training, das ohne die gewünschten Ergebnisse bleibt, lässt uns oft etwas denken, wie: »Das halte ich nicht länger durch. Ich höre auf.« An diese Worte und Herangehensweise sind wir gewohnt. Wir glauben daher daran und handeln entsprechend. Die Schlussfolgerung ist allerdings falsch. Tatsächlich müsste man sagen: »Ich plage mich richtig ab und habe einen Punkt erreicht, an dem es sich anfühlt, als stünde der Aufwand weiterzumachen in keinem Verhältnis zu der Wahrscheinlichkeit, endlich ein brauchbares Ergebnis zu erzielen.« Diese Formulierung trifft die Realität sehr genau, fasst unsere Gefühle aber bei Weitem nicht so treffend zusammen: Das ist verdammt frustrierend!

Um sich vom Plateau zu lösen, ist es wichtig, einen Schritt zurückzutreten und negative Emotionen nicht zu einer sich selbsterfüllenden Prophezeiung werden zu lassen. Ganz egal, wie schmerzhaft oder frustrierend die Bemühungen sein mögen, ist es die eigene Entscheidung weiterzumachen. »Ich habe das Gefühl, dass ich das nicht länger durchhalte, und ich bin mir nicht sicher, ob ich noch weitermachen soll.« Das ist nur geringfügig anders formuliert, würdigt aber die Tatsache, dass wir die Wahl haben. Niemand wird zum Scheitern gezwungen.

Um die richtige Wahl zu treffen, braucht man weitere Informationen. Ist es wirklich sinnlos, weiterzumachen? Die bisherigen Begleiterscheinungen der Mühen – Müdigkeit, Monotonie und Frustration – sind unübersehbar. Aber wie kannst du es schaffen, stattdessen die Fortschritte zu sehen, die du gemacht hast? Wie viel weiterer Fortschritt ist nötig, um das Ziel zu erreichen? In welchem Verhältnis steht das zum bisherigen Aufwand? Die Antworten auf diese Fragen ergeben in der Regel ein klareres Bild davon, wo man gerade steht, und erleichtern es, die nackten

Emotionen abzumildern. Denk daran, dass bei vielen Trainings- bzw. Kletteraspekten der empfindlichste Punkt knapp vor dem Durchbruch kommt. Je schlimmer es sich also anfühlt, desto näher bist du vermutlich dran. Willst du wirklich so kurz vor dem Ziel alles hinschmeißen?

Du hast also fast ein Jahr lang tagein, tagaus Sturztraining gemacht, aber immer wenn du an einen unbekannten Felsen kommst oder eine schwere Tour mit weiteren Hakenabständen onsight versuchst, ist die Angst wieder da. Warum hast du sie noch nicht überwunden? Das Stürzen fühlt sich doch schon viel vertrauter an, und du denkst nur noch selten darüber nach, wenn du in deiner gewohnten Kletterumgebung bist, und einige Touren, die du anfangs für viel zu riskant hieltest, hast du ebenfalls schon geschafft. Du bist also fast am Ziel. Schließlich würdest du diese neue Tour doch gar nicht erst versuchen, wenn du nicht den bisherigen Fortschritt erzielt hättest.

Die richtige Entscheidung zu treffen – durchhalten oder aufgeben – bedeutet, sowohl die bisherigen Erfolge zu messen, als auch die Begleiterscheinungen des Kampfes zu berücksichtigen, die sich so in den Vordergrund drängen.

Zu alt zum Lernen?

Mach dich nicht wegen deines Alters verrückt! Das ist vielleicht eine bequeme Ausrede, um aufzugeben und es sich gemütlich zu machen, aber klar ist: Wer nicht gerade zu der winzigen Minderheit der Weltklasseathleten gehört oder eine schlimme Verletzung hat, der muss sich eine nachlassende Kletterleistung schon selbst zuschreiben. Jeder trifft die Entscheidung selbst, und sei es unbewusst. In Sportarten wie Laufen, in denen Kraft oder Fitness eine große Rolle spielen, würde eine gute Entwicklung der Sportkarriere so aussehen, dass man sich zehn Jahre an das Training gewöhnt, weitere zehn Jahre braucht, um das Potenzial voll auszuschöpfen, und dann etwa fünf Jahre lang das hohe Niveau halten und Erfolge verbuchen kann, bevor die Leistung allmählich nachlässt (sich aber immer noch kleine Triumphe aus dem Hut zaubern lassen).

Die meisten wirklich erfolgreichen Sportler mögen mit dem oben beschriebenen Ablauf im Alter von etwa fünf Jahren beginnen. Auch wenn sie mit 15 oder 18 Jahren anfangen, ist das noch kein Problem. Solche »Spätstarter« brauchen dann zwar eine nahezu optimale Kombination aus Coaching, Training und Talent, um Usain Bolt die Siegprämie streitig zu machen. Aber auch seine Leistungsentwicklung war recht wechselhaft, und jemand anders könnte es besser machen.

Zum Glück spielen reine Kraft und Fitness beim Klettern keine große Rolle. Gut zu klettern, erfordert ein breites Spektrum technischer und taktischer Fähigkeiten sowie Fingerkraft, Ausdauer und eine gute Körperbeherrschung. Dadurch haben ältere Sportler eine deutlich größere Chance als in anderen Sportarten.

Eine Entwicklung könnte also wie folgt aussehen: zehn Jahre, um sich an das Training zu gewöhnen, weitere zehn Jahre, um allmählich das Kraft-/Fitnessplateau zu erreichen, und noch einmal zehn Jahre, in denen man wirklich gut zu klettern lernt und die Taktik verfeinert. Wer mit zehn Jahren beginnt, erreicht den Höhepunkt der sportlichen Leistung mit 40 und kann dieses Niveau bis 50 halten. Das ist etwas salopp gefasst, aber durchaus möglich, wie Steve McClure, Stevie Haston, Yuyi Hirayama, Maurizio Zanolla und viele andere bewiesen haben. Ein Dankeschön an sie für ihre Inspiration!

Viele, die über 40 (oder gar auch nur über 30) sind, glauben, sie könnten sich nicht mehr verbessern, weil die meisten ihrer gleichaltrigen Kollegen schlechter werden. Das muss nicht sein.

Wer im »mittleren Alter« mit dem Klettern anfängt oder nach zehn, 20 Jahren Kletterpause, in denen er sich der Familie gewidmet hat, wieder einsteigt, wird kaum versuchen, 9b zu schaffen. Er möchte lediglich besser werden, als er gerade ist. Es geht

Teil 4
Die anderen großen vier

hier also darum, dass einen nicht der eigene Körper zurückhält. Der reagiert auf neue Reize durchaus mit Anpassung. Beim Klettern geht es mit der Leistung nicht bergab, weil man im Alter nicht mehr so gut auf Trainingsreize reagiert oder sein Leistungspotenzial erschöpft hat. Ursache sind vielmehr Dinge wie:

- Man glaubt nicht mehr an die eigene Fähigkeit, Grenzen zu überschreiten.

- Man macht es sich im Leben bequem.

- Man denkt, sich nicht weiter verbessern zu können, und versucht es daher gar nicht erst.

- Man verletzt sich und arbeitet nicht hart genug an der Reha.

- Die eigenen Prioritäten ändern sich, und Klettern verliert an Bedeutung.

- Der Beruf verdrängt allmählich das Klettern aus dem Leben.

Man hat in jungen Jahren nur für den Tag gelebt und sein Leben nicht für die Zukunft ausgerichtet. Natürlich gibt es noch etliche weitere Gründe. Die wichtigste Hürde beim Coaching älterer Kletterer besteht aber immer in dem Erstgenannten: sie davon zu überzeugen, dass das Alter nicht ihr Haupthindernis ist.

Abgesehen von Verletzungen. Verletzungen sind etwas, womit man im Laufe einer langen Sportlerkarriere nur schwer fertig wird. Sie sind meist Folge des Älterwerdens in Verbindung mit unvermeidbaren Zu- und Unfällen. Aber das Zauberwort dabei heißt: fertig werden. Mit Verletzungen wird man zwar nur schwer fertig, unmöglich ist es aber nicht. Es gibt unzählige Geschichten von älteren Kletterern, die allerlei schlimme Verletzungen besiegten und dann im fortgeschrittenen Alter neue Schwierigkeitsgrade eroberten. Doch kaum jemand nimmt sich die Zeit, eine Verletzung ordentlich auszukurieren. Das ist offenbar unmodern. Fußballvereine (oder andere Profisportler im Basketball, Tennis

9 von 10 Kletterern machen die gleichen Fehler

oder was auch immer) können oder wollen sich eine komplette Reha für ältere Spieler nicht leisten und sondern sie daher aus. Sie haben keine Wahl, denn sie brauchen ein gutes, leistungsfähiges Team. Kletterer hingegen haben sehr wohl eine Wahl. Sie können geduldig sein, während einer langen Reha-Phase den Mut nicht verlieren und anschließend weitermachen. Das ist alles eine Frage des Eifers und der Entschlossenheit. Lass dich gut beraten, investiere die Zeit und Arbeit für die nötigen Reha-Übungen, und dann kannst du danach auch wieder schwer klettern.

Wer nach einer mehrjährigen Auszeit wieder mit dem Klettern beginnt, tut sich oft besonders schwer, weil er seine aktuelle Leistung mit seiner früheren vergleicht. Wenn das alte Niveau nicht schnell wieder erreicht wird, heißt es voreilig, dass das nicht mehr möglich sei. Das stimmt meist nicht, aber es dauert seine Zeit. Was jetzt anders ist als in jüngeren Jahren, ist, dass der Körper sich leichter beschwert und schmerzt, wenn er nicht gut behandelt wird. Früher hat man das kaum bemerkt. Jetzt ist es wichtig, sich besonders sorgfältig aufzuwärmen, die Intensität nur langsam zu erhöhen und ausreichend lange Pausen einzuplanen, außerdem auf eine gute Ernährung, genug Schlaf und Entspannung zu achten, um mit der ganzen körperlichen Belastung klarzukommen. Da bleibt die eine oder andere Verletzung nicht aus. Finde heraus, wo du am anfälligsten bist, und stelle die Ursache so schnell wie möglich ab. Versuch nicht, wegen deines fortgeschrittenen Alters den sportlichen Fortschritt extra beschleunigen zu wollen! Ein langsamer, aber stetiger Fortschritt ist viel sinnvoller. Und ein kritischer Blick schadet auch nicht: Nach 20 Jahren ohne Sport sitzen gern ein paar Pfunde zu viel auf den Rippen, die dort nicht hingehören. Auch die ehemaligen Kletterpartner haben inzwischen oft aufgehört, oder der Kontakt ist abgerissen. Dann gilt es, neue Partner zu finden. Das war allerdings noch nie so einfach wie zu Zeiten des Internets und Kletterhallen voller Gleichgesinnter. Umgib dich ruhig auch mit jüngeren Kletterern – lass dich von deren Energie und Begeisterung anstecken und kombiniere dies mit deiner Erfahrung und Zielstrebigkeit.

Verzichte nicht auf eine Karriere als leistungsorientierter Kletterer, weil du glaubst, keine andere Wahl zu haben. Es mag nicht leicht sein, weiterzumachen – aber es ist nicht nur die schwerste, sondern auch die lohnendste Wahl.

Aber jeder muss diese Entscheidung selbst treffen.

Um Zeit zu finden, nutze die Zeit effizienter

In den Teilen 2 und 3 dieses Buches sollte zum Ausdruck gekommen sein, dass, wenn man sich auf das richtige Verbesserungsziel konzentriert (egal, was der leistungsbegrenzende Faktor auch sein mag), sich der Fortschritt mitunter sehr schnell einstellen kann. Es ist also möglich, sich in einem Maß zu steigern, über das fast jeder Kletterer froh wäre, auch ohne dass übermäßig viel Zeit zum Klettern zur Verfügung steht. Das Paradoxe dabei ist, dass diejenigen, die die meiste Zeit zum Klettern haben und die ihren Lebensstandard weit zurückfahren, um sich ein Dasein quasi als Vollzeitkletterer leisten zu können, nur selten die besten Leistungen bringen. Es scheint so, als würde der Mensch prozentual umso mehr Zeit verschwenden, je mehr Zeit ihm für eine Sache zur Verfügung steht. Wobei verschwendet vielleicht zu hart ausgedrückt ist. Es könnte ja auch einfach Spaß machen, einen Klettertag locker anzugehen und einen Fortschritt nicht zu überstürzen. Worum es mir geht, ist, dass diejenigen mit einem straffen Terminkalender im Alltag – mit Beruf, Familie und anderen Interessen – ihre Aufgaben oft sehr effizient erledigen. Und diese Fähigkeit lässt sich natürlich aufs Klettern übertragen.

Wenn du deine verfügbare Kletterzeit pro Woche an zwei Händen oder noch weniger abzählen kannst und du noch nicht auf eine jahrelange Erfahrung am Fels zurückblickst, besteht die größte Herausforderung darin, einen hohen Umfang an Bewegungserfahrung zu sammeln – ein wichtiger Faktor für das Erlernen der diversen Klettertechniken. Allerdings macht kaum ein Kletterer wirklich gezielte Übungen oder nimmt sich einen Coach, um eine Technik nicht länger nach Versuch und Irrtum zu erlernen, sondern möglichst effizient eine neue Fertigkeit ins Bewegungsrepertoire aufzunehmen. Auf diese Weise ließe sich die Klettertechnik um ein Vielfaches schneller lernen als üblich. Das Verhältnis von Fingerkraft zu Körpergewicht zu verbessern, ist etwas ganz anderes, als die Bewegungsabläufe zu optimieren. Zwar braucht beides eine gewisse Trainingszeit, aber die Steigerung der Fingerkraft erfordert viel weniger Engagement und ist eher eine Frage von Geduld und Durchhaltewillen. Für Leute mit ganz wenig Zeit ist ein Griffbrett ein äußerst nützliches Hilfsmittel. Wer sich alternativ zu Hause eine Boulderecke einrichtet, kann trotz eines harten, zeitaufwendigen Vollzeitjobs in den höchsten Schwierigkeitsgraden unterwegs sein – so zeiteffizient lässt sich die Fingerkraft trainieren.

Was vielbeschäftigten Kletterern also im Weg steht, ist weniger ihre begrenzte Freizeit als vielmehr das Vorstellungsvermögen, wie sie ihr Training in den Alltag integrieren können – und die Tatsache, dass sie dies oft nicht für möglich halten. Oft reicht allerdings eine zufällige Bekanntschaft mit jemandem, dem es ähnlich geht und der es trotzdem geschafft hat, oder eine passende Bemerkung eines Freundes oder Trainers, um die entscheidenden Denkblockaden aufzulösen. Sobald der Kletterer einen praktikablen Weg sieht, mehr Kletter- oder Bouldertraining in seinen Terminkalender einzubauen, ohne an anderer Stelle zu große Opfer zu bringen, ergibt sich der Rest fast von selbst.

Beispiele:

▶ Mit einem zusätzlichen freien Abend würde ein Besuch der Boulderhalle möglich. Besser noch wäre eine Boulderwand in der eigenen Garage, mit der man an zwei Abenden jeweils eine intensive 45-Minuten-Einheit zwischen die anderen Termine quetschen könnte, ohne diese absagen zu müssen.

Teil 4
Die anderen großen vier

▸ Wer jeden Abend das Kochen oder Fernsehen mit einer halbstündigen Einheit am Griffbrett kombiniert, kann so im Verlauf einer Woche viel und intensiv trainieren. Eine kurze Bouldereinheit in der Mittagspause erfüllt den gleichen Zweck.

▸ Gezielte Übungen während der Aufwärmrouten machen, anstatt über die Arbeit nachzudenken oder darüber, was es abends zu essen gibt. Dann noch ein, zwei Trainingsstürze und das Ganze kurz analysieren, während man seinen Partner sichert, und schon wärmt das Einklettern auch den Geist auf.

▸ Eine intensive 45-minütige Ausdauereinheit an einer Boulderwand, anstatt den ganzen Tag am Fels zu verbringen (wo man wahrscheinlich auch weniger Zeit in der optimalen Intensität klettert).

Natürlich gibt es Einschränkungen, und obwohl es durchaus möglich ist, dass Kletterer auch mit extrem straffen Terminplänen eine ordentliche Verbesserung erzielen, besteht der nächste Schritt darin, offen für Veränderungen zu sein, um das Klettern besser zu integrieren. Das mag kurzfristig zwar mühsam sein oder auch vorübergehend nicht machbar, aber sich das Arbeitsleben so umzugestalten, dass ein gelegentlicher Trip in die Kletterhalle oder zum Fels möglich wird, kann auf lange Sicht durch gesteigertes Wohlbefinden belohnt werden. Aber auch das ist eine rein persönliche Entscheidung.

Übrigens besteht ein riesiger Verständnisunterschied zwischen denen, die sportlichen Erfolg bereits erzielt haben, und denen, die dies erst noch versuchen. Eine weitverbreitete Einstellung ist: »Wenn ich so viel Zeit zum Trainieren hätte wie die Profis, wäre das alles kein Problem.« Wahr ist aber, dass es beim Klettern nahezu keine Profis im landläufigen Sinne gibt. Betrachtet man eine Gruppe von Spitzenkletterern, hat die Mehrheit einen normalen Vollzeitjob und quetscht das Training dazwischen. Der Terminplan eines echten Profisportlers ist ein richtig hartes Programm von Arbeit und Training, bei dem jede freie Minute dem Sport gewidmet ist. Fazit: Erfolgreiche Kletterer sind deshalb erfolgreich, weil sie härter an sich arbeiten.

Wie viel Leistungswillen hast du wirklich?

Auch wenn die Mehrheit der Kletterer die verfügbaren Zeitreserven, die Klettereinrichtungen und die eigenen Fähigkeiten effizienter nutzen könnte, beruht die höchste Form sportlicher Leistung doch immer auf der Kombination aus entsprechender Leistungsorientierung und Opferbereitschaft. Diese Diskussion ist ziemlich unbedeutend für all jene, die viel Spielraum haben, die Qualität ihres Trainings zu verbessern, ohne die Trainingsumfänge erhöhen zu müssen. Für diejenigen aber, die wirklich bis an die Grenzen ihrer sportlichen Leistungsfähigkeit kommen wollen, erfordert dies unbedingt die Bereitschaft, Dinge zu tun, die andere nicht tun würden.

Wenn sie die Biografie oder ein Interview mit einem ihrer sportlichen Vorbilder lesen, versuchen viele Menschen, sich für ihre eigenen Bemühungen ein Beispiel an ihnen zu nehmen. »Ich könnte doch das Gleiche versuchen.« Aber das klappt nur selten. Die besten Sportler verfügen oft über etwas, das 99 Prozent der anderen Leute fehlt: Sie lieben die »Tretmühle«. Sie genießen die langen Jahre der monotonen und scheinbar erfolglosen Vorbereitungsjahre, die zwischen dem Reiz des Anfängertums und dem Triumph der Spitzenleistung liegen. Eine Niederlage macht ihnen nichts aus, ebenso wenig wie Enttäuschungen oder das Gefühl, ständig kaputt zu sein. Selbst wenn sie sagen, dass sie Fehlschläge nicht leiden können, ist das nicht ganz wahr – sie mögen sie, oder zumindest mögen sie das Damoklesschwert eines Fehlschlags, weil es sie zu neuen Höchstleistungen antreibt.

Die meisten Menschen empfinden das anders. Längere monotone Schinderei mit einer bloß ungewissen Aussicht auf Erfolg ir-

Teil 4
Die anderen großen vier

gendwann in der fernen Zukunft schreckt viele Leute ab. Denn nur die wenigsten Menschen können mit Fehlschlägen adäquat umgehen. Sie geben auf und suchen sich etwas Neues, um die Erfahrung des Fehlschlags künftig zu vermeiden. Wenn ein Leistungssportler dagegen einen Fehlschlag erlebt, kniet er sich richtig in die Sache rein.

Allerdings wissen solche Sportler selbst oft gar nicht, dass sie eine gewisse Liebe für das Leiden haben. Oder, wenn sie sich dessen bewusst sind, halten sie es für eine Selbstverständlichkeit und nicht erwähnenswert – weil alle Leute, mit denen sie zu tun haben (ihre Wettkampfgegner oder andere Spitzensportler) genauso sind wie sie. Und so offenbart sich – beispielsweise in einem Interview – dem Leser ihre wahre Einstellung nur selten.

Für Außenstehende mag es also den Anschein haben, als könnten sie einen Trainingsplan, eine Idee, eine Ernährungsweise etc. von ihrem Vorbild einfach kopieren und so dessen Erfolg wiederholen. Dabei stellen sie oft schnell fest, dass sie nicht auf alles andere verzichten wollen. Die Kumpel gehen ein Bier trinken. Die letzten drei Treffen hast du schon wegen des Trainings verpasst. Sagst du schon wieder ab? Schwere Entscheidung.

Die meisten Menschen arrangieren sich mit ihren Lebensumständen, ohne groß etwas ändern zu wollen, und das ist auch in Ordnung, weil man sein Leistungspotenzial schon gut nutzen kann, wenn die wenige verfügbare Zeit und Energie optimal genutzt werden. Erst um die letzten paar Prozentpunkte auszuschöpfen, wird es notwendig, die Kletterbedürfnisse über andere Lebensbereiche zu stellen. Wirklich erfolgreiche Sportler passen sich nicht an die Umstände an, sondern machen sie sich passend. Das hat seinen Preis: Die anderen Dinge des Lebens kommen womöglich zu kurz.

Es hilft immerhin, sich dieses Dilemmas bewusst zu sein, denn das versetzt einen in die Lage, im Detail zu hinterfragen, an welcher Stelle man wirklich stehen möchte auf der Palette der Möglichkeiten zwischen kompromisslosem Leistungssportler mit

Scheuklappen einerseits und Gelegenheitskletterer, dem die Opfer im Alltag und die monotone Schinderei des gezielten Trainings zu viel sind. Beides gleichzeitig zu haben, ist nicht möglich, aber es gibt ja unzählige Zwischenstufen, sodass jeder seinen eigenen Weg gehen kann. Entgegen dem eigenen Naturell zu handeln, ist verdammt hart, aber es ist definitiv möglich, sich der Magnetwirkung der Gewohnheit ziemlich weit zu entziehen, wenn man erst einmal erlebt hat, wofür man dies tut und dass es sich lohnt. Das schließt natürlich nicht aus, dass zwischenzeitlich auch ein Durchschnittssportler mal die Scheuklappen aufsetzt: Wenn man merkt, dass ein Ziel in Reichweite ist und sich mit etwas mehr Trainingsaufwand und guter Vorbereitung auch innerhalb des alltäglichen Terminplans erreichen lässt, ist es durchaus denkbar, sich eine vorübergehende Auszeit von anderen Verpflichtungen zu nehmen, um das Ziel auch zu erreichen. Aber Vorsicht: Diese Vorgehensweise kann süchtig machen!

Taktik ist wichtiger als Training

Im Allgemeinen sind Kletterer viel zu sehr an Ergebnissen orientiert, auch im Training. Dabei sollte neben der Verbesserung kletterspezifischer Fertigkeiten wie (Finger-)Kraft und Bewegungseffizienz immer auch etwas Zeit für die Taktikschulung im »richtigen Leben« – der projektierten Tour – eingeplant werden. Für manche Kletterer beschränkt sich die Kunst des Leistungbringens darauf, ein paar Ruhetage einzulegen, damit der Körper ausgeruht und voll leistungsfähig ist und beim eigentlichen Klettern alles geben kann. Allerdings besteht wahre Leistung aus weit mehr Faktoren. Um in letzter Konsequenz eine Tour zu schaffen, ist eine gute Taktik oft wichtiger als die kletterspezifischen Fertigkeiten. Unabhängig davon, wie fit oder stark jemand ist oder wie gut er sich am Fels bewegt, geht doch alles schief, falls die Bedingungen nicht stimmen, nicht genug Haut auf den Fingern ist, man die Schlüsselstelle nicht optimal ausgecheckt hat und deshalb beim Klinken der Ha-

Teil 4 Die anderen großen vier

ken Mist baut oder sich nicht bis zum Äußersten verausgaben kann. Eine gute Taktik ist eigentlich nur eine Kombination aus gesundem Menschenverstand und der Vorstellungsgabe, alle Möglichkeiten auszunutzen, um die Durchstiegswahrscheinlichkeit zu erhöhen. Wenn du dir angewöhnst, bei jeder Tour, in die du einsteigst, alle nur denkbaren taktischen Vorteile auszuprobieren, geht dir das schließlich in Fleisch und Blut über. Taktisch gutes Klettern ist eine Frage der Einstellung und der Herangehensweise ans Klettern einerseits und besteht andererseits aus einer Reihe konkreter Kenntnisse. Davon abgesehen gibt es ein paar allgemeine taktische Regeln, die in sehr vielen Klettersituationen gelten. Hier folgt eine Liste der taktischen Fähigkeiten, die bei einer schlechten Kletterleistung üblicherweise gefehlt haben:

- Der Versuch findet nicht bei besten Bedingungen (im Jahr, in einer Saison oder innerhalb eines Tages) statt. Um die bestmögliche Reibung zu haben, ist es beispielsweise sinnvoller, einen Zeitpunkt zu wählen, wenn es kühl ist, ohne dass die Finger vor Kälte taub werden. Wer zum ersten Mal erlebt, wie sich gute Felsreibung anfühlt, empfindet dies oft als Offenbarung. Man fühlt sich fast schwerelos. Dieses richtige Timing ist in manchen klimatischen Regionen eine echte Kunst. Das Problem dabei liegt darin, dass man ein sich widersprechendes Gleichgewicht zwischen kühlen, nicht schwitzenden Fingerspitzen, warmen Händen und gut aufgewärmter, optimal leistungsbereiter Muskulatur braucht. Wenn es draußen warm ist und man bis zu einem Durchstiegsversuch lange warten muss, ist es wichtig, dass die Muskulatur nicht auskühlt und steif wird. Bei feuchtem Wetter ist das Klettern am eigenen Limit besonders schwierig. Einen Fels zu finden, an dem ein leichter Wind weht, kann hilfreich sein. Selbst eine sanfte Brise reicht oft schon aus, die Finger ausreichend kühl und trocken zu halten. Wichtig ist, dabei eine Jacke zu tragen, die die restliche Muskulatur warm und einsatzbereit hält. Wenn die Kälte ein Problem ist, sollte man versuchen, den ganzen Klettertag über in Bewegung zu bleiben. Fällt nämlich die Körpertemperatur zu stark, wird es schwer, sie wieder auf das Niveau für optimale Leistung zu bringen. Wer längere Zeit bei Kälte sichern musste, kann in einer dicken, warmen Jacke ein paar Sprints machen, damit die Herzfrequenz auf Touren kommt. Es ist nicht nötig, das zu übertreiben, schadet aber nicht, etwas »erhitzt« am Einstieg zu stehen. Bis man die Schuhe angezogen und sich eingebunden hat, ist die richtige Betriebstemperatur erreicht.

- Eine Passage im Onsight-Versuch wurde nicht richtig gelesen. Die meisten Kletterer verbringen nicht annähernd genug Zeit damit, sich eine Tour anzuschauen, bevor sie sie in Angriff nehmen. Natürlich ist nicht jede Route gleichermaßen aussagekräftig, aber fast immer lässt sich etwas lernen, wenn man sich die Zeit nimmt und sie aus so vielen verschiedenen Winkeln und Perspektiven betrachtet wie möglich. Halte Ausschau nach guten Ruhepositionen, Änderungen im Neigungswinkel der Wand, offensichtlichen Griffen, scheinbar grifflosen Passagen (wo du dich dann auf einen harten Kampf einstellst), gechalkten Griffen und Tritten, um die Bewegungsabfolge zu erahnen, und Stellen, wo sich zusätzliche Sicherungen unterbringen lassen.

- Beim Rotpunkt-Versuch wurde eine Passage nicht richtig gelesen. Viele Kletterer versteifen sich beim Ausbouldern einer Route auf die erste Möglichkeit, wie sie eine Stelle klettern können, auch wenn dies womöglich gar nicht die beste Lösung dafür ist. Der Einzelzug ist zwar machbar, aber beim Durchstiegsversuch kommt man dort schon gepumpt an und kann ihn dann eben nicht mehr durchführen. Es würde sich lohnen, systematischer und sorgfältiger nach Alternativen zu suchen, was gar nicht unbedingt viel mehr Zeit kostet. Sobald du eine Möglichkeit gefunden hast, eine Stelle zu klettern, gönn dir noch ein paar Minuten, um die drei, vier anderen relativ offensichtlichen Alternativen mit anderen Griffen und Tritten zu probieren. Selbst erfahrene Kletterer können so in etwa der Hälfte der Fälle noch eine bessere Lösung fin-

Teil 4
Die anderen großen vier

den. Auch wer versucht, eine Route durchzusteigen, und immer wieder bei einem bestimmten Zug rausfällt, sollte mal einen Moment innehalten und ein paar Minuten lang versuchen, eine bessere Zugfolge zu finden, anstatt sich in die erste Lösung zu verbeißen und ständig den gleichen Fehler zu machen.

▶ Nimm nur das notwendige Material für eine Route mit. Schau dir für eine selbst abzusichernde Route den Fels und – falls vorhanden – die Angaben zum benötigten Material im Kletterführer an. Trage kein überflüssiges Material als Ballast mit dir rum, nur weil du es gewohnt bist, das Zeug am Gurt zu haben. Für eine Bohrhakenroute, die du ehrlich Rotpunkt[4] klettern willst, lässt sich vielleicht schon vom Boden aus erkennen, dass man sich meist rechts der Haken hält und die Expressschlingen somit auf der linken Seite des Gurts braucht. Wer dies erst merkt, wenn er schon eingestiegen ist, sollte eine Ruheposition dazu nutzen, einige Expressen von rechts nach links umzuhängen.

▶ Die Aufnahme von Nahrung und Getränken sollte zeitlich so abgestimmt werden, dass man beim Durchstiegsfight nicht ausgebremst wird. Wer sich wenige Minuten vor einem scharfen Versuch den Magen vollschlägt, braucht sich nicht wundern, wenn er sich voll und müde fühlt. Andererseits besteht bei heißem Wetter die Gefahr, zu wenig zu trinken, wenn man sich nicht regelrecht dazu zwingt und immer eine Wasserflasche griffbereit hat. An kalten Tagen, wenn man nur wenig Lust hat zu trinken, gilt das Gleiche.

Außerdem noch ein paar allgemeine Tipps: Reinige die Griffe mit einer Zahnbürste von Chalk und Staub. Achte darauf, dass die Sohlen deiner Kletterschuhe sauber und trocken sind. Lass dir genug Zeit, den Kletterrucksack zu packen, bevor du losfährst. Die Sachen zu packen fördert die gedankliche Vorberei-

---

[4] Die Briten unterscheiden viel strikter zwischen Rotpunkt (Durchstieg mit Einhängen der Expressschlingen) und Pinkpoint (Durchstieg mit hängenden Expressen) als die Deutschen (Anm. d. Übers.).

tung auf den bevorstehenden Klettertag und eine sinnvolle Planung. Tausche dich auch mit deinem Kletterpartner aus, welche Routen er gern machen möchte, um euren Tag bestmöglich zu planen und auszunutzen. An sehr kalten Tagen kann es beim Sportklettern beispielsweise sinnvoll sein, dass beide Partner jeweils während der Hälfte der Zeit »am Stück« klettern, um warm zu bleiben, anstatt sich regelmäßig abzuwechseln. Wenn du eine Route Rotpunkt klettern willst, schau dir auch an, wie andere Kletterer diese Route klettern, um beim eigenen Versuch am Fels Kraft zu sparen. Du solltest außerdem wissen, welche Situationen dich eher stressen und in welchen du Höchstleistungen bringst. Manche brauchen für schwere Touren den Druck am letzten Tag eines Kletterurlaubs, jemanden, der sie anfeuert, oder einen vertrauten Sicherungspartner. Versuch also, die für dich besten Bedingungen zu schaffen!

Für einige erfahrene Kletterer mag all das eine Selbstverständlichkeit sein, und sie können sich auf taktische Feinheiten konzentrieren. Sie müssen nach winzigen Details Ausschau halten, um sich in ihren wirklich schweren Routen einen Vorteil zu verschaffen. Das mag daraus bestehen, abzuschätzen, wie viele Versuche man an einem scharfen Griff hat, bevor die Haut auf den Fingern zu dünn wird. Möglicherweise warten sie lieber auf die besten Bedingungen kurz vor Einbruch der Dämmerung, anstatt während der warmen Mittagsstunden drei minderwertige Versuche zu unternehmen. Vielleicht entscheidet auch die richtige Mischung aus Bewegungswärme und einem lauen Lüftchen, das die Finger trocken hält, über den Erfolg. Oder eine geringfügige Änderung der Vorbereitungsroutine am Fels, durch die man entspannter oder kampfbereiter wird. Mit einer gewissen Vorstellungskraft, Experimentierfreude und Neugier für das, was andere Kletterer machen, lässt sich immer wieder etwas über Klettertaktik lernen.

Teil 4
Die anderen großen vier

Die Bedeutung des Aufwärmens

So erstaunlich es klingt, ist die Zweckmäßigkeit des Aufwärmens im Sport noch nicht zweifelsfrei bewiesen. Manche Forschungsansätze stellen seine Wirksamkeit noch in Frage. Alle Hinweise aus der praktischen Erfahrung zeigen jedoch ziemlich überzeugend, dass es unentbehrlich ist, um seinen Körper für Höchstleistungen bereit zu machen und große Anstrengungen zu erbringen, ohne sich zu verletzen. Vermutlich liegt es zum Teil an der vielseitigen Wirkungsweise, dass sich die Bedeutung des Aufwärmens so schlecht messen lässt. Es verbindet allgemein die verschiedenen Körpersysteme, die bei der jeweiligen Sportart beansprucht werden, und bereitet sie darauf vor, harmonisch zusammenzuwirken.

Das Körpersystem, an das man beim Aufwärmen zuerst denkt, ist die Muskulatur. Durch das Aufwärmen wird die Muskulatur auf hohe Belastungen vorbereitet, indem sie bereits benutzt wird. Das fördert die Durchblutung und erhöht die Gewebetemperatur. Das Aufwärmen hat aber auch psychische Auswirkungen, die eine gewisse Rolle spielen: Der Kopf wird klarer, freier von Gedanken und Ablenkungen, und die Konzentration auf eine gute Kletterleistung steigt.

Wie schnell und intensiv man sich aufwärmt, entscheidet darüber, ob man für eine bestmögliche Leistung bereit ist. In diesem Fall bedeutet bestmögliche Leistung eine Leistung am eigenen Kletterlimit oder einfach, eine Trainingseinheit planmäßig zu absolvieren. Fällt das Aufwärmen zu kurz oder zu lasch aus, macht einen die nachfolgende intensive Belastung viel schneller müde als nötig. Ausgenommen davon können sehr fitte Kletterer sein, denen mehrere Klettertage am Stück zur Verfügung stehen, sei es während einer intensiven Trainingsphase oder eines Kletterurlaubs. In diesem Fall scheint der menschliche Körper mit einem geringeren Aufwärmprogramm auszukommen als bei zwischenzeitlichen Ruhetagen. Ein verkürztes Aufwärmen mag dann sogar eine gute taktische Maßnahme sein, falls die Glykogenspeicher – und damit die Kletterzeit, die einem noch bis zum kompletten Einbruch verbleibt – schon ziemlich erschöpft sind.

Die Dauer der Aufwärmphase ist individuell verschieden und hängt von den Bedingungen, dem Kletterpensum während der letzten Tage und der Art der Kletterei ab. Für kurze, kraftintensive Intervalle am Griffbrett reicht meist eine kurze Aufwärmphase. Vor einer Bouldereinheit empfiehlt sich eine Dauer von 20 bis 60 Minuten, und für lange Sportkletterrouten dauert das Aufwärmen noch länger und die Intensität wird langsamer gesteigert. Jeder sollte im Laufe der Zeit ein Gefühl dafür entwickeln, wie sein Körper auf unterschiedliche Aufwärmmethoden für die jeweiligen Trainingseinheiten reagiert.

Der Inhalt des Aufwärmprogramms sollte so genau wie möglich an die nachfolgende Kletterei angepasst sein. Wenn also ein Warmklettern möglich ist, ist das toll. Die ersten Meter in einer Halle oder am Fels sollten daher eine sehr leichte Route sein oder ein lockeres Bewegen an großen Griffen. Manche schwören auch auf eine Reihe weiterer Maßnahmen wie zum Beispiel aerobe Bewegungen, die den Kreislauf in Schwung bringen. Bei niedrigen Temperaturen ist das sicherlich sinnvoll, um den Körper insgesamt aufzuwärmen. Bei normal warmen Temperaturen sollte so etwas aber nicht nötig sein. Stretching erfüllt einen ähnlichen Zweck wie das Bewegen der Muskulatur: Die Muskeln werden besser durchblutet und erwärmt. Sprich: Auch ohne Stretching sollte einfaches Warmklettern ausreichen. Stretching ist jedoch sehr empfehlenswert bei Verletzungen, die mit einem sanften Bewegungsstart besser zurechtkommen, oder wenn vernarbtes Gewebe sich durch Bewegungsmangel verkürzt oder verhärtet hat. Dann sollte man mit einigen leichteren (und zunehmend schwereren) Bouldern oder Routen beginnen, bis der letzte Aufwärmboulder die Muskelrekrutierung schon auf eine gewisse Probe stellt bzw. die Sportklettertour schon so ausdauernd ist, dass sie die Arme erstmals spürbar pumpt. Allgemein gilt, dass der Körper es nicht mag, wenn er zu schnell zu viel leisten soll; erst recht nicht mit zunehmendem Alter. Wer sich in einer Aufwärmtour unerwartet schwer tut und dennoch zur Umlenkung hochkämpft, kann sich auf diese Weise den ganzen Klettertag vermasseln.

Die Aufmerksamkeit steuern

Sich die Motivation für hartes Training und ernsthafte Versuche zu erhalten, hängt von mehreren Faktoren ab. In den vorhergehenden Abschnitten dieses Buches haben wir gesehen, wie Gewohnheiten und vorgefasste Meinungen einerseits und das Erkennen klarer Vorteile, die sich durch deren Veränderung ergeben, andererseits unsere Bereitschaft dazu erhöhen, Fortschritte zu machen. Es gibt allerdings auch Motivationshindernisse während des eigentlichen Kletterns. Die Anstrengungen und das dauerhafte, gelegentlich monotone Training machen manche Kletterer geradezu süchtig, auf die meisten hingegen wirken sie demotivierend. Was können wir tun, um besser damit fertig zu werden?

In der Sportwissenschaft haben sich zwei psychologische Strategien bewährt, um mit den anhaltend hohen Anforderungen an den Körper in Training und »Wettkampf« umzugehen: Assoziation und Dissoziation. Beide Techniken haben in jeweils unterschiedlichen Situationen überzeugend dazu beigetragen, die Leistung zu verbessern oder einem Sportler zu helfen, eine schwierige Trainingseinheit durchzuziehen. Bei der Assoziation konzentriert der Sportler seine Aufmerksamkeit auf die körperliche Anstrengung, seine Herzfrequenz, sein Körpergefühl während der Bewegungen, den Schmerz in seiner Muskulatur oder seine Stimmungsschwankungen. Dabei hat die Forschung ergeben, dass das Prinzip der Assoziation Sportlern vor allem im Wettkampf hilft, Einsatz und Tempo hoch zu halten, um gute Leistung zu bringen. Für das Training selbst ist es indes weniger geeignet. Die Erklärung dafür ist wohl, dass in einer Leistungssituation, in der es um etwas geht, die Motivation wirklich hoch ist und die Belastung sich daher nicht so unangenehm anfühlt. Beim Klettern besteht die am weitesten verbreitete Form der Assoziation darin, die zunehmende »Blähung« der Unterarme oder die eigene Atmung zur Kenntnis zu nehmen. Auch die mit zunehmender Ermüdung nachlassende Geschicklichkeit der Finger, die gesteigerte Empfindlichkeit der Fingerkuppen und das Gefühl, der Körper würde von der Schwerkraft stärker angezogen, gehören dazu. Sich auf all diese Aspekte einzustellen – entweder unterbewusst während schneller Bewegungen oder bewusst in einer guten Ruheposition – hilft einem zu erkennen, wie erschöpft der Körper tatsächlich ist, und zu entscheiden, was als Nächstes zu tun ist (schneller klettern, die Sturz- und Verletzungsgefahr prüfen, länger an der Ruheposition bleiben etc.).

Im Gegensatz dazu bedeutet Dissoziation das Ausblenden bestimmter physischer oder psychischer Empfindungen mit dem Ziel, eine bessere Leistung zu bringen oder eine Leistung länger durchzuhalten. Im Ausdauersport wird diese Technik vor allem von Läufern genutzt, um lange, harte Intervalle oder Trainingseinheiten leichter zu schaffen, die sich sonst extrem unangenehm anfühlen würden. Die Forschung hat belegt, dass für Läufer Dissoziation im Training sehr nützlich ist. Im Wettkampf gilt dies jedoch nicht, weil dabei ständige Feinabstimmung nötig ist, um eine persönliche Bestleistung zu erzielen. Eine Ausnahme bilden weniger fitte oder leistungsstarke Sportler, die noch nicht so an die Beschwerlichkeit einer harten Einheit gewohnt sind und die es als hilfreich empfinden, »die Schmerzen« auszublenden.

Was sollten wir aber jetzt beim Klettern machen? In den meisten Fällen müssen beim Klettern in kürzester Zeit viel zu viele Entscheidungen getroffen werden, als dass Dissoziation geeignet wäre. Wir müssen aufmerksam »bei der Sache« sein und uns konzentrieren, um sowohl im Training als auch bei einem Vorstiegsversuch alles zu geben. Manchen Kletterern mag es gelingen, in bestimmten Situationen eine Kombination aus beiden Techniken anzuwenden. Zum Beispiel könnten sie sich beim

Teil 4
Die anderen großen vier

Klettern auf ihre Atmung und das Gefühl der einzelnen Körperteile konzentrieren (=Assoziation), während sie gleichzeitig den Schmerz ausblenden (=Dissoziation), den ein scharfer Griff ihren durchgekletterten Fingern zufügt. Die Dissoziation eignet sich besser in Sportarten wie dem Laufen, bei denen die Bewegungsfolgen eher gleichförmig sind und nicht ständig wie beim Klettern durch angepasste Technik optimiert werden müssen, sowie bei einer anhaltend hohen körperlichen Belastung.

Dennoch kann die Dissoziation gelegentlich auch im Klettersport während Ausdauereinheiten zum Einsatz kommen. Ausdauerzirkel beispielsweise, bei denen man die Züge bereits kennt – wie in einer Boulder- oder Kletterhalle – sind eine äußerst effiziente Form des Ausdauertrainings. Sie sind allerdings auch anstrengend und wenig abwechslungsreich. Manche Kletterer empfinden diese ständigen Wiederholungen als langweilig und lassen sich auch von den Schmerzen ihrer völlig gepumpten Unterarme davon abbringen, ihr Training motiviert durchzuziehen. In diesem Fall kann Dissoziation hilfreich sein. Indem man sich auf den rhythmischen Fluss der Bewegungen, andere Gedanken, Empfindungen oder auch Musik konzentriert, lässt sich diesem Motivationsproblem leichter beikommen. Auch sonst kann man seine Gedanken und Aufmerksamkeit bestmöglich von dem unerfreulichen Aspekt der Anstrengungen lösen.

Dissoziation wird auch zur Angstbewältigung in gefährlichen traditionellen[5] Routen häufig eingesetzt. Allerdings ist es dort ein sehr riskantes Hilfsmittel, das nur nach einer genauen, sorgfältigen Beurteilung der Situation verwendet werden sollte. Wer sich dafür entscheidet, eine schlecht abzusichernde Passage in Angriff zu nehmen, und bewusst hinter dieser Entscheidung steht, für den kann das Ausblenden und Loslösen von der Angst die einzige Möglichkeit sein, die Züge unbeeinflusst von Angst und Panik – und somit sicher – auszuführen. Sobald sich jedoch die Situation ändert, ist sofort wieder die Assoziationstechnik

---

[5] In Großbritannien gibt es viele traditionelle Sportklettergebiete, in denen die Routen komplett selbst abgesichert werden müssen. (Anm. d. Übers.)

Pflicht, um jede potenzielle Gefahr zu erkennen und adäquat beurteilen zu können.

Ein weiterer Bereich, in dem der Einsatz von Dissoziation gefährlich sein kann, ist, die Schmerzen einer Verletzung auszublenden und zu ignorieren. Das führt üblicherweise dazu, dass sich eine prinzipiell harmlose Verletzung zu einer größeren Sache entwickelt. Ein guter Sportler, der dauerhaft gesund und verletzungsfrei bleiben möchte, sollte seiner Gesundheit volle Aufmerksamkeit widmen und ein wachsames Auge auf jegliche Verletzung haben, um sie frühzeitig zu kurieren. Und nach einer überstandenen Verletzung auf den Körper Rücksicht zu nehmen und das Training entsprechend anzupassen, ist die einzige Möglichkeit, eine vollständige Heilung zu erreichen und langfristig gesund zu bleiben.

Die Psyche in den Griff kriegen

Psychische Erregung – beim Klettern üblicherweise kurz Psyche genannt – ist ein entscheidender Erfolgsfaktor für das Klettern am persönlichen Limit. Ein hohes Niveau psychischer Erregung lässt sich relativ leicht erreichen – fast jeder kann sich hochpushen und wie ein Verrückter in sein Projekt stürzen. Solch ein unbeherrschter Ansturm ist aber meist viel zu unkontrolliert, ineffizient und daher zum Scheitern verurteilt. Die wahre Kunst besteht aus drei Komponenten: die psychische Erregung auf das optimale Niveau bringen, den richtigen Zeitpunkt finden und sie in körperliche Leistung umsetzen.

Ein hohes körperliches und mentales Erregungsniveau kann entweder dazu genutzt werden, die letzten Kraftreserven aus der Muskulatur zu mobilisieren, oder als Unterstützung einer anderen mentalen Technik wie des Ausblendens von Angst, Panik, Schmerz oder Erschöpfung. Das allgemein akzeptierte Modell der psychischen Erregung wird gern als umgekehrtes U dargestellt. Trägt man in einem Diagramm auf der x-Achse das Er-

Teil 4
Die anderen großen vier

regungs- oder Angstniveau auf und auf der y-Achse die sportliche Leistung, ergibt sich eine Kurve in der Form eines auf dem Kopf stehenden Us, was bedeutet, dass ein mittleres Erregungsniveau zu viel besseren Leistungen führt als ein sehr niedriges oder sehr hohes. Dabei gilt es, die individuelle Persönlichkeit zu berücksichtigen: Manche Menschen kommen mit einem über- oder unterdurchschnittlichen Erregungsniveau besser zurecht.

Anders als viele Ausdauersportarten, bei denen ein konstantes Erregungsniveau nötig ist, wie beim Laufen oder Radfahren, wird beim Klettern in einer maximalkräftigen Schlüsselpassage ein höheres Erregungsniveau benötigt als bei einem wackeligen Zug, in dem Besonnenheit, Körperbeherrschung und eine präzise Fußtechnik gefragt sind. Viele Sportkletterrouten und längere Boulder erfordern über weite Strecken ein relativ geringes Erregungsniveau, um Kraft und Energie für die Schlüsselstelle zu sparen. Unmittelbar vor der Schlüsselstelle jedoch muss man schlagartig umschalten und – ohne dass die Bewegungspräzision darunter leidet – sich richtig pushen, um höchsten Einsatz zu bringen. Es kommt also auf ein flexibles Timing der Psyche an.

Die meisten Kletterer steigen mit einem für sie suboptimalen Erregungsniveau in eine harte Route ein. Manche von ihnen wissen offenbar nicht, wie sie sich zu einer aggressiveren, fokussierten Einstellung pushen können, während andere – vor allem beim Bouldern – zu aggressiv zu Werke gehen, weil sie fälschlicherweise glauben, Aggressivität sei das beste Mittel zum Erfolg. Wer so übermotiviert ist, scheitert jedoch meist, weil er die Bewegungen ineffizient oder unpräzise ausführt.

Jeder Kletterer braucht also eine gute Auswahl an psychischen Strategien und Routineabläufen, um seine Psyche für die unterschiedlichen Situationen während eines Klettertages, unmittelbar vor einem ernsthaften Versuch und für bestimmte Einzelzüge optimal anzupassen. Es ist wichtig zu verstehen, dass die situationsspezifische Anpassung der Psyche genauso entscheidend ist wie das Bemühen, das allgemein beste Erregungsniveau zu finden. Diese Feinjustierung des Erregungsniveaus ist also ein wesentlicher Erfolgsfaktor und lässt sich durch folgende Techniken unterstützen:

- Atemtechniken wie schnelleres Atmen oder kräftiges Ausatmen, um sich vor einem Schlüsselzug zu sammeln,
- hilfreiche Routineabläufe vor jeder harten Tour,
- lautstarkes Anfeuern durch den Kletterpartner.

Erfolg im Sportklettern hängt davon ab, im richtigen Moment Kraft zu sparen bzw. voll einzusetzen. Um das dafür jeweils passende Erregungsniveau zu haben, ist es wichtig, die Anpassungsfähigkeit der Psyche regelmäßig zu schulen.

Wer will schon, dass es ganz leicht geht?

Viele Kletterer, die schwere Routen oder Boulder probieren, haben eine widersprüchliche Einstellung dazu: Sie suchen zwar die Schwierigkeit und mögen die Herausforderung, werden aber oft frustriert, wenn der Erfolg sich nicht schnell genug einstellt. Wie wäre es, wenn du jede Route, in der du zigmal wegen irgendeiner Kleinigkeit gescheitert bist, was dich richtig frustriert hat, mit einem Zauberspruch plötzlich schaffen könntest? Würdest du dadurch zu einem zufriedeneren Kletterer? Natürlich nicht! Denn du würdest sofort eine noch schwerere Route probieren. Die Lösung für diese Zwickmühle besteht darin, sich auf den (Lern-)Prozess zu konzentrieren, nicht auf das Ergebnis. Klar definierte Erfolge wie durchstiegene Routen oder Boulder sind interessante Etappenziele, die unseren Bemühungen eine messbare »Struktur« geben. Sich aber ausschließlich an diesen Ergebnissen zu orientieren, schmälert in der Regel die Motivation, weil sich nicht jedes Ziel nach Belieben erreichen lässt.

Viel befriedigender ist es, einerseits greif- und messbare Ziele (wie bestimmte Routen) und andererseits wertbezogene Ziele (wie gute Konzentration, maximalen Krafteinsatz oder präzise Bewegungen) anzustreben. Du hast sicher schon mal erlebt, dass dir wider Erwarten eine Route gelungen ist, obwohl du wusstest, dass du nicht gut geklettert bist. Der Erfolg lässt sich dann meist nicht recht genießen, sondern bewirkt ein Gefühl der Leere. Wenn wir hingegen zwar scheitern, aber alles gegeben und toll gekämpft haben, ist das eine viel zufriedenstellendere Erfahrung. Manche empfinden das sogar als genauso befriedigend wie einen gelungenen Durchstieg.

Viele Kletterer werden auch frustriert, wenn ihnen ein Fuß weggerutscht ist oder sie einen Griff nicht erreicht haben, und sie glauben, sie hätten mal wieder »Pech« gehabt. Eine weniger ergebnis- als vielmehr prozessorientierte Sichtweise, bei der die Qualität des Einsatzes im Vordergrund steht, lässt uns hingegen mehr »glückliche« Momente erleben. Wer beim Klettern oft schlecht gelaunt oder frustriert ist, hat in der Regel kein zu geringes Kletterniveau, sondern eine falsche Erwartungshaltung und eine mangelhafte Einstellung zu dem, was Leistung ausmacht.

Immer genug Haut auf den Fingern

Nur mit der winzigen Fläche unserer Fingerkuppen haben wir direkten Kontakt mit unserem »Spielfeld«, der Felsoberfläche. In anderen Sportarten wird den unterschiedlichen Kontaktpunkten eine viel größere Bedeutung beigemessen. Radsportler ziehen je nach Situation ganz spezielle Reifen auf. Tennisspieler registrieren selbst geringfügige Veränderungen in der Bespannung ihrer Schläger. Auch beim Felsklettern loben die Hersteller bestimmter Kletterschuhe deren Reibungseigenschaften als besonders gut. Und gute Reibung ist in der Tat extrem wichtig.

Ebenso unübersehbar ist der Leistungssprung, den die Sportkletterer in den 1970er-Jahren durch die Verwendung von Magnesia erzielt haben. Die Bedeutung, die dem Zustand unserer Fingerkuppen beikommt, und wie sich dieser verbessern lässt, ist den

9 von 10 Kletterern machen die gleichen Fehler

meisten Kletterern ein Rätsel, und nur spärliche Informationen dazu sickern von den Profis zu den Breitensportlern durch.

Regel Nummer 1 lautet, offene Stellen an den Fingerspitzen unbedingt zu vermeiden. Eine offene Stelle erfordert drei oder vier Ruhetage, bevor sie einigermaßen verheilt ist und man wieder kleine Griffe halten kann. Und auch dann neigt die Stelle dazu, wieder aufzureißen. Zum Glück lässt sich eine solche »Verletzung« durch aufmerksames Beobachten der Finger meist vermeiden. Zieht man während einer Trainings- oder Klettereinheit immer wieder an den gleichen scharfen Griffen der Schlüsselzüge, lösen sich zunehmend mehr Hautschichten ab und weisen darauf hin, dass die Finger bald durch sind. Indem man alle Griffe präzise und vorsichtig nimmt und auf eine saubere Technik achtet, lässt sich die Haut von vornherein deutlich schonen.

Da die Haut sich immer mehr ablöst, je öfter man an scharfkantigen Griffen zieht, empfiehlt es sich, lose Hautfetzen sofort abzuschneiden, damit die Haut sich beim nächsten Versuch nicht noch mehr »abschält«. Manche Boulderer wickeln sich übrigens Tape um die Fingerkuppen, um die Züge an besonders scharfen Griffen auszuchecken und so die Haut für einen ernsthaften Versuch zu schonen. Hat man erst einmal eine offene Stelle, muss man sofort mit dem Klettern aufhören, wenn die Sache nicht noch schlimmer werden soll. Außerdem sollte man die Stelle mit atmungsaktivem Pflaster abdecken, damit sie feucht bleibt und nicht austrocknet und rissig wird, denn das würde die Heildauer erheblich verzögern. Wer beim Klettern kein atmungsaktives Pflaster griffbereit hat, kann behelfsweise auch Tape verwenden und dies möglichst bald gegen Pflaster austauschen. Nach einem Ruhetag wird das Pflaster entfernt, dann lässt man die Haut etwa eine Stunde lang an der Luft trocknen und feilt anschließend mit einer Nagelfeile die Ränder der offenen Stelle an, um das Zellwachstum anzuregen, sodass die Haut schneller regeneriert. Wenn die Hautschichten quasi eine ausgeprägte »Kante« bilden, besteht die Gefahr, dass sie einreißen und alles schlimmer statt besser wird. Auch in diesem Fall hilft

Teil 4
Die anderen großen vier

es, die Haut etwas abzufeilen, sodass sie weicher und geschmeidiger wird.

Bei feuchtwarmem Wetter wird die Haut übrigens viel stärker abgenutzt als bei kühlem, trockenem Wetter. Denn wenn es warm ist, beginnen die Fingerspitzen zu schwitzen und werden dadurch an scharfem oder rauem Fels leichter abgenutzt. Falls möglich, klettere bei einem leichten Lüftchen und zieh dich nicht zu warm an, damit die Haut kühl und die Hände trocken bleiben. Die Hände zwischen zwei Versuchen immer ein wenig zu chalken, kann der Haut ebenfalls guttun und sie länger intakt halten. Vor allem einige Boulderer pusten in den Pausen regelmäßig ihre Finger trocken. Zwischen den Klettereinheiten sollte man vermeiden, die Hände längere Zeit nass werden zu lassen, weil dies die Haut aufweicht und die Bildung einer lederartigen Oberfläche bzw. Hornhaut verhindert, die wiederum ideal ist, um hohe Kletterumfänge und rauen Fels zu verkraften.

Kletterer haben schon die verschiedensten Methoden ausprobiert, um während der Ruhetage das Hautwachstum zu fördern. Allgemein gute Regenerationsmaßnahmen wie gesunde Ernährung und viel Schlaf sind durchaus hilfreich. Unter den zahlreichen Cremes und Salben haben einige Kletterer gute Erfahrungen mit Eutercreme gemacht (kein Witz!). Diese Salbe schmieren Landwirte an die Euter ihrer Milchkühe, damit die Haut kräftiger und widerstandsfähiger wird und keine Risse bekommt. Wer auch immer zum ersten Mal auf die Idee gekommen ist, dieses Mittelchen an geschundenen Klettererhänden zu testen, hat eine unorthodoxe Denkweise bewiesen. Ein nicht unwesentliches Problem der Eutercreme ist allerdings, dass die Haut in den Fingergelenken leicht austrocknet, was zu fiesen Rissen führt, die sich oft langwierig halten und nur sehr schlecht heilen. Wer also Eutercreme anwenden möchte, sollte sie sehr sparsam und ausschließlich auf den Fingerkuppen auftragen, bevor er zu Bett geht, und dann mit dünnen Baumwollhandschuhen schlafen. Es mag lustig klingen, aber manche Kletterer konnten auf diese Weise eines ihrer Hauptprobleme lösen, da ihre Hände von

Natur aus recht schnell schwitzen und beim Klettern dann entsprechend leicht abgenutzt wurden. Wie sich ihre Verwendung auf die Finger von Kletterern auswirkt, wurde allerdings noch nicht wissenschaftlich untersucht; wer dies ausprobiert, tut dies auf eigenes Risiko.

Gelegentlich kann auch eine zu dicke oder harte Haut auf den Fingerkuppen problematisch sein. Mehrere Tage am Stück zu klettern, stellt einen starken Reiz für die Haut dar, sich zu regenerieren. Entsprechend regt auch das Klettern im Kalk die Bildung einer dicken, ledrigen Haut an, ohne die Hautschichten so stark abzunutzen wie andere Gesteinsarten. Wer also länger am Stück oder im Kalk klettert, dann ein paar Ruhetage einlegt und anschließend in ein Gebiet fährt, wo Reibungskletterei vorherrscht, kann in der Tat zu dicke und zähe Haut auf den Fingern entwickelt haben. Diese sieht dann fast »glasig« aus und verhindert ein vernünftiges Reibungsverhalten. Eine kurzfristige Gegenmaßnahme besteht darin, die Haut anzufeuchten, in Magnesia zu tauchen und das Chalk in die aufgeweichte Oberfläche einzureiben. Nach einigen Kletterstunden am Fels hat sich das Problem dann meist gelöst.

Für viele Kletterer ist die Pflege ihrer Finger vor allem während längerer Klettertrips oder intensiver Trainingsphasen eine echte Herausforderung. Leider gibt es keine leichten Antworten auf die Frage nach der besten Taktik, sodass es sich in der Regel empfiehlt, die Haut bestmöglich zu schonen und für optimale Regeneration zu sorgen. Die meisten Kletterer unterschätzen, wie zu dünne und durchgekletterte Haut auf den Fingern ihre Kletterleistung beeinflusst. Es mag ärgerlich oder auch peinlich sein, wenn man wegen durchgekletterter Finger nicht so viel klettern kann, wie man gern möchte. Allerdings ist die Haut ein leistungsrelevanter Faktor, und es lohnt sich meist, geduldig zu sein und die Regeneration abzuwarten, statt die Schmerzen noch länger zu ignorieren.

Teil 4
Die anderen großen vier

Wie wichtig ist Beweglichkeit wirklich?

Beweglichkeit ist einer von vielen Faktoren, die die allgemeine Kletterfähigkeit beeinflussen. Allerdings ist sie einer der weniger wichtigen Faktoren. Durchschnittlich bewegliche Kletterer sind dadurch eher selten in ihrer Leistung begrenzt, etwa weil ein bestimmter Zug nicht möglich wäre. Tatsächlich bringen extreme Gelenkstellungen, die eine besonders gute Beweglichkeit erfordern, nur bei sehr wenigen Bewegungen Vorteile. Und auch bei diesen Zügen lässt sich in der Regel eine Alternative finden, die keine solche Beweglichkeit erfordert und nur geringfügig weniger effizient ist. Außerdem wird Beweglichkeit nur im Hüftbereich wirklich regelmäßig benötigt: bei hohem Antreten und in der Froschstellung (in frontaler Position mit beiden Knien seitlich ausgewinkelt). Natürlich gibt es auch ein paar Ausnahmen. Manche männliche Kletterer mit einem extrem muskulösen Oberkörper sind bei weiten Zügen und Überkreuzzügen im Schulterbereich nicht beweglich genug.

Etliche Kletterer überschätzen die Bedeutung der Beweglichkeit und verbringen zu viel Zeit damit, sie zu verbessern – in Form von reinem Stretching oder, was heutzutage beliebter ist, mit Yoga. Wer mehr als genug Zeit zum Trainieren zur Verfügung hat, wird damit kein Problem haben, denn Stretching verbraucht wenig Energie, fördert die Regeneration, und Yoga wirkt sich auch sonst vorteilhaft auf die Psyche aus, was beim Klettern mehr als nur den Beweglichkeitsvorteil bedeutet. Für die Mehrzahl der Kletterer ist die Trainingszeit jedoch begrenzt, und sie müssten für das Beweglichkeitstraining Zeit in anderen, wichtigeren Bereichen opfern (eine Einheit am Fels oder gezieltes Training für ein besseres Verhältnis von Fingerkraft zu Gewicht – also Griffbrett- oder gewichtsreduzierendes Ausdauertraining).

Die vermutlich beste Lösung besteht darin, herauszufinden, wie beweglich man eigentlich ist, vor allem in der Hüfte, und dann einige ganz gezielte Dehnübungen in andere Trainingseinheiten zu integrieren. Was die Sache etwas komplizierter macht, ist, dass es einen Unterschied gibt zwischen aktiver und passiver Beweglichkeit. Passive Beweglichkeit bezeichnet den Bewegungsumfang eines Gelenks unter Zuhilfenahme einer äußeren Kraft (zum Beispiel mithilfe des eigenen Körpergewichts im Ausfallschritt die hintere Oberschenkelmuskulatur dehnen). Aktive Beweglichkeit bedeutet dementsprechend, wie weit man ein Bein ohne äußere Hilfe heben kann. Beim Klettern kommt es in den meisten Fällen auf die aktive Beweglichkeit an, zum Beispiel um möglichst hoch anzutreten, dabei aber den Körper ruhig zu halten. Die aktive Beweglichkeit ist neben ausreichender passiver Beweglichkeit auch davon abhängig, wie gut man in extremen Gelenkwinkeln noch Kraft entwickeln kann. Demzufolge lässt sich die aktive Beweglichkeit am besten dadurch trainieren, dass man beim Klettern hoch antritt oder mit den Füßen weit seitlich auspreizt, sofern die passive Beweglichkeit dies zulässt.

Ist die passive Beweglichkeit jedoch schwach, begrenzt dies stets auch die aktive Beweglichkeit. Wer beim hohen Antreten oder in der Froschstellung Probleme hat, sollte während seiner normalen Trainingseinheiten Dehnübungen für die Hüfte machen. Spezielle Stretchingeinheiten sollten jedoch nicht notwendig sein. Zwischen zwei Routen am Fels oder Intervallen am Griffbrett etwas zu dehnen, ist eine sehr effiziente Art, die notwendigen Dehnübungen ohne zusätzlichen Zeitaufwand zu absolvieren. Die Beweglichkeit verbessert sich allerdings nicht über Nacht: Um spürbare Fortschritte zu verzeichnen, ist eine langfristige Anwendung nötig. Wer also ernsthaft etwas erreichen will, braucht ein gewisses Durchhaltevermögen und baut Stretching in jede Trainingseinheit ein.

Die effektivste Dehnmethode besteht darin, den Muskel während 20 bis 30 Sekunden zunehmend zu dehnen, dann einige Sekunden locker zu lassen und die Dehnung weitere 20 bis 30 Sekunden zu wiederholen. Durch diese sogenannte progressive Entspannungstechnik wird die Schutzfunktion des Muskels umgangen, sich als Reaktion auf eine Dehnung, die ihn über die normale Länge hinaus streckt, zusammenzuziehen, um einer

Schädigung des Gewebes vorzubeugen. Zu aggressives Stretching löst daher die Schutzkontraktion aus und lässt die Muskulatur sinnlos verhärten. Man sollte beim Dehnen zwar ein leichtes Ziehen im Muskel spüren, aber keinen Schmerz. Mit der Zeit erhält man ein gutes Gefühl für die richtige Intensität und den Punkt, von dem an der Muskel eine weitere Dehnung verhindern will.

Für Kletterer am wichtigsten sind solche Übungen, bei denen die hinteren und inneren Oberschenkelmuskeln gedehnt werden. Setze dich dazu mit gespreizten Beinen auf den Boden und beuge den Oberkörper mit geradem Rücken vor, bis du ein sanftes Ziehen auf der Rück- und Innenseite der Beine spürst. Setze dich anschließend mit dem Rücken gegen eine Wand, und zieh die Füße mit gegeneinanderliegenden Fußsohlen so nah wie möglich ans Gesäß. Drücke mit den Ellenbogen die Knie Richtung Boden, und fühle auch bei dieser Übung die Dehnung im inneren Oberschenkel (Adduktoren) und in der Hüfte. Sofern du keine größeren Muskelverkürzungen hast, sollten diese beiden simplen Übungen ausreichen. Da die Belastung beim Dehnen sehr gering ist und es sich überall problemlos ausführen lässt, solltest du diese wichtigsten Dehnübungen für Kletterer in ausreichendem Maße in dein übliches Training einbauen können.

Auch wenn eine durchschnittliche Beweglichkeit der anderen Gelenke üblicherweise nicht leistungsbegrenzend ist, kann eine Verletzung ein zeitweiliges Dehnprogramm erfordern. Und während im Normalfall Dehnen für Kletterer nicht die effizienteste Trainingsform ist, um die begrenzte Zeit zu nutzen, sieht dies bei einer Verletzung mitunter anders aus. Durch regelmäßige Belastung zieht sich ein Muskel zusammen und verkürzt auf Dauer. Üblicherweise macht man während des normalen Kletterns ausreichend »Beweglichkeitstraining«, um einer solchen Verkürzung entgegenzuwirken. Eine Ausnahme bildet regelmäßiges Kraft- und Hanteltraining. Im Falle einer Verletzung neigen Bänder, Sehnen und Muskeln jedoch viel stärker dazu, sich zu verkürzen. Sie nicht genug zu dehnen, verzögert nicht nur den Heilungsprozess, sondern erhöht auch das Risiko einer Folgeverletzung. Das liegt daran, dass das verletzte Gewebe im Verhältnis zu den umgebenden Strukturen deutlich verkürzt ist, sodass das Narbengewebe besonders stark beansprucht wird und sich die Belastung nicht mehr gleichmäßig auf alle Gewebestrukturen verteilt. In der Folge kann die lädierte Stelle erneut Schaden nehmen. Und im Falle wiederholter Verletzungen des gleichen Körperteils bildet sich übermäßig viel Narbengewebe, das schwächer ist als vorher und nur sehr schlecht heilt. Nach einer Verletzung empfiehlt es sich also, die Partie so oft wie möglich zu dehnen, damit das Narbengewebe sich in der optimalen Länge ausbildet und nicht verkürzt.

Teil 5
Was nun? Den Fortschritt planen

Teil 5
Was nun?

In diesem Buch geht es – auf die eine oder andere Art – meist darum, die grundlegenden Trainingsregeln so gut wie möglich zu befolgen, anstatt mit dem Kopf gegen die Wand zu rennen und viel Kraft und Zeit mit einer falschen Strategie zu verschwenden. In den vorigen Kapiteln wurde erklärt, wie man die richtigen Trainingsschwerpunkte setzt und warum jeder Kletterer seine individuellen Stärken und Schwächen hat, die unterschiedliches Training erfordern. In diesem Teil geht es darum, wie sich der Fortschritt im Laufe der Zeit einstellt, wie man auf die jeweils wichtigsten Bereiche fokussiert bleibt, während sich die trainierten Fähigkeiten verbessern, und wie man das Trainingspensum am besten einteilt, damit der Körper die Belastung gut verkraftet und sich nicht durch eine Verletzung eine längere Auszeit erzwingt. In diesem Zusammenhang ist ganz entscheidend, dass jede einzelne Fähigkeit sich nicht – wie häufig angenommen – linear entwickelt, sondern in Form einer gerundeten Kurve.

Denke in Kurven statt in Geraden

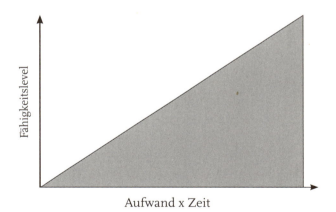

So stellen sich viele Leute die Leistungsentwicklung vor.

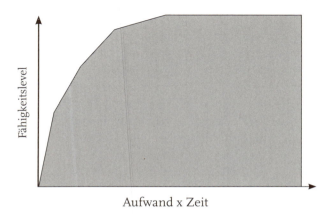

So sieht die Leistungskurve in der Realität aus.

Wie man sieht, steigern sich in der Grafik oben die Fähigkeiten von einem gewissen Niveau an nur noch sehr langsam und erfordern einen immer größeren Zeit- und Energieaufwand. Diese Grafik kann eine übergeordnete Messgröße darstellen wie »allgemeine Kletterfähigkeit«, gilt aber in der gleichen Weise für jeden einzelnen Teilbereich der Kletterfähigkeit. Für Fußtechnik, mentale Stärke, Fingerkraft, Bewegungsrepertoire und all die anderen Faktoren gibt es also eine eigene Grafik – und in all diesen Bereichen stehen wir an einem anderen Punkt des Kurvenverlaufs.

Ist es uns einmal gelungen, in irgendeinem Bereich durch viel Zeit- und Trainingsaufwand den abgeflachten Teil der Kurve zu erreichen, müssen wir einen enormen Aufwand treiben, um weitere (deutlich bescheidenere) Fortschritte zu erzielen. Viel sinnvoller wäre es daher, sich einem anderen Leistungsbereich zuzuwenden, in dem wir uns noch im steil ansteigenden Kurvenabschnitt befinden und auf diese Weise mit geringerem Aufwand mehr erreichen.

Es wird oft behauptet, Klettern sei eine Sportart, die sich wegen ihrer extrem vielseitigen Faktoren nicht leicht trainieren lässt. Mit dem hier beschriebenen Ansatz wird das Klettertrai-

Teil 5
Was nun?

ning jedoch relativ einfach, weil nur die absoluten Spitzenkletterer weltweit in jedem einzelnen Leistungsbereich in diesem frustrierenden, flachen Kurvenabschnitt sind. Und ich habe noch niemanden getroffen, dem es so ergangen wäre. Ginge es beim Klettern ähnlich wie beim Laufen nur um die körperliche Fitness, wäre die Trainingsgestaltung simpler, aber auch weniger reizvoll. Das Schöne an einer so komplexen Sportart wie dem Klettern ist ja, dass sich auf ganz unterschiedliche Art und Weise Fortschritte erzielen lassen – und je mehr verschiedene Fähigkeiten man erwirbt, desto besser. Wenn du beispielsweise kleine Leisten mit aufgestellten Fingern gut halten kannst, weil du diese Art der Kletterei ständig machst, wirst du in diesem Bereich dein Potenzial ziemlich ausgeschöpft haben. Die meisten Leute verstehen das erst nach einem gerissenen Ringband oder einer anderen überlastungsbedingten Verletzung, aber je eher du erkennst, dass sich in diesem Bereich nur noch sehr mühsam Fortschritte erzielen lassen, desto leichter wird es dir fallen, umzudenken und dich – statt rein auf die Fingerkraft – auch auf gute Fußtechnik mit Heel- und Toehooks zu konzentrieren. Oder du lernst, mit Löchern, Slopern oder Rissen besser zurechtzukommen. Du könntest auch ein paar Pfund abnehmen, an deiner Vorstiegsmoral arbeiten oder, oder, oder.

Trau dich, und spring von dem Plateau

Das klingt alles ganz einfach, aber das Problem ist folgendes: Auf dem flachen Teil der Kurve – also ein »Spezialist« in steilen, technischen Routen, in Überhängen oder auf Platten – zu sein, fühlt sich nun mal gut an. In diesem speziellen Bereich bringt man Woche für Woche stabile Leistungen und ist womöglich besser als die Kletterpartner. Man weiß, was einen erwartet und fühlt sich wohl damit. Wer wirklich auf Dauer besser klettern lernen möchte, sollte dieses Plateau meiden wie der Teufel das Weihwasser, denn es bedeutet in unserem Fall Stillstand. Lerne, immer neue Aspekte des Klettersports zu finden, in denen du vergleichsweise schlecht bist, dann wirst du dauerhaft und in vollem Tempo die Stufen der Erfolgsleiter emporklettern.

Der beste Kletterer ist derjenige, der sich in den wenigsten Leistungsbereichen noch im steilen Teil der Kurve befindet. Ziel des Spiels ist, in so vielen Fähigkeiten wie möglich den flachen Kurvenabschnitt zu erreichen, bis die Fortschritte immer härter erarbeitet werden müssen – und dann einen anderen Trainingsschwerpunkt zu wählen. Die Kunst besteht darin, sich voller Elan von dem Plateau der Stagnation in ein neues Betätigungsfeld zu stürzen, in dem der Nachholbedarf am größten ist. Dies bedeutet nichts anderes als eine alternative Sichtweise der Periodisierung – das ist der sportwissenschaftliche Begriff für den turnusmäßigen Wechsel unterschiedlicher Trainingsschwerpunkte, um dem Körper neue Reize zu bieten und so die größten Erfolge zu erzielen.

Wer es sich hingegen gemütlich macht und immer nur seine Lieblingskletterei betreibt, zahlt dafür im besten Fall mit einem Leistungsplateau; im schlimmsten Fall drohen eine Verletzung und Motivationsverlust. Manche Kletterer erkennen zwar, dass sie ihr Potenzial in einem bestimmten Bereich ausgereizt haben, wissen aber nicht, welchen Bereich sie als Nächstes verbessern sollen. Ein guter Coach kann bei der Auswahl helfen. Wer sich diese Möglichkeit, die eigenen Schwächen zu identifizieren, nicht leisten kann oder will, der kann – und sollte – einmal eine völlig andere Art der Kletterei probieren. Durch die ungewohnte Erfahrung offenbaren sich die diversen Schwächen oft von allein, und man erhält ganz neue Erkenntnisse über die eigenen Kletter(un)fähigkeiten, die beim gewohnten Kletterstil gar nicht sichtbar werden. Egal, ob du mal eine neue Gesteinsart (Kalk, Granit, Sandstein, Porphyr etc.), Wandneigung (plattig, senkrecht, überhängend) oder Felsstruktur (Löcher, Leisten, Risse, Sinter) probierst, ins Ausland reist oder einfach nur eine andere Kletterhalle besuchst – alles, was von der vertrauten Umgebung abweicht, öffnet dir die Augen für das, was du noch lernen kannst.

Teil 5
Was nun?

Das Trainingspensum: Wie viel ist machbar?

Wenn es darum geht, wie viel Training ihr Körper verkraften kann, sind die meisten Kletterer auf einem Auge blind. Sie suchen bei Problemen wie Übertraining oder einer Verletzung die Schuld fast immer beim Training selbst, obwohl sie in der Regel das Trainingspensum problemlos hätten wegstecken können, wenn sie nur auch für ausreichend Regeneration gesorgt hätten.

So lässt sich das Training leichter verkraften:

- ▶ Öfter mal den Fels bzw. die Kletterhalle und somit die Art der Kletterei wechseln. Es belastet den Körper stärker, 20 Einheiten an der immer gleichen Kletterwand zu absolvieren als zweimal je zehn Einheiten an zwei unterschiedlichen Orten. Und Letzteres bringt dank der Abwechslung auch noch die größeren Fortschritte.

- ▶ Besser aufwärmen. Wenn es kalt ist, hilft leichtes Joggen, Hüpfen oder Armkreisen in einer dicken Jacke, bis einem richtig warm wird, sodass man aufgewärmt die Kletterschuhe anziehen, sich einbinden und einsteigen kann. Wer beispielsweise 20 Minuten lang herumgestanden (und gesichert) hat, sollte mindestens fünf Minuten mit Aufwärmen verbringen.

- ▶ Für gute Bedingungen sorgen. Bei schwülwarmen Temperaturen wird die Haut an den Fingerkuppen massiv beansprucht, und das Risiko, sich an rauen oder scharfen Griffen die Haut aufzureißen, steigt enorm. Wenn du dir aussuchen oder zumindest beeinflussen kannst, bei welchen Verhältnissen du kletterst, dann tu es! Das Mindeste wäre aber, leichte, luftige Kleidung zu wählen, um nicht zusätzlich zu schwitzen. Und wer den Luxus genießt, im eigenen Boulderzimmer zu trainieren, wird schnell feststellen, welch riesigen Unterschied ein Ventilator macht, der für Kühlung sorgt und die Haut auf den Fingern schont.

- Das Training beenden, bevor die Glykogenspeicher völlig leer sind.

Und folgende Methoden verbessern die Regeneration:

- Auf eine gesunde, abwechslungsreiche Ernährung achten und direkt nach dem Klettern die Glykogenspeicher mit einer kohlenhydratreichen Mahlzeit auffüllen.

- Jede Nacht viel und erholsam schlafen. Dabei kommt es neben der Dauer und der Tiefe des Schlafes auch auf die umgebenden Bedingungen an: Ein kühler, dunkler und gut belüfteter Raum ist am besten. Auch vor dem Zubettgehen den Alltagsstress loszulassen und jeden Abend etwa zur gleichen Uhrzeit ins Bett zu gehen, spielt eine wichtige Rolle. Erwachsene sollten versuchen, im Durchschnitt nicht weniger als acht Stunden Schlaf zu bekommen.

- Den allgemeinen Stresslevel reduzieren. Psychische Alltagsbelastungen und die körperlichen Anforderungen durch das Training addieren sich nämlich und führen zu einer erhöhten Stressreaktion. Falls ein Stressfaktor unvermeidbar ist, gibt es doch immer Möglichkeiten, ihm entgegenzuwirken, indem man sich Zeit für sich selbst nimmt und den Spaß im Leben nicht zu kurz kommen lässt.

- Den Alkoholkonsum minimieren, denn Alkohol ist Gift für die Regeneration.

- Andere stressreduzierende und die Muskelentspannung fördernde Methoden ausprobieren, wie Massagen, Stretching, Yoga oder lockere sportliche Aktivitäten als aktive Regeneration. Jogging im »Gesprächstempo« kann tatsächlich den Level des Stresshormons Cortisol im Blut reduzieren und dadurch, dass man den Kopf frei bekommt, auch therapeutisch wirken.

Vor allem sollte man keinesfalls die kumulativen, langfristigen Auswirkungen von mangelhafter Regeneration und schlechtem Stressmanagement unterschätzen. Wer das ignoriert, kann auf Dauer von Fortschritten nur noch träumen. Behandle deinen Körper gut. Stell dir vor, du möchtest ihm ein besseres Kletterniveau schmackhaft machen. Wenn du gut für deinen Körper sorgst (und nicht nur das Allernötigste tust), wird er sich erkenntlich zeigen.

Zu viel oder zu wenig Regeneration?

Neue Erkenntnisse über eine Sportart führen nicht zwangsläufig dazu, dass sie korrekt interpretiert werden. Und sobald sich eine bestimmte Auslegung einmal etabliert hat, lässt sie sich nur noch schwer wieder ändern, auch wenn sie sich schon lange als falsch oder überholt erwiesen hat. Vor ein paar Jahrzehnten hat die Sportwissenschaft erkannt, dass die physischen Anpassungen des Körpers an das Training (sprich: die Leistungssteigerung) während der Regenerationszeit erfolgen. Damals litten gerade zahlreiche Sportler unter schwerwiegenden Verletzungen, weil sie übertrainiert waren, und zwar in einem Maße, das für heutige Verhältnisse völlig irrwitzig scheint. Ruhetage einzulegen wurde also modern, vor allem Anfang der 90er-Jahre. Nun hatte das Pendel bei einigen Kletterergruppen etwas zu weit ins andere Extrem der Regenerationswahl ausgeschlagen: Auf einen Tag harten Trainings folgten bis zu drei volle Ruhetage. Diese Art der Trainingsgestaltung ist gar nicht mal schlecht, um reine Boulderkraft zu trainieren, und auch Mikroverletzungen bekommen auf diese Weise genug Zeit zum Heilen, bevor sie sich zu einer Verletzung entwickeln können.

Aber das Ganze geht auf Dauer doch zu weit. Weniger hartes, dafür aber regelmäßigeres Training mit eher kurzen Ruhepausen dazwischen bringt insgesamt bessere Ergebnisse. Wie viel Regeneration nötig ist, hängt jedoch ausschließlich von der Erfahrung und Konstitution des Einzelnen ab. Ein Kletterer von durchschnittlichem Niveau braucht vielleicht zwei volle Ruhetage nach einer harten Ausdauereinheit, während Spitzenkletterer womöglich zwei Einheiten pro Tag verkraften können.

Es ist übrigens nicht Sinn der Sache, sich vollständig zu erholen und jegliche Ermüdungserscheinungen von der vorigen Trainingseinheit abzubauen, um die größtmöglichen Fortschritte zu erzielen, weder für Kraftzuwachs noch beim Ausdauertraining. Besser ist es, die Klettereinheiten als Training anzusehen, denn mittelfristig ergibt sich der beste Erfolg durch eine mehrtägige Trainingsphase mit begrenzter Erholungszeit. Dabei sollte die Kraft zwar spürbar abnehmen, aber auf einem reduzierten Niveau stabil bleiben. Angenommen, du schaffst beim Bouldern in völlig ausgeruhtem Zustand im besten Fall eine V12. Während einer längeren Trainingsphase kommst du vielleicht nicht über V10 hinaus, hältst dieses Niveau aber über zehn oder 15 Trainingseinheiten mit eingeschränkter Regeneration. Diese anhaltende Belastung ist ein starker Trainingsreiz, der echten Kraftzuwachs bewirkt. Allerdings lässt sich das nicht endlos so weiterführen. Früher oder später (je nach Niveau) fängt deine Leistung an, mit jeder weiteren Trainingseinheit nachzulassen. Und wenn man nicht rechtzeitig aufhört, nimmt die Gefahr einer Verletzung oder von Übertraining drastisch zu. Einige Ruhetage laden die Akkus dann wieder entsprechend auf.

Den Lohn abholen

An diesem Punkt gibt es zwei Möglichkeiten: entweder den gesamten Ablauf von Neuem beginnen und einen weiteren mehrwöchigen Trainingsblock absolvieren, um noch fitter für einen künftigen Zeitpunkt – zum Beispiel einen Kletterurlaub – zu werden, oder sich »den Lohn« für die bisherige Trainingsphase abholen und während einiger Tage weniger intensiv trainieren als bisher und dafür mehr regenerieren. Diese Ruhephase ist die Voraussetzung für einen Leistungshöhepunkt, in dessen Rahmen man beispielsweise sein angestrebtes Projekt »abholen« kann.

Teil 5
Was nun?

Die hier genannte flexible Struktur hat sich in der Periodisierung des Trainings gut bewährt. Jeder hat dabei die Wahl, über einen längeren Zeitraum hart für ein größeres Ziel zu arbeiten oder innerhalb einer Saison regelmäßig kleinere Etappenziele zu genießen. Der größte – und sehr weit verbreitete – Fehler ist allerdings zu versuchen, ständig auf dem Leistungshöhepunkt zu sein! Dabei machen die Kletterer üblicherweise nach jeder Einheit zwei oder mehr Ruhetage, um sich für den nächsten Klettereinsatz völlig frisch und erholt zu fühlen. Das funktioniert etwa ein, zwei Wochen lang, aber danach lassen sowohl die Ausdauer als auch die Maximalkraft deutlich nach, anstatt besser zu werden!

Zusammengefasst ist die optimale Regenerationszeit beim Klettern also keine feste Größe, sondern hängt von den jeweiligen kurz- oder mittelfristigen Zielen ab.

Trainingspensum für Kinder und Jugendliche

Jugendliche unter 15 Jahren unterscheiden sich in mehreren Punkten deutlich von Erwachsenen. Deshalb müssen sie beim Klettern auch anders an die Sache herangehen. Der erste Unterschied liegt darin, dass ihr Wachstum noch nicht abgeschlossen ist und sie daher aufpassen müssen, die normalen Wachstumsschübe nicht zu behindern oder die noch nicht ausgewachsenen Knochen und Gelenke zu schädigen. Viele Kinder und Jugendliche lassen sich auch von der scheinbar einfachen Möglichkeit blenden, sich durch Gewichtsabnahme einen Vorteil zu verschaffen. Dieser Fehler kann aber im späteren Leben ernste Folgen haben. Indem sie allgemein zu wenig essen bzw. nicht genug Kalorien aufnehmen, kann ihr Körper nicht optimal wachsen und sich entfalten. In der Pubertät wachsen auch die Muskulatur und andere Bindegewebsstrukturen schneller als zu jeder anderen Zeit des Lebens. Um dies jedoch nutzen zu können und kräftig und verletzungsresistent zu werden, braucht der

Körper eine adäquate Versorgung mit Kalorien und Nährstoffen. Eine Unterversorgung kann übrigens auch den Hormonhaushalt durcheinanderbringen und somit weitere Gesundheitsrisiken zur Folge haben.

Der zweite Problembereich für Kinder und Jugendliche ist, dass die Gelenke, vor allem der Finger, stark belastet werden, während die Knochen- und Gewebestrukturen noch nicht ausgewachsen sind. Wiederholtes Fingerkrafttraining (wie Campusboarding, Griffbretttraining und häufiges Aufstellen der Finger an kleinen Leisten) bei Kletterern unter 16 Jahren bewirkt erwiesenermaßen eine Verformung der Knochen sowie ein schmerzhaftes Anschwellen und eine Entzündung der Fingergelenke. All das kann zu einem vorzeitigen Ende der Kletterkarriere führen. Jugendliche unter 16 Jahren scheinen ein hohes Pensum an schwierigen Routen und auch hartem Training zu verkraften, solange es abwechslungsreich ist und die Fingergelenke nicht zu sehr belastet. Das ist auch aus Trainingsgesichtspunkten sinnvoll, denn in jungen Jahren ist das Lernvermögen besonders hoch, und indem man möglichst viele verschiedene Bewegungen macht, anstatt sich auf Krafttraining zu konzentrieren, wird das Bewegungsspektrum frühzeitig und optimal geschult. Im Gegensatz dazu ist das Bewegungsrepertoire bei einer kraft- und maximalkraftbetonten Trainingsform meist weniger abwechslungsreich. Um sich die Gesundheit ihrer Finger und anderer Gelenke zu erhalten, sollten Jugendliche unbedingt auf das Aufstellen der Finger verzichten. Stattdessen sollten sie mit einem vielseitigen Bewegungsrepertoire eine breite Basis legen, auf der sie später ihre Kletterfähigkeiten durch Krafttraining aufbauen.

Kinder und Jugendliche lernen sehr schnell. Deshalb ist für sie einer der wichtigsten Erfolgsfaktoren, so viele verschiedene Routen wie möglich zu klettern und sehr vielfältige Reize zu setzen. In diesem Alter nehmen wir die Eindrücke aus unterschiedlichen Kletterhallen, von Felsen, Seilpartnern, Lehrern, Coaches, Klettervideos oder sonstigen Anregungen leichter auf als zu irgendeinem späteren Zeitpunkt im Leben. Als Teenager, wenn der Körper ausgewachsen ist und unproblematischer auf Belastungen reagiert, wird es dann allmählich gefahrlos möglich, sich mehr auf die Entwicklung von Kraft und Ausdauer zu konzentrieren. Allerdings wachsen Knochen und Gelenke noch bis zum Alter von etwa 20 Jahren weiter, und hartes Training ist bis dahin immer eine Gratwanderung zwischen den Vorteilen und potenziellen Komplikationen. Sofern verfügbar, gibt es nichts Besseres als eine individuelle und professionelle Betreuung, und zwar im Idealfall von einem Sportmediziner, einem Physiotherapeuten und einem Trainer, die sich untereinander austauschen. Kletterer ohne Trainer müssen immer auch einige Grundlagen über Sportmedizin lernen.

Trainingspensum für Studenten

Der wichtigste Faktor für den Klettererfolg von Studenten ist das soziale Umfeld. Diese soziale Komponente ist zweifellos einer der besten Aspekte des Studentenlebens. Aus Sicht eines Klettercoaches besteht die Kunst nun darin, die besten Elemente mitzunehmen und die schlechtesten in Maßen zu halten. Zu den besten Elementen gehören eine flexible Zeiteinteilung und viel Freizeit, um für Abwechslung beim Klettern zu sorgen, sowie in der Regel ein gutes Netzwerk an Kletterpartnern. Die schlechtesten Elemente sind eine unausgewogene Ernährung, die die Regeneration beeinträchtigt, wenig Schlaf und zu viel Alkohol. Viele Kletterer ziehen sich ihre erste Fingerverletzung während ihrer Zeit als Studenten zu. Das liegt häufig daran, dass sie trotz schlechter Regeneration weiter klettern gehen und sich so eine Reihe winziger Gewebeverletzungen (Mikrotraumata) zuziehen. Oder ihre Klettertechnik leidet wegen der Ermüdung. Wenn ihnen dann ein Fuß wegrutscht, werden die Finger oder der Ellbogen extrem belastet.

In dieser Lebensphase lernt ein Kletterer oft auf die harte Tour, dass sein Körper nicht unverwüstlich ist. Vielmehr ist er sogar sehr verletzlich, wenn er nicht gut behandelt wird. Und Klettern bedeutet in der Tat eine außergewöhnlich hohe Belastung für den Körper, die durch eine ebenso außergewöhnlich gute Regeneration ausgeglichen werden muss, damit man sie ohne Verletzung und Leistungsstagnation übersteht. Es bleibt natürlich jedem selbst überlassen, ob er es auf die harte Tour lernen will. Wenn aber ein Ringband reißt oder eine Kapsel kaputtgeht und eine mehrmonatige Kletterpause nötig wird, ärgern sich viele darüber, nicht frühzeitig ein wenig besser auf sich geachtet zu haben.

Am besten ist es, eine gewisse Regelmäßigkeit zu pflegen. Dabei empfiehlt es sich, zumindest einen groben Überblick über sein Schlafverhalten zu haben, um ein Schlafdefizit zu vermeiden. Wer vorhat, am Abend nach einer Kletter- oder Trainingseinheit auszugehen, sollte sich direkt nach dem Sport die Zeit für eine gute, kohlenhydratreiche Mahlzeit nehmen, um zu verhindern, dass das Immunsystem schwächelt und um für eine schnellstmögliche Regeneration die Glykogenreserven wieder aufzufüllen. Ist der Lebenswandel einige Tage lang nicht ideal, bereitet das noch kein Problem. Allerdings sollte man dies unbedingt in seiner Kletterplanung berücksichtigen und weniger intensiv trainieren – zum Beispiel Sportklettern gehen anstatt zu bouldern.

Die eng verbundene Kletterszene unter Studenten kann fantastisch sein und Motivation, Ansporn und Begeisterung vermitteln. Dabei sollten jedoch die anderen Aspekte des Lebens nicht wegen des Kletterns zu kurz kommen, damit man nicht einseitig wird und dem Sport seinen angemessenen Stellenwert einräumt.

Klettern als Familien-/Karrieremensch

Eines der größten Hindernisse für Kletterer auf dem Weg zu ihrem Wunschziel, ist die Schwierigkeit, Sport, Beruf und Familie unter einen Hut zu bringen. Viele Leute sagen immer wieder: »Klettern ist kein Sport, sondern eine Lebenseinstellung.«

Teil 5
Was nun?

Das mag in mancherlei Hinsicht stimmen, aber was die Zeitverteilung angeht, sind Beruf und Familie der Lebensschwerpunkt, und Klettern ist eine Freizeitbeschäftigung. In einem früheren Kapitel haben wir schon gesehen, dass manchen Menschen letztlich weniger Zeit zum Klettern bleibt, als ihnen lieb ist, weil sie einfach nicht die entsprechenden Entscheidungen getroffen haben oder sich gar nicht bewusst sind, welche Möglichkeiten sich ihnen tatsächlich bieten. Andere haben sich indes sorgfältig überlegt, wie sie ihre verfügbare Zeit einteilen und die Trainingsgegebenheiten am besten nutzen können. Ich will damit nicht sagen, dass eine bestimmte Herangehensweise besser ist als die andere, sondern vielmehr, dass eine Entscheidung für die eine oder andere Art – egal, welche – besser ist, als einfach so weiterzumachen wie bisher und sich zu beklagen. Viele Kletterer jammern, dass sie nicht mehr Zeit zum Klettern haben, und sehen darin die Ursache für ihren mangelhaften Fortschritt, und zwar häufig zu Unrecht. Diese Einstellung schadet in jedem Fall der Motivation, und man wird letztlich weder seine besten Leistungen bringen noch die unterschiedlichen Lebensbereiche richtig genießen können. Wer der Wahrheit ungeschminkt ins Auge sieht, wie er seine verfügbare Zeit verwenden kann und welche Wahlmöglichkeiten er hat, erhält in der Regel neue Einsichten darüber, wie er alles unter einen Hut bringen und in der gleichen Zeit mehr erreichen kann. Wer auf positive Art und Weise akzeptiert, wie viel Zeit ihm zum Klettern zur Verfügung steht, lernt dabei übrigens auch, diese Zeit bestmöglich zu nutzen.

Die folgenden Abschnitte beschreiben verschiedene Möglichkeiten, wie sich je nach Persönlichkeit auch mit einem vollen Terminplan große Kletterziele erreichen lassen:

Der Saisonkletterer

Manche Menschen wollen einfach beim Klettern (oder in irgendeinem anderen Bereich) ein bestimmtes Ziel erreichen. Nach einigen vergeblichen Anläufen erkennen sie dann allerdings, dass sie nicht den nötigen Biss haben, um die lange Schinderei des

Trainings und den sportorientierten Lebensstil durchzuhalten. Sie möchten zwar unbedingt einmal 8a oder E4 oder welchen Grad auch immer klettern, aber nicht, wenn das bedeutet, dass sie ständig darauf achten müssen, was sie essen, dass ihre sozialen Kontakte oder ihre berufliche Karriere darunter leiden oder auch nur, dass sie sich beim Klettern jedes Mal so verdammt anstrengen müssen. Einigen Kletterern, die ich gecoacht habe, war es offensichtlich peinlich, diese Empfindungen zuzugeben.

Manchen Kletterern gelingt es, sich aus dieser Zwickmühle aus widersprüchlichen Wünschen zu befreien, indem sie nur vorübergehend zum Leistungssportler werden. Sprich, sie »erledigen die harte, sportliche Arbeit« ein für allemal und wenden sich dann wieder dem Alltag zu. Auf diese Weise haben schon etliche Kletterer ihr Ziel erreicht.

Dazu muss man zunächst klar definieren, was das Ziel sein soll. Je klarer es definiert ist, desto besser. Danach sollte man alles so arrangieren, dass man für den erforderlichen Zeitraum – egal, wie lange das auch sein mag – aus dem Alltag aussteigen kann. Und dann heißt es, die Sache in Angriff zu nehmen! Oft fühlen sich das harte Training, die strenge Ernährung, der Alkoholverzicht etc. gar nicht so schlimm an, »weil es ja bald wieder vorbei ist«.

Es gibt zwei generelle Möglichkeiten für Saisonkletterer: entweder alle paar Jahre oder auch jedes Jahr ein bescheidenes Ziel zu erreichen oder einmal im Leben ein richtig großes Ziel anzustreben. Manche Leute nehmen sich beispielsweise ein paar Monate oder ein ganzes Jahr im Beruf eine Auszeit oder geben vorübergehend andere Freizeitaktivitäten auf, um sich auf ihr Ziel zu konzentrieren. Andere steigen hingegen für zwei, drei Jahre aus dem Berufsleben aus, um einmal eine 8c zu schaffen, und klettern anschließend nie wieder auch nur annähernd auf diesem Niveau. Aber sie sind völlig zufrieden damit, es einmal geschafft zu haben. An dieser Methode finde ich besonders faszinierend, dass in der Zeit des Aussteigens viele erkennen, dass sie durchaus all die Fähigkeiten haben, die sie brauchen, um ein

Teil 5
Was nun?

hohes Kletterniveau und einen vollen Terminplan miteinander zu verbinden.

Der Wochenendkämpfer

Nimm dich vor den Wochenendkämpfern in Acht. In ihren besten Zeiten können sie durchaus zu den fittesten und entschlossensten Kletterern gehören. Sie wissen genau, was sie wollen, sie kennen die ihnen zur Verfügung stehenden Mittel und Fähigkeiten, und ihre Zeit ist kostbar. Von daher werden sie alles tun, um diesen nächsten Griff zu halten, weil sie einfach nicht so bald die Gelegenheit für einen neuen Versuch haben.

Wochenendkämpfer wollen die bestmögliche sportliche Leistung erbringen, die sie können, aber sie wollen auch ein Leben mit Familie und einem guten Beruf führen. Sie sind nicht bereit, einen dieser Bereiche aufzugeben, verfügen aber über viel Energie und ein hohes Maß an Geschick, alles miteinander zu vereinbaren. Solange man akzeptiert, letzten Endes an eine Leistungsgrenze zu stoßen, ist diese Lebensweise für viele Menschen ein gutes Erfolgsrezept. Der einzige echte Nachteil ist, dass auf diese Weise nicht viel Spielraum für Spontaneität bleibt.

Die Vorteile dieser Methode hingegen sind, dass Wochenendkämpfer in der Regel sehr konzentriert zu Werke gehen. Sie haben klar definierte Ziele, deren Erreichen sie regelmäßig weiter motiviert. Aber auch während des Kletterns selbst sind sie sehr fokussiert, weil sie ganz in der Gegenwart leben.

Diese Methode funktioniert nur für gut organisierte und disziplinierte Menschen. Auch sollten die Ziele übersichtlich gehalten und nicht zu hoch gesteckt sein. Ebenso wenig ist es ratsam, sich ein Projekt auszusuchen, das oft nass oder nur schwer zu erreichen ist. Wochenendkämpfer brauchen außerdem Kletterpartner, die auf einer ähnlichen Wellenlänge sind wie sie und einander unterstützen. Sie sollten außerdem ihr Training so planen und strukturieren, dass jeder – vor allem die Familie – damit gut klarkommt und zufrieden ist. Es ist alles eine Frage guten Zeitmanagements. Der Rest erledigt sich von ganz allein.

Der Local

Diese Strategie funktioniert zwar nicht für alle, kann aber sehr effektiv sein, um viel Zeit zum Klettern zu haben und seine Fähigkeiten entsprechend zu verbessern, ohne den Beruf aufgeben zu müssen. Dazu braucht man einen Job in unmittelbarer Nähe eines Klettermekkas, wirklich direkt nebenan. Eine mehr als 15- bis 30-minütige Anfahrt ist wahrscheinlich schon zu viel, sonst geht der Schuss nach hinten los, und man erlebt eher ein Motivationsloch als einen Motivationsschub.

Der Spezialist

Eine weitere Strategie ist, sich entweder vorübergehend oder dauerhaft auf eine bestimmte Kletterdisziplin zu spezialisieren. Das macht alles viel einfacher und erlaubt eine deutlich schnellere Entwicklung der benötigten Fähigkeiten, als wenn man – wie die meisten Menschen – von allem ein bisschen macht. Ich kenne eine ganze Reihe von Leuten, die diese Methode sehr erfolgreich umgesetzt haben, und zwar als Eiskletterer in Schottland. Es ist ein cleverer Schachzug, sich eine Sportart oder Disziplin auszusuchen, die nur wenig Trainingsaufwand erfordert, um ein ordentliches Leistungsniveau zu erreichen, und bei der sich ein Großteil des Erfolgs im Kopf abspielt.

Welche Strategie man im Einzelnen wählt, ist unerheblich. Hauptsache, sie passt zu einem. Es gibt auch noch zahlreiche weitere Möglichkeiten. Lass einfach deiner Kreativität freien Lauf, wie du deine Lebensumstände am besten kombinierst. Was langfristigen Erfolg beim Klettern angeht, gibt es definitiv mehr als nur einen möglichen Weg. Lass dich auch von deinen Arbeitskollegen inspirieren, die Sport treiben: Wie verbinden sie Sport, Beruf und Familie? Und wie machen es deine Kletterpartner? Welche ihrer Strategien könntest du übernehmen?

Teil 5
Was nun?

Der Möchtegern-Profi

Einige ambitionierte und leistungsorientierte Kletterer glauben, ein Profi-Kletterer zu werden, wäre das Nonplusultra. Sie denken, dann könnten sie ein sorgenfreies Leben führen und sich ausschließlich auf ihre sportlichen Ziele konzentrieren. Damit verbunden ist die Vorstellung, die weltbesten Kletterer würden ihren Erfolg der Tatsache verdanken, dass sie unbegrenzt viel Zeit und Gelegenheiten zum Klettern haben. Beides ist falsch. Wer sich davon langfristigen Fortschritt und Inspiration von seinen Kletteridolen verspricht, wird enttäuscht werden.

Denn erstens macht man es sich zu leicht, nur die Talente der Spitzenkletterer zur Kenntnis zu nehmen, nicht aber all ihre Opfer, ihre harte Arbeit und ihren dauerhaften Einsatz. Grob gesagt sind die erfolgreichsten Kletterer deshalb so weit gekommen, weil sie bereit waren, härter als alle anderen an sich zu arbeiten. All ihr Talent ist nichts weiter als ein Katalysator, der die Sache erleichtert hat.

Zweitens gehört auch die Annahme, Sponsoren würden einem ein lockeres Leben wie bei einem ständigen Kletterurlaub finanzieren, ins Reich der Mythen. Es stimmt zwar, dass eine Hand voll Kletterer kurzzeitig einem solchen Luxusdasein recht nahe kommen kann, allerdings selten länger als für ein paar Jahre. Vielmehr wird durch ein Leben als Profi die Kletterkarriere häufig verkürzt, denn wer sich ausschließlich auf das Klettern konzentriert und es hinausschiebt, sich um andere Notwendigkeiten des Lebens zu kümmern, hat irgendwann großen Nachholbedarf und muss dann Abstriche beim Klettern machen. Sponsoren zu gewinnen, ist für Kletterer in der Tat nicht leicht. Geld fließt meist nur in winzigen Beträgen, und oft wird auch nur kostenlose Ausrüstung gestellt. Wer mehr bekommt, erhält dies in der Regel nur gegen weitere Leistungen, und das bedeutet harte Arbeit: Vorträge, ein Buch, Film- oder Videoaufnahmen, Fotoshootings, Anwesenheit bei Veranstaltungen und Meetings der geldgebenden Firma. Der Vorteil dieser Art des Geldverdienens liegt für Kletterer vor allem in der zeitlichen Flexibilität und sicher nicht in der Höhe der Bezahlung oder einem geringeren Zeitaufwand.

Die Wahrheit sieht sogar so aus, dass die allermeisten Kletterer unter dem Arbeitsaufwand eines Profisportlers zusammenbrechen würden. Das passiert nämlich ständig all jenen, die es versuchen und sich dann eine blutige Nase holen.

Ganz offensichtlich können ohnehin nur extrem wenige Kletterer auf ein Leben als Profi setzen. Warum es also überhaupt erwähnen? Nun, ihr Beispiel zeigt eindrücklich, wie sportlicher Erfolg zustande kommt. Ja, Talent ist durchaus wichtig. Und ja, die richtigen Entscheidungen zu treffen, spielt ebenfalls eine Rolle. Aber Fortschritt – egal auf welchem Niveau – ist eine Frage des Einsatzes und harter Arbeit. Das wird gern übersehen und ist doch der wichtigste Punkt. Es gibt keinen anderen Faktor wie Talent oder einen großzügigen Sponsor, der auch nur annähernd in der Lage wäre, jahrelange harte Arbeit zu ersetzen. Die bekannten Sportler haben ihre Erfolge erzielt, weil sie sagen »Ich probier's noch einmal« und nicht »Zeit, nach Hause zu gehen, ich bin müde« – und das Woche für Woche, jahrein, jahraus. Diese Erkenntnis sollten sich nicht nur Möchtegern-Profis hinter die Ohren schreiben.

Der desillusionierte Kletterer

Die Kehrseite des Klettererfolges kennenzulernen – also die Erfolgsleiter wieder hinunterzurutschen – ist unangenehm. Und das umso mehr, wenn es bereits zum wiederholten Male geschieht. Einige Gründe, warum dies passiert, sind:

- ▶ eine hartnäckige Verletzung,

- ▶ eine mehrjährige Auszeit, um eine Familie zu gründen oder sich auf den Beruf zu fokussieren.

Teil 5
Was nun?

▸ Der beste Kletterpartner hat mit dem Sport aufgehört, oder man hat keinen Zugang mehr zu einer Kletterhalle bzw. einem Felsen.

▸ Ein lang anhaltendes Leistungsplateau hat die Motivation zerstört, weiterzutrainieren.

Wenn einer dieser Fälle eintritt und man ein einmal erreichtes Niveau wieder verliert, zwingt einen dies, sich – womöglich zum ersten Mal in der Kletterlaufbahn – eine seltsame Frage zu stellen:

»Warum glaube ich, schwer klettern zu müssen, um Spaß beim Klettern zu haben?«

Nicht viele Kletterer können darauf eine klare Antwort geben. Und doch ist das Gefühl, eine Fähigkeit verloren zu haben, ebenso schmerzhaft wie real und demotivierend. Es ist aber nur deshalb unangenehm, weil man sich vorher gar keine Gedanken darüber gemacht und nicht gemerkt hat, welch große Rolle eine gute Leistung für den Spaß beim Klettern spielt.

Wenn sie mit dieser Situation konfrontiert werden, sagen viele Kletterer zwar: »Ich will nicht, dass es von meinem Kletterkönnen abhängt, ob und wie viel Spaß ich habe.« Dennoch bleiben sie unzufrieden. Vermutlich wollen sie nicht akzeptieren, dass ihr Spaß am Klettern von einem gewissen Leistungsniveau abhängig ist, weil sie diese Einstellung als Geltungsbedürfnis oder Selbstgefälligkeit empfinden. Anzunehmen, dass man wegen der eigenen Fähigkeiten im Vergleich zu anderen Kletterern zu einem wertvolleren Menschen würde, ist äußerst kurzsichtig und egozentrisch. Manche Kletterer glauben dies tatsächlich oder verhalten sich zumindest so, auch wenn es ihnen nicht bewusst ist. Ihr Problem besteht darin, dass sie nicht all die befriedigenden Elemente sehen, die der Fortschritt beim Klettern bieten kann. Die eigene Leistung nur im Vergleich zu anderen zu beurteilen und an das Selbstwertgefühl zu koppeln, ist sehr oberflächlich und stellt einen bestenfalls vorübergehend zufrieden, weil es ein ergebnis- und nicht prozessorientiertes Denken ist.

Fortschritte zu machen, ist sehr zufriedenstellend, weil Erfolg mit einigen Tugenden verbunden wird: Fleiß, Engagement, Eifer, Durchhaltevermögen, Einfallsreichtum etc. Ja, es ist hart, die Erfolgsleiter erneut hinaufzusteigen, nur um einen Punkt zu erreichen, an dem man schon einmal war. Allerdings ist meist nur die Vorstellung davon schwer zu verdauen. Sie in die Praxis umzusetzen, ist immer noch genauso befriedigend. Hier einige Gründe dafür, warum es sich lohnt, nach einer längeren Pause wieder besser werden zu wollen:

- Es fühlt sich gut an, »wider Erwarten« Erfolg zu haben.

- Man konzentriert sich mehr auf die wirklich befriedigenden Aspekte des Fortschritts (die inneren Werte) als auf die damit verbundenen Ergebnisse. Das kann dazu führen, dass man sogar glücklicher ist als beim ersten Mal.

- Die gleichaltrigen Kletterpartner sind in der Regel nicht mehr so leistungs- und ergebnisorientiert wie in jüngeren Jahren. Ein solches Umfeld ist offener und angenehmer, um sich sportlich zu entfalten.

- Man ist meist besser in der Lage, beim Klettern ganz im jeweiligen Augenblick zu leben, wird nicht so leicht ungeduldig und unzufrieden, wenn die großen Ziele sich nicht sofort erreichen lassen.

- Man entwickelt ein besseres Bewusstsein für all die verschiedenen Aspekte – jenseits der reinen Ergebnisse – des Kletterns wie nette Gesellschaft, schöne Landschaft und interessante Orte etc.

Mit einer geringeren Erwartungshaltung fällt es außerdem leichter, sich besser auf das kurz- bis mittelfristige Ziel, sich ordentlich anzustrengen, zu konzentrieren. Unter dem Strich wird

Teil 5
Was nun?

man genau dadurch womöglich sogar schneller besser als vorher.

In der Tat übertreffen Kletterer, denen es nach einer Pause gelingt, wieder ins Klettern einzusteigen und zu überdenken, was sie sich von diesem Sport erhoffen, ihr früheres Leistungsniveau weit öfter, als man gemeinhin annehmen würde. Und dabei sind sie häufig mit mehr Begeisterung bei der Sache als jemand, der noch nie gezwungen war, sich darüber Gedanken zu machen, was ihm das Klettern bedeutet.

Gleiche Routine, gleiche Ergebnisse

Viele Kletterer machen bei der Auswahl ihrer Routen den Fehler, sich immer solche auszusuchen, die ihrem aktuellen Schwierigkeitslevel entsprechen. Sie wollen zwar besser werden, aber so funktioniert Training nicht. Wenn jemand solide im Grad 6a unterwegs ist und immer wieder 6a klettert, dann trainiert er, 6a zu beherrschen. Der entscheidende Trick ist, auch mal einige 6bs zu probieren. Wenn du denkst, dass das wohl zwangsläufig zu ein paar Stürzen führt, nicht leichtfällt und womöglich sogar anstrengt, dann hast du recht. Genau das ist ja der Punkt. Man muss seinen Körper herausfordern, indem man neue Reize setzt. Natürlich werden eine ganze Reihe von 6bs nötig sein, bevor man sich an diesen Grad gewöhnt. Dazwischen tun auch einige leichtere Routen gut, in denen der Körper sich an das erinnern kann, was er bereits vorher gelernt hatte.

Wenn du im Herbst die Kletterhallensaison einläutest, wiederhol nicht einfach wieder das, was du schon im letzten Jahr gemacht hast, sondern probier mal schwerere Routen aus. Kämpf dich durch! Leg eine zusätzliche Trainingseinheit pro Woche ein, geh öfter mal bouldern, oder mach statt eines Ruhetages Griffbretttraining. Vermeide auf jeden Fall die gleiche Routine wie im vorigen Jahr.

9 von 10 Kletterern machen die gleichen Fehler

Gewohnheiten zu ändern, ist mühsam

Für fast alle Änderungen der Kletterroutine, die ich in diesem Buch vorgeschlagen habe, ist es notwendig, alte Gewohnheiten aufzugeben und neue zu entwickeln. Dabei reicht es nicht aus zu wissen, was man tun müsste, und es zu wollen – das Haupthindernis besteht darin, sich tatsächlich von den alten, lieb gewonnenen und vertrauten Gewohnheiten zu lösen. Das ist viel leichter gesagt als getan. Also geh es sachte an, und glaub nicht, es ließe sich über Nacht erreichen. Hier einige Anregungen, wie sich die Motivation und der Durchhaltewillen aufrechterhalten lassen:

Deine derzeitigen Gewohnheiten, Techniken und Verhaltensweisen fühlen sich gut an, und der Gedanke, sie zu ändern, erscheint unangenehm. Wie gehst du mit dieser emotional unerfreulichen Situation um? Das Wichtigste, das man sich immer wieder vor Augen führen muss, ist, dass die neuen Gewohnheiten sich genauso gut anfühlen werden, sobald du sie einmal verinnerlicht hast. Die Dinge, die dafür nötig sind (wie gelegentliche Stürze, steilere Wandneigung, ungewohnte Felsart oder Kletterei etc.) wirken abschreckend, und es ist nicht leicht zu erkennen, was danach kommt: der Fortschritt. Denk daran, dass jede neue Gewohnheit ihre erfreulichen und angenehmen Elemente und ihre eigene Anziehungskraft hat, die im Laufe der Zeit dazu führen, dass du dich immer leichter von der alten Gewohnheit löst. Wirklich schwierig ist es nur, mit der Veränderung zu beginnen.

Plane vorübergehende Rückschläge ein. Kaum jemandem gelingt es, eine neue Gewohnheit sofort und ohne jegliche Probleme anzunehmen. Solch ein Rückfall erfolgt üblicherweise in Situationen, in denen man unter Druck steht oder Angst hat. Der größte Fehler, den man dabei machen kann, ist, im Falle eines Rückschlags den Schluss zu ziehen, man sei einfach nicht in der Lage dazu, und deshalb aufgeben. Der ein oder andere Rückfall wird wohl niemandem erspart bleiben – aber lass dich davon nicht entmutigen!

Teil 5
Was nun?

Entscheide, welche Strategie zu dir passt. Manche ziehen es vor, sich Hals über Kopf auf die neue Situation einzulassen: In einer Art Entziehungskur versuchen sie, so schnell wie möglich mit den alten Gewohnheiten zu brechen, um den mühsamen Umgewöhnungsprozess möglichst kurz zu halten. Andere wären von dieser Methode überfordert und müssen sich eher schrittweise an etwas Neues gewöhnen – egal, ob es darum geht, steilere Routen zu klettern, vorzusteigen, den Clipstick seltener zu verwenden, sich nicht ständig ins Seil zu setzen, in der Kletterhalle andersfarbige Griffe zu nehmen oder vor anderen Leuten zu klettern. Wähl die Strategie aus, die am besten zu dir passt, und zieh sie durch. Allerdings ist die schrittweise Umgewöhnung oft insgesamt schwieriger als die »Radikalkur«, weil sie über einen längeren Zeitraum Durchhaltevermögen und Selbstdisziplin erfordert. Um besonders tief verwurzelte Gewohnheiten abzulegen, ist sie allerdings oft die einzige Möglichkeit.

Sorge für externe Motivationsfaktoren. Freunden und Familienmitgliedern von den eigenen Plänen hinsichtlich des Kletterns zu erzählen, macht das Ganze viel realer. Und es sorgt für zusätzlichen Ansporn, um schwierige Zeiten während der Umsetzung zu überstehen.

Denk immer an die Vorteile. Sich regelmäßig die Vorteile der gewünschten Veränderung vor Augen zu führen, spielt eine große Rolle für den Erfolg. Das gilt besonders zu einem fortgeschrittenen Zeitpunkt der Umgewöhnung, wenn die Anfangsmotivation schon nachgelassen hat und man sich nicht mehr so recht daran erinnert, warum man sich das Ganze eigentlich »antut«.

Wenn du all dies versuchst und die gewünschte Veränderung dennoch nicht schaffst, such die Schuld nicht etwa bei deiner »Unfähigkeit«. Vielmehr hast du vielleicht die falsche Strategie gewählt oder sie nicht effizient genug umgesetzt. Leg dir einen Plan zurecht, wie du es anders machen kannst – und versuch es noch einmal.

9 von 10 Kletterern machen die gleichen Fehler

Regeln für den Trainingstag

In einem früheren Kapitel ging es um das Prinzip des Belastungsaufbaus, demzufolge eine Aktivität, die einen höheren Kraftaufwand erfordert, zeitlich vor einer weniger belastenden (Ausdauer-)Aktivität erfolgen sollte. Dieses Prinzip zu befolgen, erlaubt es uns, den größtmöglichen Belastungsumfang zu absolvieren und auf diese Weise den besten Trainingseffekt zu erzielen.

Bei der Umsetzung müssen wir allerdings flexibel bleiben und auf Signale des Körpers achten, welche Aktivität zu welchem Zeitpunkt am besten geeignet ist. Angenommen, du hast geplant, in der Kletterhalle erst zwei Stunden zu bouldern und dann eine Stunde lang die Ausdauer zu trainieren. Aber was ist, wenn du in der Halle ankommst und dich noch müde und ausgelaugt von der vorigen Einheit fühlst? Vielleicht gibt sich dieses Gefühl nach einigen Aufwärmrouten, und du bist wieder fit für die schweren Boulderzüge. Wenn du dich aber nach wie vor schlapp fühlst und Muskeln und Sehnen möglicherweise überlastet werden könnten, ist es besser, direkt zum Ausdauertraining überzugehen, statt zu bouldern. Diese Flexibilität, die sich nach dem Feedback des Körpers richtet, ist ein entscheidender Faktor, um so viel wie möglich trainieren zu können und eine Verletzung zu vermeiden. Möglicherweise macht man auf diese Weise an dem ein oder anderen Tag weniger als geplant, aber im Laufe der Saison wird man unter dem Strich letztlich mehr erreichen. Denn weil man selten (oder gar nicht) verletzt ist, geht weniger Zeit für Rehabilitation verloren, und weil man akute Erschöpfung von vornherein vermeidet, werden nicht mehrere unplanmäßige Ruhetage nötig. Achte bei der Rückmeldung deines Körpers auch auf die Gründe, weshalb du müder bist als erwartet: Liegt es an anderen Faktoren wie Stress im Beruf oder an einer zu kurzen Regenerationszeit nach dem letzten Training? Auch schlechte Regenerationsbedingungen – indem man beispielsweise die Glykogenspeicher nicht wieder richtig füllt, zu wenig schläft oder zu viel Alkohol trinkt – können durchaus für

Teil 5
Was nun?

eine Woche oder länger schwache Trainingsresultate zur Folge haben, wenn das Regenerationsdefizit nicht ausgeglichen wird.

Welche Botschaften sendet eigentlich der Körper? Einerseits ein allgemeines Müdigkeitsempfinden. Dies ist allerdings noch nicht sehr aussagekräftig, denn das Gefühl kann nur vorübergehend sein und verschiedene Ursachen haben, zum Beispiel, dass man kurz zuvor gegessen hat. Deshalb ist immer eine Kombination verschiedener Körperbotschaften zu berücksichtigen. Dazu gehören auch die Schmerzen der Muskulatur oder einer verheilenden Verletzung. Verletzungen sind übrigens ein sehr nützliches Maß dafür, wie gut man regeneriert ist, denn man achtet üblicherweise sehr genau auf sie, um zu verhindern, dass sie schlimmer werden. Wie viele Aufwärmrouten nötig sind und wie fit und kraftvoll man sich darin fühlt, ist ebenfalls ein Zeichen. Außerdem sollte man darauf achten, wie sich die Kraft (bzw. die Müdigkeit) im Verlauf einiger Klettereinheiten verändert. Dies ist einer der wichtigsten Hinweise dafür, dass die Trainingsintensität stimmt oder nicht.

Wenn du dich frisch und gut erholt fühlst, kein Muskel zwickt und du auf dem Höhepunkt deiner Leistung bist, ist die Trainingsbelastung (Intensität x Dauer) insgesamt womöglich zu gering für weitere Fortschritte. Das ist natürlich völlig in Ordnung, wenn du gerade einen Leistungshöhepunkt angestrebt hast, um eine schwere Route zu klettern. Willst du dich aber weiter steigern, braucht dein Körper stärkere Reize. Wenn man von der vorherigen Klettereinheit noch ein leichtes Ziehen oder eine gewisse Müdigkeit in der Muskulatur spürt – das Gefühl, dass sie ordentlich was geleistet hat –, ist das gut. Dieses Gefühl ist üblicherweise am Morgen nach dem Training am stärksten und lässt im Laufe des folgenden Tages deutlich nach. Zu Beginn der nächsten Einheit noch einen Rest dieser Müdigkeit zu spüren, ist absolut okay. Durch das Aufwärmen sollte es allerdings etwas weniger werden. Beim Training geht es allgemein darum, dass sich der Körper zwar gelegentlich schlapp und kraftlos anfühlt, aber schnell regeneriert und sich wieder erholt. Obwohl sich die

Muskulatur auf diese Weise fast ständig ein wenig »unbehaglich« anfühlt, sollte das Leistungsniveau relativ konstant bleiben und während einer ein- bis zweiwöchigen harten Trainingsphase allenfalls geringfügig nachlassen. Wenn die Leistung jedoch von Einheit zu Einheit beständig abnimmt, Müdigkeit und Muskelschmerzen hingegen zunehmen, ist entweder die Belastung zu hoch oder die Regeneration zu schlecht. Um ein hochwertigeres Training zu erreichen, ist es selbstverständlich am besten, die Regeneration zu optimieren (durch besseres Essen, mehr Schlaf und Entspannung) und die hohe Trainingsbelastung beizubehalten. Kurzfristig mag es allerdings nötig sein, die Belastung etwas zu verringern, damit der Körper sich nicht durch Erschöpfung oder eine Verletzung eine Pause erzwingt.

Dieses Abwägen von Trainingsbelastung, Erholung und Körperfeedback ist das A und O jedes Kletterers, der seine Leistung steigern möchte.

Regeln für die Trainingssaison

Um sich im Laufe der Jahre im Klettern zu verbessern, ist es nötig, für jeden einzelnen Leistungsfaktor die optimale Reizintensität zu bestimmen und auf die entsprechenden Verbesserungen (bzw. Veränderungen) zu achten. Fingerkraft lässt sich nur langsam steigern und reagiert am besten auf kurze, aber regelmäßige Trainingseinheiten. Daraus folgt, dass möglichst das ganze Jahr über etwas Fingerkrafttraining betrieben werden sollte. Dazu eignet sich Bouldern oder das Klettern schwerer Routen besonders gut. Wenn die Umstände dies jedoch nicht das ganze Jahr über erlauben, geh möglichst viel bouldern bzw. klettern und mach in der Zeit, in der das nicht möglich ist, Fingerkrafttraining am Griffbrett. Die Fingerkraft ist natürlich nicht nur für Boulderer von großer Bedeutung, sondern auch für Sportkletterer. Das liegt daran, dass sich – bei ansonsten gleichen Voraussetzungen – durch eine größere Fingerkraft für einen bestimmten Schwierigkeitsgrad die Ausdauer erhöht: Für jeden einzelnen

Teil 5
Was nun?

Zug wird relativ gesehen weniger Kraft benötigt. Reine Sportkletterer können ihre Fingerkraft natürlich auch ohne Bouldern trainieren, indem sie harte Routen klettern. Doch sie sollten sich dessen bewusst sein, dass etwas zusätzliches Boulder- oder Griffbretttraining definitiv guttun würde. Fingerkrafttraining lässt sich nicht beschleunigen. Es erfordert einen konsequenten Einsatz während mehrerer Saisons und Jahre, um langsam, aber stetig die Erfolgsleiter emporzusteigen. Wer diesen Prozess durch zu hartes Training abkürzen will, erreicht meist das Gegenteil: Die Strafe sind eine Ringband- oder Kapselverletzung und überlastete, entzündete Fingergelenke. Ein Schnellschuss in Richtung Fingerkraft wird oft zum Rohrkrepierer.

Ausdauer hingegen lässt sich viel schneller trainieren. Hier kann man den Erfolg in Wochen messen, nicht in Jahren. Allerdings erreichen die Fortschritte dabei auch schneller ein Plateau. Die beste Strategie ist also, einen Teil des Jahres (je nach den Zielen womöglich auch den größten Teil) die Ausdauer lediglich zu halten und sich mehr auf eine gute Grundlage bei der Fingerkraft zu fokussieren. Einen oder zwei Monate vor einem großen Ziel in Form einer sehr ausdauernden Route wird dann das Krafttraining etwas zurückgefahren und durch vermehrtes Ausdauertraining ersetzt, um sich gezielt vorzubereiten. Wem nur sehr wenig Zeit zum Klettern zur Verfügung steht, der hält die Phase des Ausdauerkletterns noch kürzer, weil Krafttraining unter dem Strich für ihn lohnender ist und sich die kürzeren, regelmäßigeren Einheiten leichter in einen vollen Terminkalender integrieren lassen.

Es gilt jedoch zu bedenken, dass auch für die Bewegungstechnik die Anzahl der gekletterten Züge entscheidend ist. Von daher sollte also auch das Krafttraining nach Möglichkeit während des Kletterns absolviert werden – beim Bouldern oder Sportklettern. Wer taktische Probleme und Sturzangst hat, sollte sogar noch mehr Wert auf die Kletterpraxis legen.

Einen Plan für ein ganzes Kletterjahr zu erstellen, bedeutet also weit mehr, als einige Routen auszuwählen. Er hängt zudem stark davon ab, wie schnell Technik, Fingerkraft und Ausdauer sich für die gewünschten Ziele trainieren lassen. Und natürlich spielen auch die verfügbare Zeit und die Erreichbarkeit der Klettereinrichtungen eine wichtige Rolle. All das gilt es zu berücksichtigen, um den bestmöglichen Plan für eine erfolgreiche Kletterentwicklung zu erstellen.

Jährliche Ruhe- und Erholungsphasen

Unter Kletterern ist es gang und gäbe, im Laufe eines Jahres gelegentlich Ruhephasen einzulegen, um sich nicht zu verletzen. Aber ist das wirklich sinnvoll?

Kurz gesagt: ja. Selbstverständlich ist es nicht möglich, ununterbrochen die gleiche harte Trainingsbelastung auszuhalten, und wenn diesem beanspruchten Körperteil bzw. der Muskelgruppe nicht von Zeit zu Zeit eine Ruhepause gegönnt wird, ist die Strafe oft eine Verletzung oder zumindest ein Leistungsstillstand.

Der Fehler besteht allerdings in dem Glauben, dass für die benötigte Erholung der gesamte Körper eine Pause braucht oder man etwas völlig anderes tun muss. In der Regel reicht es aus, wenn ein eingefleischter Boulderer einmal längere Zeit Sportklettern geht oder ein reiner Felskletterer sich mal im Eisklettern versucht. Nur die wenigsten trainieren wirklich in allen Bereichen so hart, dass ihr Körper eine komplette Auszeit brauchen würde oder zumindest eine völlig kletterfreie Beschäftigung, um sportlich nicht untätig zu sein. Bei den meisten sorgt der Berufs- und Alltagskram im Laufe des Jahres für mehr als ausreichende Ruhezeiten. Wenn du dich am Ende einer Klettersaison ausgelaugt fühlst, liegt das vermutlich mehr an einem monotonen Kletterablauf, an einer unzureichenden Regeneration oder zu viel Alltagsstress als an einem übermäßigen Kletterpensum. Anstatt dich also auf die Couch zu flegeln oder ein paar Wochen lang nur noch zu joggen, versuch es zunächst einmal mit einem abwechslungsreicheren Ansatz beim Klettern.

Teil 5
Was nun?

Dazu einige Anregungen:

- für ein paar Wochen in eine andere Kletterhalle fahren. Oder zumindest bestimmte Routen/Boulder probieren, die du sonst vermeidest,

- einmal Platten klettern,

- selbst abzusichernde Routen klettern,

- Deep Water Soloing probieren,

- Eisklettern gehen,

- einen Trip in die Alpen unternehmen,

- den Kletterführer zu Hause lassen und rein »der Nase nach« klettern – einfach mal leichte Routen und nur zum Spaß. Und die Landschaft genießen,

- einen neuen Kletterpartner mit einem ganz anderen Kletterstil suchen,

- die Trainingseinheiten innerhalb der üblichen Wochenplanung komplett umstrukturieren: längere/kürzere Einheiten, mehr Bouldern/Klettern etc.

Wenn das nicht reicht, um sich wieder frisch zu fühlen, wäre es eine gute Idee, mal etwas zu tun, was sonst wegen des Kletterns immer verschoben wird: mit der besseren Hälfte zwei Wochen am Strand liegen oder das Badezimmer renovieren.

9 von 10 Kletterern machen die gleichen Fehler

Zusammenfassung

Wenn du dieses Buch in einem Zug durchgelesen hast: herzlichen Glückwunsch! Bücher, die einen dazu bringen, seinen Status quo ständig in Frage zu stellen, sind keine leichte Kost. Vermutlich ist dir dabei aufgefallen, wie breit gefächert das Themenspektrum war: Wie viele Sekunden lang man an einem Griffbrett hängen sollte, die wichtigsten Elemente des Bewegungsrepertoires und des dynamischen Kletterns bis hin zur mentalen Einstellung und den sozialen Gewohnheiten des Kletterpartners – war alles dabei. Um sich im Klettern vom Anfänger zum »Profi« zu entwickeln, spielen mehr Aspekte eine Rolle, als die meisten zunächst gedacht hätten. In jedem hier angeführten Bereich habe ich jeweils nur das Wesentliche angeschnitten. Ich hoffe, dass ich spezifischere Fragen in weiteren Büchern, Filmen, Blogbeiträgen und Chats detaillierter beantworten kann. Mit diesem Buch wollte ich zunächst einen Überblick geben. Es ging mir vor allem darum, den Kletterern zu zeigen, dass sie zu sehr mit den Einzelheiten beschäftigt sind und aus dem Blick verloren haben, wie sie sich tatsächlich auf Dauer verbessern können.

Hoffentlich ist es mir gelungen, für jeden Kletterer denjenigen Faktor anzusprechen, der seinem Fortschritt gerade am meisten im Weg steht. Fast jeder verstrickt sich schließlich in den winzigen Details eines beliebigen Leistungsbereichs und lässt die meisten anderen Bereiche der Kletterfähigkeit völlig außer Acht. Schlimmer noch: Das Potenzial dieses Unterbereichs ist vermutlich längst ausgereizt und das falsche Schlachtfeld für ernst zu nehmende Verbesserungen. Nur selten mangelt es Kletterern an zusätzlichen Detailkenntnissen in einem bestimmten Teilbereich. Häufig brauchen sie diese Details sogar nie. Das war die wichtigste Lektion, die ich aus meiner eigenen Erfahrung als Kletterer auf der Suche nach Verbesserung gelernt habe sowie später im Rahmen der sportwissenschaftlichen Untersuchungen an anderen Sportlern.

Teil 5
Was nun?

Wenn dieses Buch neue Fragen aufwirft: super! Stell sie mir auf meinem Blog, dann antworte ich darauf mit neuen Posts, Büchern etc. Und wenn du dir nach der Lektüre dieses Buches nur eine einzige Frage stellst, dann frag dich bitte selbst: »Habe ich mich zu sehr auf einen Teilbereich versteift, der mich von anderen, wichtigeren Aspekten abhält, die deutlich schneller zum Erfolg führen würden?« Falls die Antwort darauf »ja« lautet: Manövrierst du dich aus Angst vor der kurzfristig unangenehmen Umstellung in eine Sackgasse?

Einen Zug zu schaffen, den man vorher für unmöglich gehalten hat, ist ein fantastisches Gefühl. Es ist so stark, dass du bereit bist, viel Zeit und Energie zu investieren, um besser klettern zu lernen und es erneut zu spüren. Anfänger haben dieses Gefühl häufig, aber unvorhersehbar und sporadisch. Später werden die Abstände zwischen diesen »magischen Momenten« immer länger. Allerdings werden sie auch vorhersehbarer und zuverlässiger, wenn man konsequent und mutig an seinen größten Schwächen arbeitet. Der Hauptfaktor, der dem Wunsch nach Fortschritt im Weg steht und alles blockiert, ist Angst: Verlustangst (eine erreichte Freude zu verlieren wie die, in einem Teilbereich richtig gut zu sein), Angst vor Anstrengung und Versagensangst. Diese Ängste zu überwinden, ist nicht einfach. Das Bedürfnis, es zu schaffen, muss größer sein als das kurzfristige Unwohlsein dabei. Dabei hilft es zu wissen, dass dieses Unwohlsein vergänglich ist.

Wer dies einmal geschafft hat, kann mit dem Fortschritt beginnen.

Danksagung

Mein Dank geht an: Barbara MacLeod für ihre hervorragende Überarbeitung des Textes, ihre guten Ratschläge und ihre Aufmunterung; Claire MacLeod dafür, dass sie sich mit einer weiteren Besessenheit nicht nur abgefunden, sondern identifiziert hat, und für ihren Einsatz, dieses Buch zu schreiben und herauszugeben; Alicia Hudelson für ihre begeisterte Rückmeldung zum Manuskript; den Lesern meines Blogs, die mich gebeten haben, dieses Buch zu schreiben, und im Laufe der Jahre wertvolles Feedback und gute Anregungen gaben; und nicht zuletzt den Kletterern, die ich trainieren durfte, für die zahlreichen Einsichten in die Herausforderungen des Klettersports und ihre einfallsreichen Lösungen für die unterschiedlichsten Probleme.

Teil 5
Was nun?

Über den Autor

Dave MacLeod lebt im Westen des schottischen Hochlands und ist bekannt für seine Kletterleistungen. Mit »Rhapsody« (E11) und »Echo Wall« (E11) sind ihm selbst abzusichernde Routen gelungen, die weltweit einen neuen Leistungsstandard setzten. Ihm gelangen Boulder bis zum Grad V13 und Sportkletterrouten bis 9a sowie kombinierte Routen in Schottland bis XI. Sein Blog unter www.davemacleod.com ist einer der beliebtesten Kletterblogs weltweit, und er hat dort sowie in verschiedenen anderen Medien umfassende Beiträge zum Training und Fortschritt im Klettersport verfasst. Außerdem betreibt er über seine Webseite einen Internetshop, trainiert Kletterer und hält Vorträge. Dave und seine Frau Claire sind die Herausgeber von Rare Breed Productions, sie produzieren unter anderem Filme und Bücher. Dave studierte außerdem Physiologie & Sportwissenschaften sowie die medizinischen Aspekte der Bewegungslehre.

Das einfachste Fitnesskonzept aller Zeiten

208 Seiten
Preis: 16,99 €
ISBN 978-3-86883-166-5

Mark Lauren
Fit ohne Geräte
Trainieren mit dem eigenen Körpergewicht

Seit Jahren bereitet Mark Lauren Elitesoldaten physisch auf ihren Einsatz bei Special Operations vor. Dabei hat er ein einfaches und extrem effizientes Trainingskonzept entwickelt, das ganz ohne Hilfsmittel auskommt und nur das eigene Körpergewicht als Widerstand nutzt. Die Übungen sind auch auf kleinstem Raum durchführbar und erfordern ein Minimum an Zeit. Diese Fitnessformel ist auch für den modernen Arbeitsmenschen ideal, denn sie lässt sich in jeden Lebensplan integrieren.
Mit den 125 Übungen in diesem Buch trainiert jeder auf seinem eigenen Level, ob Anfänger oder Profi. Dazu gibt es Motivations- und Ernährungstipps vom Experten.

Eine Bereicherung für jeden Mountainbike-Fan

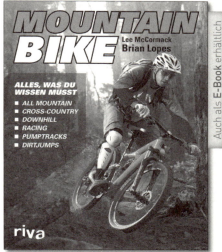

256 Seiten
Preis: 22,00 €
ISBN 978-3-86883-155-9

Brian Lopes
Mountainbike
Alles, was du wissen musst

Dieser umfassende und aufwendig illustrierte Ratgeber hilft allen Mountainbikern, besser, schneller und sicherer im unbefestigten Gelände unterwegs zu sein. Der mehrfache Mountainbike-Weltmeister Brian Lopes sowie der renommierte Trainer Lee McCormack verraten alle Techniken und Fertigkeiten, die einen echten Profi ausmachen. Dabei werden sämtliche Disziplinen abgedeckt: All Mountain, Cross-Country, Downhill, Racing, Pumptracks, Trail u. a.
Jede Menge Fotos, Bildsequenzen, Grafiken und Illustrationen sowie Brians und Lees persönliche Erinnerungen veranschaulichen die versammelten Informationen. Ob ambitionierter Hobbybiker oder Wettkampffahrer – dieses Buch wird für jeden Mountainbikefan eine Bereicherung sein.

riva

Das Standardwerk zum funktionellen Training

224 Seiten
Preis: 24,90 €
ISBN 978-3-86883-028-6

Michael Boyle
Functional Training
Das Erfolgsprogramm
der Spitzensportler

Functional Training ist das Trainingskonzept der Zukunft. Dabei werden mit einfachen Hilfsmitteln wie freien Gewichten, Medizinbällen oder instabilen Unterlagen ganze Muskelgruppen trainiert. Jede Übung verbessert zugleich die Stabilität und Beweglichkeit des Rumpfes sowie Gleichgewicht und Koordination. Das Training lässt sich auf jede Sportart abstimmen und bereitet ideal auf die Belastungen im Wettkampf oder Spiel vor. Dieses Buch des renommierten Kraft- und Konditionstrainers Michael Boyle kombiniert einen fundierten Theorieteil mit vielen bebilderten Übungen und hilft jedem Sportler, das Maximum aus sich herauszuholen.

Das effektivste Training für definierte Muskeln

224 Seiten
Preis: 19,90 €
ISBN 978-3-86883-022-4

Jürgen Gießing
HIT-Fitness
HochIntensitätsTraining – Maximaler Muskelaufbau in kürzester Zeit

Das Hochintensitätstraining, kurz: HIT, ist eine auf aktuellen sportwissenschaftlichen Untersuchungen basierende Trainingsmethode, mit der in kürzester Zeit größtmöglicher Muskelaufbau erreicht werden kann. Bislang war HIT das Erfolgsrezept vieler Hochleistungssportler und Bodybuilder. Mit *HIT-Fitness* liegt nun erstmals ein Trainingsbuch vor, das es auch Freizeitsportlern – mit oder ohne Vorerfahrung – ermöglicht, von der sagenhaften Effektivität des Hochintensitätstrainings zu profitieren. In diesem Buch werden nicht nur die Grundlagen erläutert und hochaktuelle Forschungsergebnisse der Sportwissenschaft präsentiert, sondern auch konkrete Trainingsprogramme vorgestellt, mit denen man in nur zwei bis drei kurzen Trainingseinheiten pro Woche seine Muskeln wirkungsvoll aufbauen und definieren kann. Es gibt keinen kürzeren Weg zum Superbody!

riva

Erreichen Sie Ihr Ziel in kürzester Zeit!

192 Seiten
Preis: 19,99 €
ISBN 978-3-86883-184-9

Matt Roberts
Schnell in Bestform!
Optimale Erfolge mit dem 2-Wochen-Turbo und dem 12-Wochen-Plan

Der berühmte Personal Trainer Matt Roberts hat schon mit vielen Prominenten zusammengearbeitet, wie zum Beispiel Tom Ford oder Naomi Campbell. Sein viel beachtetes zwölfwöchiges Fitness- und Ernährungsprogramm, das sowohl zu Hause als auch im Fitnessstudio durchgeführt werden kann, verändert den Körper radikal: Die Figur wird geformt, überflüssige Pfunde schmelzen und die Fitness verbessert sich enorm. Das Programm garantiert großartige Ergebnisse!

Das Erfolgsrezept der deutschen Fitnessqueen!

272 Seiten
Preis: 19,99 €
ISBN 978-3-86883-127-6

Johanna Fellner
Projekt Traumfigur
Das Step-by-Step-Konzept

Sie möchten mit Ihrem Körper zufrieden sein und sich endlich (wieder) in Ihrer Haut wohlfühlen? Mit Projekt Traum-figur hat die bekannte Fitnesstrainerin Johanna Fellner ein wirkungsvolles Step-by-Step-Programm entwickelt, das in sieben Schritten zu einem gesünderen, fitteren und glücklicheren Leben und zu einer perfekten Figur verhilft. Herzstück des Buches sind vier aufeinander aufbauende Workouts mit einer Vielzahl toller Übungen, die auf kleinstem Raum und ohne Trainingsequipment ausgeführt werden können. Die Fitness-expertin gibt außerdem wertvolle Tipps für eine natürliche, ausgewogene Ernährung und verrät, wie Sie sich aktiv erholen und neue Energie gewinnen können.